lonely planet

100 VOYAGES DE RÊVE

La liste idéale des destinations
et itinéraires autour du monde

Sommaire

AFRIQUE ET MOYEN-ORIENT

ASIE

OCÉANIE

Introduction

NOUS AVONS TOUS UNE LISTE, consignée dans un carnet ou dans un coin de notre tête, de voyages extraordinaires que nous rêvons de réaliser un jour. On y trouve pêle-mêle des baleines grises émergeant des eaux de l'océan Pacifique, des aurores boréales ondulant au-dessus du Grand Nord, des temples noyés dans les forêts du Cambodge ou dans les rues de Kyoto... Pour vous aider à compléter votre liste, à l'organiser ou à la rendre plus concrète, cet ouvrage rassemble 100 propositions de voyages, sélectionnées par les auteurs de Lonely Planet.

100 Voyages de rêve est organisé par continent. Les destinations que nous avons choisies sont présentées de manière plus ou moins détaillée. La section "En bref" suggère des lieux où loger, des souvenirs à rapporter, des plats et boissons à tester et enfin une expérience caractéristique à vivre sur place. La rubrique "Informations pratiques" indique comment rallier la destination et se déplacer une fois sur place, la période de l'année la plus propice et les informations à connaître. Un itinéraire est souvent proposé pour visiter la région décrite, avec les grandes étapes incontournables.

Voyager nous permet de nous confronter au monde et de contempler sa beauté. C'est un privilège, qui nous confère aussi certaines responsabilités. Dans cet esprit, chacun peut choisir de

Page de gauche : le temple de Saturne dans le Forum romain. *Ci-contre :* le Grand Prismatic, dans le parc national de Yellowstone. *Ci-dessous :* le printemps dans le quartier de Higashiyama à Kyoto.

passer plus de temps dans les lieux visités ; d'utiliser autant que possible des moyens de transport écologiques ; de consommer d'une façon qui profite aux communautés locales. En bref, de voyager plus lentement et de façon plus durable. De nombreuses destinations présentées ici sont très prisées, au point que, parfois, que le tourisme puisse devenir un problème. Nous encourageons les voyageurs à visiter ces lieux en dehors des saisons touristiques et à ne pas se rendre seulement sur les sites les plus connus. Rome, par exemple, est aussi séduisante en hiver qu'en été. Et non loin du site incontournable d'Angkor se cachent une multitude de cités en ruine disséminées dans les forêts du Cambodge, moins connues et moins fréquentées.

À chacun ses motivations et ses buts de voyage. Vous trouverez présentées ici de nombreuses merveilles naturelles : les geysers de Yellowstone, les aurores boréales dansant dans le ciel du Svalbard, le désert du Quart vide à Oman, la grande migration au Kenya et en Tanzanie, la floraison des cerisiers au Japon, la Grande Barrière de corail en Australie…

Observer les animaux sauvages est un attrait pour plus d'un. Vous avez peut-être toujours rêvé d'approcher les gorilles de montagne au Rwanda, d'apercevoir des baleines au large de la Basse-Californie ou l'ours Kermode dans la forêt côtière canadienne.

D'autres destinations font voyager les papilles gustatives. Les îles Ioniennes de la Grèce, la Malaisie et Singapour avec leurs

stands de street food, ou encore les régions viticoles d'Australie feront le bonheur des gourmets.

Les voyages à forte dimension historique et culturelle sont aussi mis en lumière dans cet ouvrage. En suivant nos conseils, vous pourrez partir à la rencontre de la culture maorie, marcher sur les traces des gardiens traditionnels de la Tasmanie, explorer la genèse de la Renaissance en Italie, découvrir le creuset de cultures que fut l'Andalousie mauresque ou les vestiges de la civilisation maya.

Quelle que soit la destination en tête de votre liste, chacune de ces propositions vous rappellera à quel point notre planète est riche de lieux incomparables et précieux.

© ESDELVAL / GETTY IMAGES

Amériques

CHILI ET ARGENTINE

Trek *dans la* nature sauvage *de la* Patagonie

QU'ILS CHOISISSENT L'AVION, un bus brinquebalant ou un ferry malmené par les vagues, les voyageurs qui s'aventurent jusqu'en Patagonie savent que le trajet sera long. Mais les fatigues du voyage seront vite oubliées à la vue des sommets de granit, des lacs d'un bleu perçant, des glaciers qui tonnent et de la steppe fauve striée de cours d'eau. Ce bout de Chili et d'Argentine concentre ce que la nature sud-américaine a de plus impressionnant.

La réputation de terre extrême de cette contrée reculée et peu peuplée n'est plus à faire. Des vents violents balaient ses paysages sculptés dans la roche et la glace. On traverse des torrents tumultueux, on marche des jours durant dans la steppe ou les forêts de *lengas* (hêtres de la Terre de Feu) sans croiser personne, si ce n'est quelques condors qui tournoient dans le ciel. Avec son terrain rude et sa météo capricieuse, la Patagonie et ses beautés grandioses se méritent : vêtements techniques et bon équipement de randonnée sont indispensables pour faire face aux éléments.

La star (à juste titre) des circuits patagoniens est le trek "W", de 80 km (4 jours), dans le Parque Nacional Torres del Paine, au sud du Chili. Outre ses pics de granit, ses cours d'eau déchaînés,

Page de gauche : un gaucho patagonien rassemble son troupeau. *Ci-contre :* une cascade dans le Parque Nacional Torres del Paine, au Chili. *Ci-dessous :* randonnée à El Chaltén, en Argentine. *Double page précédente :* volcan Arenal au Costa Rica.

EN BREF

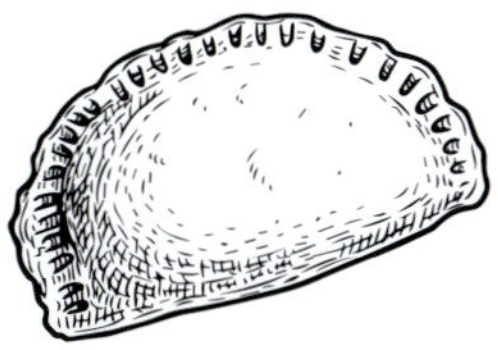

À TABLE !
Goûtez au *cordero al palo*, de l'agneau rôti entier à la broche servi avec une sauce chimichurri, ou aux *empanadas de cordero*, des chaussons farcis à l'agneau cuisiné avec ail et oignons.

UNE BOISSON ?
Le *calafate sour,* version locale du pisco sour, contient du sirop de baies de *calafate*. On dit que quiconque goûte à ce fruit violet reviendra en Patagonie.

SE LOGER
Voyagez avec une tente ultrarésistante ou réservez bien à l'avance dans un *refugio* ou un écolodge. Les *estancias* permettent de goûter à la vie à la ferme. Les villes aux portes de la nature comme Puerto Natales (Chili) ou El Chaltén (Argentine) comptent de nombreuses options d'hébergement.

UNE EXPÉRIENCE
En Argentine, la légendaire Ruta 40 permet de traverser de vastes étendues de pampa, avec les Andes et leurs sommets enneigés pour toile de fond.

ACHATS
Achetez des chaussettes ou un pull fait main en laine mérinos patagonienne, ou encore une bouteille de gin de calafate violet du producteur Last Hope.

Souvenir de voyage

Le soleil se lève dans un ciel menaçant et je sors de ma tente, prête à affronter le premier défi de cette journée sur le circuit Huemul : la traversée du Río Túnel. Le courant est fort, et l'eau glacée. Le vent m'oblige à me plier en deux tandis que je cherche un appui sur les roches glissantes, les bâtons plantés dans les galets et le cœur battant la chamade. La moindre erreur pourrait m'être fatale. Arrivée sur l'autre rive, j'aperçois un arc-en-ciel et la tension laisse place au soulagement. Mais la bataille avec les éléments ne fait que commencer : ils se déchaînent alors que je traverse le glacier Río Túnel Inferior, parcouru de crevasses. Des bourrasques imprévisibles s'abattent sur nous alors que nous approchons des sommets du Cerro Grande, aux allures de Mordor. Le vent et la pluie compliquent encore notre ascension du Paso del Viento, mais parvenue au sommet, je suis récompensée par une accalmie et une vue renversante sur le champ de glace Sud de Patagonie.

KERRY WALKER

“La réputation de terre extrême de cette contrée reculée et peu peuplée n’est plus à faire. Des vents violents balaient ses paysages sculptés dans la roche et la glace.”

Ci-contre : lever du soleil sur un lac de Torres del Paine.

ses lacs azur et sa pampa dorée où paissent les guanacos, le clou du spectacle est l'immense glacier Grey et les icebergs qui s'en détachent sous les yeux des randonneurs. De nos jours, en matière d'hébergement, il y en a pour tous les goûts, des tentes battues par les vents et des dortoirs des *refugios*, aux chalets luxueux où l'on peut clore une journée de randonnée par un steak et un pisco sour. Pour éviter l'affluence touristique, privilégiez la période de mars à octobre pour voyager, ou, en haute saison (novembre à février), optez pour l'itinéraire "O" (8 à 10 jours), moins couru car plus difficile et reculé.

Mais la randonnée en Patagonie ne se limite pas aux Torres del Paine. Côté Argentine, le Parque Nacional Los Glaciares attire les aventuriers sur des itinéraires exigeants, comme le circuit Huemul de 65 km (4 jours), qui s'enfonce dans des contrées sauvages en lisière du champ de glace Sud de Patagonie. Les voyageurs au long cours s'engageront sur la Huella Andina, un tracé de 600 km dans le nord de la Patagonie, de Neuquén à la province de Chubut, à travers cinq parcs nationaux. Au Chili, la Ruta de los Parques (2 800 km) a été créée pour relier pas moins de 17 parcs nationaux, de Puerto Montt jusqu'au cap Horn, permettant aux randonneurs d'accéder facilement à certains des paysages les plus grandioses du pays.

Un trek en Patagonie vous fera maudire par moments les vents cruels et les pentes sans merci, mais vous aurez à coup sûr l'envie de revenir user vos semelles dans cette région du globe à nulle autre pareille.

Ci-dessus, de gauche à droite : guanacos dans le massif des Torres del Paine, au Chili ; plateforme d'observation du glacier Perito Moreno, en Argentine.

INFORMATIONS PRATIQUES

COMMENT S'Y RENDRE ET CIRCULER

La Patagonie est connue pour ses routes de *ripio* (gravier) et ses trajets en bus interminables. Au Chili, des vols directs quotidiens relient Santiago à Punta Arenas, l'aéroport le plus proche du Parque Nacional Torres del Paine (5 heures de route). En Argentine, pour vous rendre à El Chaltén, réservez l'un des vols quotidiens jusqu'à El Calafate depuis Buenos Aires ou Ushuaïa.

QUAND PARTIR

Pour pratiquer la randonnée, la meilleure période court de novembre à avril (de la fin du printemps à l'automne), quand les couleurs de la nature sont à leur paroxysme. Mais la météo changeante et les vents violents sont au rendez-vous toute l'année. La haute saison va de décembre à février. Durant l'hiver austral, les *refugios* sont fermés, la neige et les crues rendant de nombreux sentiers impraticables.

À SAVOIR

Le terrain étant exigeant, la région est déconseillée aux néophytes, et certains itinéraires nécessitent d'être accompagné par un guide, tels ceux proposés par Swoop (swoop-patagonia.com). En haute saison, réservez vos hébergements bien à l'avance. Emportez des vêtements coupe-vent et imperméables, de bonnes chaussures de randonnée, des bâtons de marche, des cartes topographiques (le balisage peut être incomplet) et une boussole.

Itinéraire en 2 semaines

>

Atterrissez à El Calafate, puis rejoignez El Chaltén en bus (3 heures et demie). L'impressionnante Ruta 40 traverse les étendues ocre de la pampa, avec en ligne de mire les sommets escarpés et enneigés du Cerro Fitz Roy.

>>

Passez 2 ou 3 jours à El Chaltén, ville argentine détendue où se retrouvent les randonneurs. Avant de vous engager sur le circuit Huemul, dans le Parque Nacional Los Glaciares, trouvez un bon guide local. Avec ses vents violents, ses torrents, ses glaciers à traverser et ses cols abrupts, ce trek de 4 jours est souvent considéré comme le plus exigeant de Patagonie.

>>>

Reprenez la route pour El Calafate, situé non loin de la pièce de résistance du parc : le glacier Perito Moreno (30 km de long, 60 m de haut) dont des icebergs colossaux se détachent et tombent avec fracas. Réservez une excursion, enfilez des crampons et partez à la découverte du glacier. Vous pouvez ensuite effectuer le trajet en bus (5 heures) jusqu'à Puerto Natales, à l'entrée du Parque Nacional Torres del Paine, lui-même situé au sud de Los Glaciares.

VOUS RESTEZ PLUS LONGTEMPS ? Rechargez les batteries dans une estancia ou un *refugio* avant de vous lancer sur le sentier "W". Au programme : steppe et guanacos, pics granitiques, lacs azur et un énorme glacier bleu vif.

BRÉSIL

Voyager *au fil de l'*Amazone

Page de droite : l'Uakari Lodge, dans la Reserva Mamirauá, un hébergement écoresponsable. *Ci-dessus :* kayak dans la forêt amazonienne.

DANS LES ÉTENDUES AMAZONIENNES dépourvues de routes, les grands axes de circulation sont fluviaux. Des navires surdimensionnés font office de bus flottants, transportant passagers et marchandises de ville en ville. D'énormes hubs comme Manaus voient ainsi arriver des voyageurs des contrées reculées du nord du Brésil, tandis que des navires maritimes remontent le fleuve depuis l'Atlantique, à 1 500 km vers l'est. Dans le cœur historique de Manaus, près de sa rive animée, les bâtiments grandioses ne manquent pas. Le plus connu est le Teatro Amazonas, un opéra néo-Renaissance coiffé d'un dôme dont les tuiles vernissées arborent les couleurs du drapeau brésilien.

Manaus est aussi le centre névralgique des expéditions dans la forêt amazonienne. Depuis la ville, des dizaines de lodges sont accessibles en une demi-journée de bateau. On peut y passer des heures à l'affût des singes, des aras macao et des dauphins roses, et s'immerger, le soir venu, dans l'envoûtante cacophonie nocturne de la jungle.

De là, on rejoint Belém en 4 jours de navigation nonchalante sur des navires à trois ponts. La conversation s'engage facilement

avec les occupants des hamacs voisins. La brise aide à supporter la lourdeur tropicale ; la dense végétation de la jungle défile, et le calme propice à la contemplation n'est interrompu que par les cris épisodiques du singe hurleur. Plusieurs villes le long du fleuve se prêtent à une halte, comme Santarém avec son agréable promenade, ses parcs verdoyants et ses restaurants servant du poisson fraîchement pêché dans l'Amazone. On peut aussi faire étape au village d'Alter do Chão, à l'ouest de Santarém, pour profiter de la plage de sable blanc qui borde sa lagune aux eaux limpides, idéales pour le snorkeling.

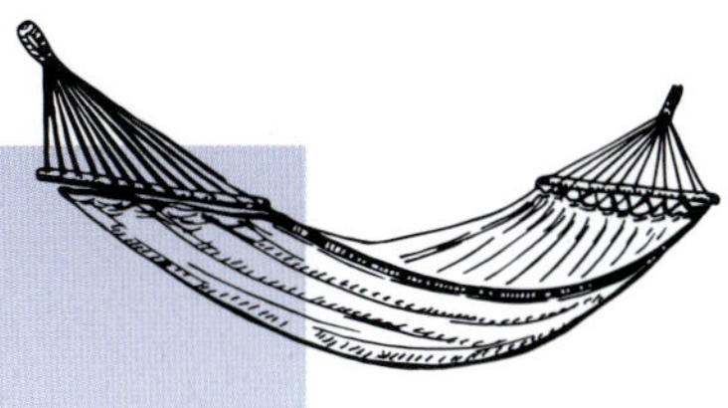

Souvenir de voyage

Au moment d'embarquer, je ressentais un mélange d'impatience et d'appréhension. Le voyage de Santarém à Belém semblait une sorte de rite de passage, mais je me demandais comment se passeraient ces deux jours de bateau à ne rien faire. Ce ne fut pas un problème, finalement. J'ai rapidement sympathisé avec les voyageurs, en famille ou solo, qui occupaient les hamacs voisins. Et les soirées passées à contempler les étoiles, un verre à la main, furent inoubliables.

REGIS ST LOUIS

EN BREF

À TABLE !

Goûtez le *tacacá*, une soupe à base de crevettes, de jus de *tucupí* (racine de manioc), et de feuilles de *jambú* (qui engourdissent légèrement la langue)

UNE BOISSON ?

Dégustez des smoothies à l'açaí et à d'autres fruits locaux.

SE LOGER

Géré par une communauté de la Reserva Mamirauá, l'Uakari Lodge est un pionnier de l'écotourisme au Brésil.

UNE EXPÉRIENCE

L'Encontro das Águas (près de Manaus) est le lieu où les eaux sombres du Rio Negro et celles, ocre et laiteuses, du Rio Solimões se rejoignent et partagent le même lit sans se mélanger.

Ci-dessus : Belém, la capitale de l'État brésilien du Pará.

Le voyage se termine à Belém, ville captivante située à l'embouchure du fleuve. En journée, le grand marché historique Ver-o-Peso fourmille de monde venu acheter des fruits locaux, des plantes médicinales et la pêche du jour. En soirée, on se retrouve en terrasse, entre amis ou en couple, à Estação das Docas, la promenade animée au bord de l'eau. C'est le lieu idéal pour assister au coucher du soleil sur la baie de Guajará.

INFORMATIONS PRATIQUES

COMMENT S'Y RENDRE ET CIRCULER

Des vols directs desservent Belém depuis Lisbonne, Cayenne et Miami notamment ; et Manaus depuis Miami et plusieurs villes d'Amérique du Sud. Belém et Manaus sont reliées par avion à d'autres villes brésiliennes. En Amazonie, vous avez le choix entre la voie fluviale et la voie aérienne.

QUAND PARTIR

La saison sèche, qui s'étend de juin à novembre, est idéale pour observer les animaux. La saison des pluies, qui dure de décembre à mai, voit des averses torrentielles alterner avec de belles éclaircies.

À SAVOIR

Si vous optez pour le transport en bateau sur le fleuve, munissez-vous de provisions d'eau et d'un hamac (on en trouve de bonne qualité au Brésil). Les navires sont équipés de cabines, mais il est souvent plus agréable de dormir en plein air. On peut acheter à manger à bord, mais mieux vaut prévoir de quoi grignoter.

Itinéraire en 11 jours

>

Le premier jour, explorez les sites historiques de Manaus, notamment le Teatro Amazonas, ainsi que le Museu da Amazônia, qui vous permettra de vous familiariser avec la faune et la flore de la forêt amazonienne.

>>

Passez les 3 jours suivants (ou davantage) dans un lodge dans la jungle. Au programme : kayak, randonnées guidées, couchers de soleil inoubliables et excursions pour observer (et écouter) la faune, notamment de nuit.

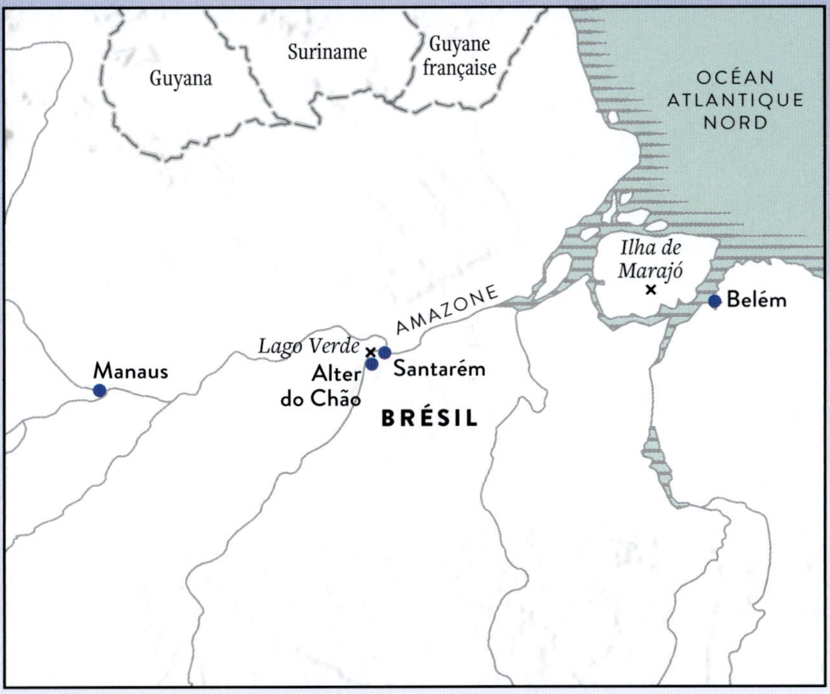

>>>

Le lent voyage en bateau jusqu'à Santarém occupera les jours 5 et 6. Cap ensuite sur Alter do Chão (comptez 1 heure de bus) pour une journée paddle, snorkeling et farniente sur la plage de sable blanc du Lago Verde.

>>>>

De retour à Santarém, embarquez à nouveau pour 2 jours de bateau jusqu'à Belém. Découvrez sa vieille ville et ses musées, et terminez votre aventure fluviale dans les restaurants et bars d'Estação das Docas, au bord de l'eau.

VOUS RESTEZ PLUS LONGTEMPS ? En 3 heures de ferry depuis Belém, rejoignez l'Ilha de Marajó, immense île fluviale à l'embouchure de l'Amazone. Découvrez ses villages tranquilles, ses plages désertes et ses domaines coloniaux abandonnés.

BRÉSIL

Faire la fête *à* Rio de Janeiro

ENCADRÉE DE PLAGES DORÉES et de reliefs couverts de forêt tropicale, Rio de Janeiro jouit d'un cadre idyllique pour une métropole. Les merveilles tropicales font partie intégrante du tissu urbain. Tandis que les habitants vaquent à leurs activités, les ouistitis gambadent dans les parcs arborés et les capybaras (de gros rongeurs) s'ébrouent sur les berges de la Lagoa. Quant aux étals des marchés ambulants, ils débordent de fruits exotiques. Sur la plage d'Ipanema, incontournable, les vendeurs proposent *agua de coco* (eau de coco), *cerveja* (bière) et autres boissons fraîches à la foule en bikini et *sunga* (slip de bain), tandis que près du promontoire rocheux Pedra do Arpoador, les surfeurs guettent la vague parfaite. Partout des corps hâlés : joueurs de football, joggeurs au bord de l'eau, cyclistes remontant la promenade. Le soir, les fêtards sont attirés par le rythme rapide de la samba à Lapa ; d'autres préfèrent les bars à cocktails du quartier bohème de Santa Teresa, sur les hauteurs. On ne s'étonnera pas d'entendre les Cariocas dire que "Deus é Brasileiro" (Dieu est brésilien) et qu'ils ne s'imagineraient pas vivre ailleurs.

EN BREF

À TABLE !

Le week-end, le repas traditionnel est la *feijoada*, un ragoût de porc et de haricots noirs.

UNE BOISSON ?

La Caïpirinha est un cocktail populaire, à siroter par exemple à la plage.

À SAVOIR

Le métro de Rio de Janeiro est très pratique, mais on peut aussi utiliser facilement les vélos en libre-service Bike Itaú.

CHILI

Quitter la Terre *dans le* désert d'Atacama

EN BREF

À TABLE !
La *patasca* est un ragoût typique associant viande, pomme de terre, oignon et maïs.

UNE BOISSON ?
Sirotez un pisco sour, la boisson nationale, sous le ciel étoilé.

À SAVOIR
À San Pedro de Atacama, vous pouvez réserver différentes activités, notamment du sandboard, du VTT et des excursions à la découverte des geysers.

DE LA VAPEUR S'ÉCHAPPE d'une mare de boue bouillonnante, tandis qu'un geyser crache un jet d'eau bouillonnante dans l'air froid. Le soleil, franchissant la crête de la montagne, baigne d'une lumière dorée le site géothermal d'El Tatio. Dans le désert d'Atacama, qui jouxte les Andes, on a vite fait de se croire sur une autre planète. Avec ses dunes de sable rougeoyant sculptées par les vents, le Valle de Marte (Vallée de Mars) porte bien son nom. Non loin de là se trouvent les formations rocheuses colorées du Valle de la Luna (Vallée de la Lune) et des lagunes salines étincelantes paraissant aussi inanimées que le désert environnant, jusqu'à ce qu'un vol de flamants roses s'y pose à la recherche de petits crustacés et autres micro-organismes. Ce ne sont que quelques-uns des paysages extraordinaires de ce désert, parmi les plus anciens et les plus secs au monde. À la nuit tombée, l'évasion se poursuit dans les étoiles, à la faveur d'un ciel dégagé et exempt de pollution lumineuse.

COLOMBIE

Aventure *du* désert *à la* jungle

LONGUE DE 1 600 KM, LA CÔTE CARAÏBE de la Colombie a bien plus encore à offrir que ses plages bordées de palmiers : le voyageur pourra y découvrir des cultures bien vivantes, des cités historiques et des écosystèmes d'une grande diversité.

Pour qui démarre son périple à la pointe nord-ouest du pays, dans le désert côtier de la Península de La Guajira, il est difficile d'imaginer à quelle vitesse les paysages vont changer à mesure que l'on progresse vers l'ouest. Ce désert battu par les vents, aux confins nord de l'Amérique du Sud, s'explore idéalement en véhicule tout terrain. Il est la terre ancestrale des Wayuu, un peuple autochtone connu pour son savoir-faire en matière de tissage et sa farouche résistance à la colonisation.

À 250 km à l'ouest, Santa Marta est la plus ancienne ville de fondation européenne en Colombie. Elle est étroitement liée au souvenir du "Libertador" Simón Bolívar, qui y mourut en 1830. Autour de Santa Marta, la côte à la végétation luxuriante s'étend au pied de la Sierra Nevada, aux pentes plantées de caféiers. Aux portes de la ville, le Parque Nacional Natural Tayrona, couvert de forêt, abrite des sentiers côtiers menant à des spots de baignade idylliques. La ville est le point de départ d'excursions

Souvenir de voyage

Entre le bruit des sabots des chevaux sur les pavés et la vision des bougainvillées débordant des balcons en fer forgé, Cartagena de Indias a un charme incontestable. Mais en ce qui me concerne, j'aime tout autant Capurganá, dans la région de l'isthme de Darién. Cette petite localité en lisière de jungle, dépourvue d'infrastructures routières, est l'endroit rêvé pour cheminer des heures durant sur des sentiers en pleine forêt tropicale, à l'affût des toucans et des singes hurleurs.

BRENDAN SAINSBURY

EN BREF

À TABLE !
Dégustez des *arepas* (galettes de maïs) au fromage, incontournables de la street food colombienne.

UNE BOISSON ?
À Minca, près de Santa Marta, dégustez l'un des meilleurs cafés du pays.

SE LOGER
Réservez une chambre dans un petit hôtel du Centro ou du quartier San Diego à Cartagena de Indias.

UNE EXPÉRIENCE
Descendez une rivière sur une bouée à Palomino, une localité prisée des baroudeurs entre Riohacha et Santa Marta.

Page de gauche : fleurs sur une plage près de Riohacha, sur la côte caraïbe de la Colombie. *Ci-dessus :* le clocher de la cathédrale du XVIIe siècle dans la vieille ville de Cartagena de Indias.

vers les hauteurs embrumées de Minca (village connu pour ses plantations de café), dans la Sierra Nevada, et les ruines de la Ciudad Perdida (uniquement accessibles par un trek), ancienne citadelle de la civilisation précolombienne Tayrona.

À l'ouest de Santa Marta, Cartagena de Indias (Carthagène des Indes), un ancien port de commerce, est le haut lieu touristique de la côte caraïbe : cette ville attachante a conservé son labyrinthe de ruelles, vieux de plusieurs siècles. Avec ses petites places et ses solides fortifications, Cartagena plaît aux amateurs d'histoire. Et les gourmets ne seront pas en reste.

Passé Cartagena, la côte caraïbe se fait moins touristique, jusqu'au golfe d'Urabá. Commence ensuite l'isthme de Darién, point de rencontre de l'Amérique du Nord et de l'Amérique du Sud. Cette région couverte de jungle est très difficile à atteindre par voie terrestre et reste peu visitée par les touristes étrangers. On la rejoint généralement par bateau, pour découvrir la petite communauté de Capurganá, près de la frontière avec le Panama. Dans de telles conditions, cette enclave conserve toute son authenticité et sa magie. Au programme : des oiseaux exotiques et des bassins naturels secrets dissimulés par une forêt tropicale intacte.

Page de droite, en haut : coucher du soleil sur une plage colombienne ; *en bas :* les ruines de la Ciudad Perdida.

Itinéraire en 2 semaines

\>

Restez quelques jours à Riohacha, aux portes du désert côtier de La Guajira. Parcourez les dunes en véhicule tout terrain jusqu'à Punta Gallinas, où vous pourrez dormir dans un hamac et goûter les fruits de mer locaux.

\>>

Une journée de bus vers le sud-ouest vous permettra de rejoindre le Parque Nacional Natural Tayrona et ses sentiers côtiers panoramiques donnant accès à des plages immaculées. Prenez un autre bus pour Santa Marta, ville qui regorge de cafés et de sites liés à Bolívar. Passez-y 2 jours et profitez-en pour vous rendre à Minca, un village célèbre pour son café biologique.

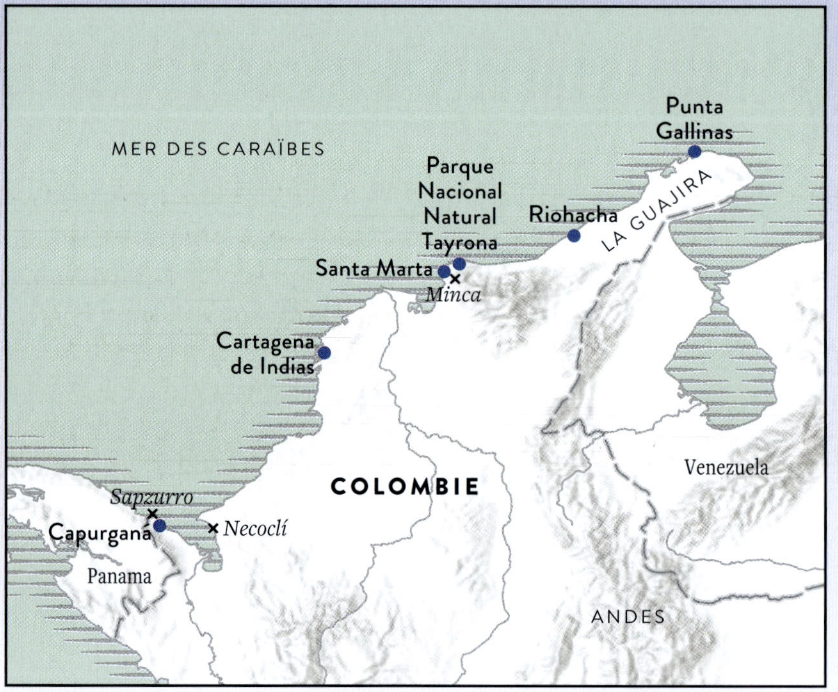

\>>>

Cartagena de Indias mérite une étape de 4 jours : 1 pour la plage, 1 pour la ville, 1 pour sa forteresse et ses musées et 1 pour les bars de Getsemaní. Une fois bien reposé, mettez le cap sur le sud-ouest en bus et bateau (faites étape à Necoclí) afin de rejoindre le village côtier isolé de Capurganá pour 3 jours d'aventure dans la jungle et de plongée.

VOUS RESTEZ PLUS LONGTEMPS ?

Marchez de Capurganá au village de Sapzurro (4 km), puis dans les collines menant au Panama.

INFORMATIONS PRATIQUES

COMMENT S'Y RENDRE ET CIRCULER

Le principal aéroport international de la région est celui de Cartagena de Indias. Des vols intérieurs relient Riohacha à Bogota. La majeure partie de la côte est accessible en bus, sauf Capurganá, que l'on rejoint en bateau.

QUAND PARTIR

La période des fêtes de fin d'année, moins pluvieuse, est la meilleure pour profiter des plages. La saison sèche atteint son apogée entre février et avril, avec de très rares précipitations.

À SAVOIR

Capurganá ne compte aucun distributeur de billets : mieux vaut être prévoyant. Pour explorer le désert de La Guajira, où les routes sont rares, le mieux est de faire une excursion guidée en 4x4, par exemple au départ de Riohacha. *Plus d'informations sur le site colombia.travel/fr/ou-aller/grande-caraibe-colombienne*

CUBA

Musique, plage *et* révolution

Page de droite : voiture ancienne et façade colorée à Camagüey.
Ci-dessus : artistes de rue dans la vieille ville de La Havane.

ENTRE SA MUSIQUE SYNCOPÉE, son histoire pleine de rebondissements et sa culture afro-latine, Cuba est loin de se résumer à ses plages de rêve. Les nombreux touristes qui se cantonnent aux énormes complexes hôteliers alignés sur la côte nord (comme à Varadero ou encore sur l'île de Cayo Coco) passent ainsi à côté de ce qui fait la complexité du pays, ses contradictions et ses anachronismes déroutants.

Si c'est votre premier voyage sur la plus grande île des Caraïbes, la liste des expériences typiques à ne pas manquer est longue, entre les cocktails au rhum, la musique traditionnelle (appelée *son*) et les musées grandiloquents dédiés à la révolution. Votre itinéraire vous mènera sûrement d'ouest en est, de La Havane à Santiago de Cuba. Les deux plus grandes villes du pays ont en commun leur vitalité, leurs édifices hérités de l'époque espagnole, leurs cabarets hauts en couleur, et des rues pleines de vie à l'atmosphère attachante. La Havane a également à offrir aux amateurs l'un des plus beaux ensembles

architecturaux historiques d'Amérique. Plus petite, Santiago, la "ville des révolutionnaires", est le berceau d'une longue lignée de personnalités rebelles.

Entre ces deux villes se trouvent Cienfuegos, Trinidad et Camagüey, classées au Patrimoine mondial au titre de leur architecture remarquable. Cienfuegos se distingue par son raffinement, avec ses maisons à colonnes et ses façades néo-classiques délicatement sculptées. À Trinidad, nichée dans la Sierra del Escambray, les rues pavées et les grandes demeures vous plongent dans le passé colonial de cette ville sucrière.

Souvenir de voyage

Quand je suis à Cuba, je pourrais passer tout mon temps à La Havane (c'est d'ailleurs ce que je fais parfois). J'ai du mal à quitter cette ville et ses danseurs de salsa endiablée, ses spectacles de rue improvisés et ses trésors architecturaux dissimulés sous des airs décrépits. Pour moi, une soirée typique, c'est un concert à la Fábrica de Arte Cubano avant de rentrer en stop à 1h du matin, fenêtre ouverte sur le Malecón pour sentir les embruns sur mon visage.

BRENDAN SAINSBURY

EN BREF

À TABLE !
Commandez une *ropa vieja*, du bœuf effiloché avec une sauce épicée, du riz, des haricots et des légumes.

UNE BOISSON ?
Testez le puissant rhum local. Le Santiago de Cuba est souvent présenté comme le meilleur du pays.

SE LOGER
Logez dans une *casa particular* (chambre chez l'habitant) bon marché.

UNE EXPÉRIENCE
Flânez dans les rues et tendez l'oreille : vous ne manquerez pas de trouver ici ou là un concert improvisé de musique cubaine.

Dans le labyrinthe des ruelles de Camagüey, découvrez des églises baroques et d'énormes pots de terre cuite appelés *tinajones*. Moins connues, Santa Clara, dans le nord de l'île, et Bayamo, à l'ouest de Santiago, intéresseront les férus d'histoire politique : Che Guevara repose dans la première, tandis que Carlos Manuel de Céspedes, le "Père de la Patrie" est né dans la seconde.

Pour répondre à l'appel de la baignade entre deux visites, les possibilités sont innombrables, mais les 20 km de sable fin de la plage de Varadero, sur la Península de Hicacos (côte nord), sont une valeur sûre et combleront toutes les envies et tous les budgets.

Page de droite, en haut : la ville coloniale de Trinidad ; *en bas :* un trompettiste cubain joue dans la rue.

Itinéraire en 16 jours

\>

Comptez 4 jours pour découvrir La Havane, son histoire et sa scène artistique et musicale. En 3 heures de bus, rejoignez ensuite Varadero, l'une des plus belles plages des Caraïbes, pour 2 jours : vous pourrez profiter de son ruban de sable ou vous aventurer en catamaran. Un autre bus vous mènera en 3 heures à Santa Clara, où vous pourrez voir le mausolée du Che et sortir au Club Mejunje. Le lendemain, cap sur Cienfuegos, à l'architecture néo-classique.

\>>

Après une soirée dans les bars élégants de Cienfuegos, roulez pendant 1 heure 30 sur la côte pour rejoindre Trinidad. Dans cette ville comme figée dans le passé, les *casas particulares* ressemblent à des palais, et les restaurants, à des musées. Prévoyez 3 jours pour arpenter ses rues pavées, sa plage et les montagnes environnantes.

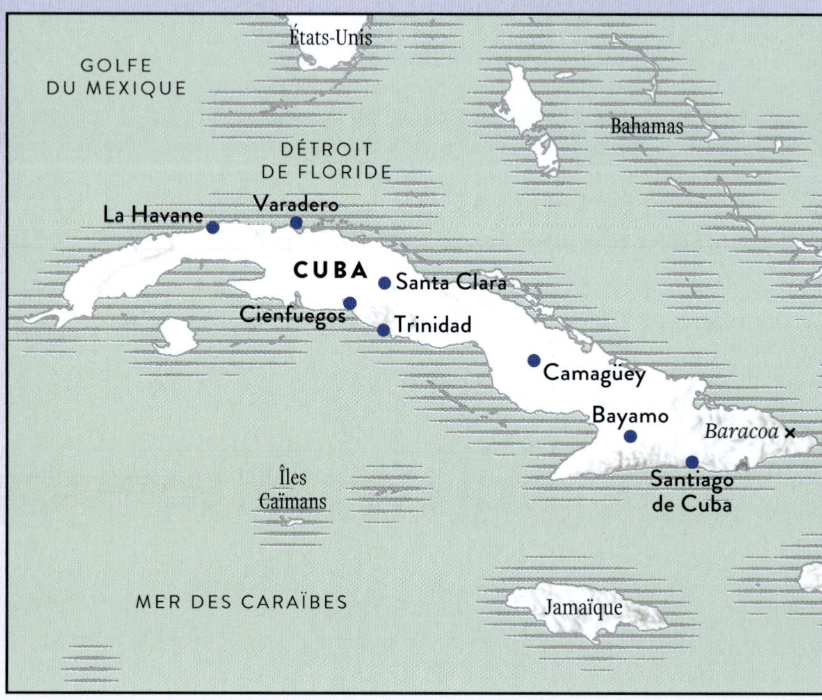

\>>>

Prenez le bus vers l'est pour passer la journée à Camagüey, puis 1 jour à Bayamo, ville détendue qui fut le théâtre du premier soulèvement indépendantiste cubain. Terminez par 3 jours à Santiago de Cuba, capitale de la danse et de la musique traditionnelle, le *son*.

VOUS RESTEZ PLUS LONGTEMPS ?

Poussez jusqu'à Baracoa, petit paradis luxuriant tout à l'est de Cuba, et goûtez sa cuisine épicée.

INFORMATIONS PRATIQUES

COMMENT S'Y RENDRE ET CIRCULER
Les principaux points d'entrée à Cuba sont l'Aeropuerto Internacional José Martí de La Havane et l'Aeropuerto Internacional Juan Gualberto Gómez à Varadero. Les bus de la compagnie nationale Víazul desservent les principales villes.

QUAND PARTIR
Mieux vaut éviter la saison des ouragans, de juin à novembre. C'est entre novembre et avril qu'il fait le moins chaud et le moins humide.

À SAVOIR
Beaucoup de transactions se font en espèces. L'important marché noir rend les taux de change très fluctuants. Les cartes bancaires affiliées à des banques américaines ne sont pas acceptées. À la campagne, les *casas particulares* (hébergements chez l'habitant) sont bon marché et proposent en général un petit déjeuner copieux moyennant un petit supplément. Réservez via Airbnb ou Expedia.
Plus d'informations sur lonelyplanet.fr/destinations/amerique/cuba

ÉQUATEUR

Voir *des* témoins *de* *l'*évolution *aux* Galápagos

BERCEAU DE LA THÉORIE DARWINIENNE de l'évolution, cet archipel isolé, d'origine volcanique, n'a jamais été rattaché au continent sud-américain, dont il est séparé par plus de 900 km. Sa faune et sa flore ont donc évolué en vase clos. Sans prédateur, les tortues y ont atteint des proportions inédites et les pinsons se sont diversifiés : certains utilisent des épines comme outils (tel le géospize pique-bois), d'autres se nourrissent de sang (le géospize à bec pointu) et d'autres encore se sont adaptés à la taille des graines disponibles (les géospizes à gros bec ou à bec moyen). Aux Galápagos, iguanes et cormorans sont plus à l'aise dans l'eau que sur terre et dans les airs. Les paysages varient d'île en île. Celles formées le plus récemment comme l'Isla Isabela bouillonnent d'activité volcanique. L'Isla Santa Cruz est caractérisée par ses forêts d'espèces menacées du genre *Scalesia*. Au sommet des falaises de l'Isla Española, une des îles les plus anciennes, les albatros endémiques sont si volumineux qu'ils ont besoin d'une piste pour leur envol. De la danse nuptiale des fous à pieds bleus aux sessions de plongée pour voir les formations de lave, les expériences à vivre sont inoubliables.

EN BREF

À TABLE !
Dégustez la pêche du jour au marché situé sur le front de mer de Puerto Ayora.

UNE BOISSON ?
Goûtez le café qui pousse sur le riche sol volcanique de l'archipel.

À SAVOIR
Pour découvrir les îles, l'idéal est une croisière sur un petit bateau (16 passagers). Happy Gringo (fr.happygringo.com) propose différents navires et itinéraires.

BOLIVIE

Perdre ses repères *sur le* salar d'Uyuni

EN BREF

À TABLE !
Un petit creux ? Goûtez la *salteña*, un chausson à la viande et aux légumes.

UNE BOISSON ?
Réchauffez-vous avec un *api* au maïs, à la cannelle et aux agrumes.

À SAVOIR
Divers prestataires proposent des circuits de 3 jours depuis Uyuni. Mieux vaut choisir un opérateur reconnu comme Quechua Connection (quechua connection4wd.com), quitte à payer davantage.

ON A VITE FAIT DE SE SENTIR DÉSORIENTÉ lorsqu'on évolue dans l'immensité blanche et éblouissante du salar bolivien d'Uyuni. À la surface du plus grand désert de sel sur Terre, l'horizon semble flou et les mirages jouent des tours. Pour peu qu'il pleuve, le sol se change en miroir d'eau : on croirait alors marcher sur les nuages. L'un des temps forts des excursions en véhicule tout terrain au départ d'Uyuni (altitude : 3 700 m), traversant ces plaines écrasées de soleil, est la halte à Isla Incahuasi, au cœur du désert salé. Couverte de cactus, c'est le vestige d'un volcan entouré d'un lac à l'époque préhistorique : on croirait aujourd'hui une île au beau milieu d'une mer blanche. En fin d'après-midi, le froid et le vent s'installent, et le coucher du soleil embrase le ciel ainsi que le sol, dans lequel se réfléchissent ses teintes ardentes.

ANTARCTIQUE

Expédition *en* Antarctique

MIEUX VAUT AVOIR LE CŒUR BIEN ACCROCHÉ pour entreprendre les 2 jours de traversée du passage de Drake, avec sa mer agitée, voire franchement tempétueuse. Mais une fois cette épreuve passée, la splendeur de l'Antarctique s'offre aux yeux des voyageurs intrépides. La mer retrouve son calme et reflète les icebergs monumentaux et les monts gelés. Les glaciers grondent. Des baleines à bosse émergent et expulsent l'air de leurs poumons. Des pingouins glissent sur la neige, sous les yeux des léopards de mer en quête de nourriture. Aucun documentaire ne peut vous préparer entièrement à la réalité du Continent blanc. Ici, la nature est brute, la vie sauvage règne en maîtresse et les humains ne font que passer. L'Antarctique n'est pas une destination comme une autre. Cette aventure exigeante aux confins de la planète et de l'imagination demande un réel effort physique, et financier. Choisissez un bateau de petite taille pour atteindre les endroits inaccessibles aux grands navires de croisière, et préparez-vous à un voyage d'une émouvante beauté.

EN BREF

SE LOGER
Un voyage de 10 nuits coûte environ 7 000 euros (moins en cabine partagée).

UNE EXPÉRIENCE
Pour observer les animaux, réservez une excursion en bateau semi-rigide.

À SAVOIR
Les expéditions ont lieu durant l'été austral (novembre à mars), la plupart du temps depuis Ushuaïa, tout au sud de l'Argentine. Le mois de mars est propice à l'observation des mammifères marins.

BAHAMAS

Cabotage d'île en île *aux* Bahamas

EN BREF

À TABLE !
La conque est l'aliment le plus courant sur l'archipel : dégustez-la par exemple en salade avec des légumes et du jus d'agrumes.

UNE BOISSON ?
Testez le Bahama Mama : rhum, jus et grenadine sur glace pilée.

À SAVOIR
Évitez la saison cyclonique en Atlantique (juin à novembre) : les tempêtes peuvent perturber les vols et les liaisons maritimes.

COMBIEN DE TEINTES DE BLEU LA MER peut-elle prendre ? Si vous vous posez cette question depuis votre serviette de plage aux Bahamas, le compte peut vite monter, surtout si vous visitez les 16 principales îles de l'archipel. Chacune a sa personnalité. Les 40 aéroports des Bahamas, les compagnies de ferrys et les loueurs de bateaux et de yachts privés permettent de se déplacer facilement de l'une à l'autre en composant son aventure sur mesure. Vous pourrez vous baigner avec des cochons à Big Major Cay, parcourir la mangrove en kayak au Lucayan National Park sur Grand Bahama, voir les plus beaux coraux du monde… Planifiez votre voyage en toute fin d'année pour profiter de l'ambiance enjouée et dynamique de Junkanoo, un carnaval rythmé par les cloches et les tambours en peau de chèvre.

PÉROU

Civilisations anciennes *et* ruines légendaires

LES IMPRESSIONNANTES RUINES PÉRUVIENNES témoignent d'une mosaïque de cultures précolombiennes remontant, pour certaines, à cinq millénaires. Des fortifications sur les crêtes andines aux mystérieux géoglyphes du désert de Nazca, le Pérou est parsemé de vestiges archéologiques. Les terrasses brumeuses du Machu Picchu ne sont que l'arbre qui cache la forêt, et le pays regorge de lieux moins connus - et peut-être moins spectaculaires, mais tout aussi fascinants, souvent plus anciens et toujours moins courus.

En prenant Cuzco, au sud, pour base, partez vers le nord-ouest pour les ruines et les musées de la Vallée sacrée. Le *boleto turístico* (billet touristique) donne accès à une douzaine de sites comme Písac et ses impressionnantes terrasses, la forteresse de Sacsayhuamán ou les ruines d'Ollantaytambo, le plus bel exemple d'urbanisme inca avec ses canaux d'irrigation. Passez ensuite au plat de résistance : les ruines mythiques du Machu Picchu, qui accueillent chaque jour plusieurs milliers de visiteurs. Ne manquez pas Choquequirao, parfois décrit comme un "Machu Picchu miniature" : les 4 jours de marche

Page de gauche : mur de la cité antique chimú de Chan Chan. *Ci-contre :* femmes quechuas en vêtements traditionnels. *Ci-dessous :* le téléphérique du site archéologique de Kuélap.

EN BREF

À TABLE !
Commandez un *lomo saltado*, poêlée péruvienne à base de lamelles de bœuf mariné, piments et frites, accompagnée de riz.

UNE BOISSON ?
Le cocktail phare du Pérou est le pisco sour qu'on prépare avec le pisco local, du jus de citron vert, du sirop de canne, du blanc d'œuf et du bitter Angostura.

SE LOGER
Réservez un lodge dans les Andes. On en trouve pour tous les budgets, et tous ont pour avantage leur cadre rural et authentique (épaisses couvertures, décoration colorée, art péruvien) et leur proximité avec la montagne.

UNE EXPÉRIENCE
Acclimatez-vous à l'altitude à Huaraz (3 091 m) en parcourant les 8 km qui mènent au Monumento Nacional Wilcahuaín, un petit site archéologique huari très bien préservé (600-900 après J.-C).

ACHATS
Le quartier San Blas à Cuzco compte divers ateliers et galeries d'artisans locaux. Si vous êtes las des ponchos et tapis en peau de mouton, faites un tour dans ses bijouteries et boutiques de designers.

Souvenir de voyage

Toutes les ruines péruviennes sont chargées d'histoire, mais certaines sont plus magiques que d'autres. Mes préférées sont celles de Kuélap, l'ancien refuge des Chachapoyas, une civilisation qui précède la construction du Machu Picchu d'environ un demi-millénaire. Connus pour leurs sarcophages sculptés en forme de visages humanoïdes troublants, ces "guerriers des nuages" ont une histoire intéressante de résistance contre la colonisation inca jusqu'aux années 1470. Ma première visite de Kuélap remonte à 2018, peu après la mise en service de son téléphérique qui a augmenté la fréquentation du site sans porter atteinte à son atmosphère unique. À l'aller, j'ai emprunté une des cabines pour huit passagers qui tanguent au-dessus d'une vallée spectaculaire. Je suis redescendu via le Camino Herradura, un magnifique sentier qui zigzague sur 9 km en pente abrupte.

BRENDAN SAINSBURY

"Des fortifications sur les crêtes andines aux mystérieux géoglyphes du désert de Nazca, le pays est parsemé de sites archéologiques."

Ci-contre : un train dans un cadre spectaculaire, région de Cuzco, au Pérou. *Page de droite :* coucher du soleil sur le Machu Picchu.

aller-retour pour le visiter lui confèrent une atmosphère plus intimiste. Mais tout cela pourrait changer si le projet de téléphérique évoqué depuis plusieurs années aboutit.

Bien que tracées par les cultures Paracas et Nazca 2 000 ans avant les débuts de l'aviation, c'est bien avec un vol touristique depuis Nazca ou Pisco qu'on observe le mieux les énormes silhouettes zoomorphes du désert situé au sud du Pérou. Plus au nord, plusieurs sites sont facilement accessibles depuis les grandes villes. À 31 km au sud-est de Lima, dans la citadelle de Pachacamac, les palais sont faits d'adobe et de pierre, et les temples prennent la forme de pyramides. Chan Chan, sur la côte tout près de Trujillo, est la plus grande cité américaine précolombienne et la plus grande ville d'adobe au monde.

Pour admirer Chavín de Huántar dans la cordillère Blanche, vous devrez endurer de longs trajets en bus et la raréfaction de l'oxygène, mais le jeu en vaut la chandelle. Ces ruines de plus de 3 000 ans comportent de nombreuses galeries souterraines accessibles. Pour bien comprendre ce centre religieux et cérémoniel, ne manquez pas le musée voisin. Tout aussi isolées et majestueuses, les ruines de la forteresse Kuélap construite par les Chachapoyas il y a environ un millénaire sont perchées sur une crête calcaire à 3 000 m d'altitude au nord du Pérou. Son mur d'enceinte presque infranchissable pouvant s'élever à 20 m par endroits lui a conféré la réputation de site difficile d'accès, même si cela est moins vrai depuis qu'un téléphérique a été mis en service en 2017.

Ci-dessus : la route panaméricaine traverse la région de Nazca.

INFORMATIONS PRATIQUES

COMMENT S'Y RENDRE ET CIRCULER

L'aéroport international de Lima est le principal point d'entrée au Pérou. De là, des vols intérieurs et des bus rallient Cuzco. La majeure partie du pays est accessible en bus, mais les trajets peuvent être longs. Préférez donc les bus tout confort. Un train relie Cuzco au Machu Picchu.

QUAND PARTIR

Dans les hauteurs andines et la forêt tropicale à l'est, la saison sèche va de juin à août. C'est la meilleure période pour les festivités et les activités, notamment le trek.

À SAVOIR

Impossible de s'aventurer sur le sentier menant au Machu Picchu sans guide réservé bien à l'avance, et sans permis. Les billets d'entrée au site peuvent être achetés à Cuzco. Bien que ce ne soit pas obligatoire, mieux vaut aussi prendre un guide pour vous rendre à Choquequirao. Équipez-vous de chaussures adaptées au terrain montagneux, d'une couche imperméable et de vêtements chauds pour supporter la fraîcheur en altitude.

Plus d'informations sur le site peru.travel

Itinéraire en 3 semaines

\>

Après 2 jours à Cuzco, passez une journée à explorer Ollantaytambo et la Vallée sacrée. Prenez le train jusqu'à Aguas Calientes, puis passez 2 jours au Machu Picchu. Embarquez ensuite pour un trek d'au moins 4 jours à Choquequirao (préparez cette excursion bien à l'avance).

\>>

Optez pour un bus confortable pour les 14 heures de route jusqu'à Nazca, d'où vous pourrez survoler les énormes géoglyphes dans le désert. Prenez le bus (8 heures) pour Lima. Avec ses falaises, ses restaurants et les ruines voisines de Pachacamac, la capitale mérite une étape de 3 jours.

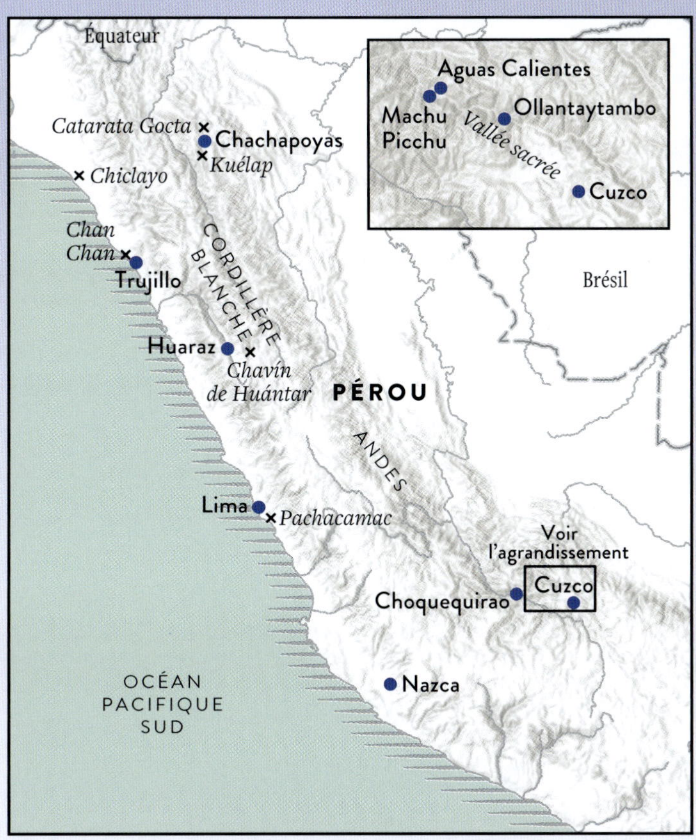

\>>>

Un bus longue distance vous mènera à Huaraz, dans la cordillère Blanche. Faites-y escale pendant 3 jours et ne manquez pas de consacrer une journée à Chavín de Huántar.

\>>>>

Passez ensuite 2 jours à Trujillo, à 5 heures 30 de Huaraz, pour découvrir son architecture historique et visiter l'immense cité de Chan Chan. Remontez la côte jusqu'à Chiclayo, où des agences locales peuvent organiser des visites des sites archéologiques. Terminez par 3 jours à Chachapoyas, d'où vous pourrez vous rendre à Kuélap.

VOUS RESTEZ PLUS LONGTEMPS ?

Depuis Chachapoyas, planifiez un trek à la Catarata Gocta, des chutes de 771 m de haut.

COSTA RICA

Bienvenue *dans la* jungle

Page de droite : Playa Samara à marée basse. *Ci-dessus :* le paresseux à trois doigts est une des nombreuses espèces que l'on peut observer dans ce pays à la faune exceptionnelle.

VOUS CROISEREZ L'EXPRESSION *pura vida* partout au Costa Rica : sur les panneaux publicitaires, sur les tee-shirts des boutiques de souvenirs, dans les conversations sympathiques entre les habitants… Littéralement, *pura vida* signifie "vie simple", mais l'expression est utilisée pour se dire bonjour ou "tout va bien". Et pour cause, la vie est belle dans ce pays d'Amérique centrale aux 5 millions d'habitants (surnommés les *Ticos*), dépourvu d'armée (un choix révélateur de cette mentalité détendue).

Depuis plusieurs années, avec ses plages de sable blanc étincelant, sa jungle verdoyante et ses réserves où se promènent les singes et où croassent les toucans, ce pays aux multiples facettes et au cadre naturel exceptionnel attire les voyageurs en quête d'aventure. Les nouveaux musées de San José, la capitale qui se développe tant à l'horizontale qu'à la verticale, et l'ambiance festive de plusieurs villes de bord de mer (comme Jacó et Tamarindo) renforcent encore cet attrait. De sorte qu'aujourd'hui, ce pays en plein développement fait parler de lui.

Mais le Costa Rica reste avant tout une destination nature. En planifiant bien son voyage, on peut ici gravir des volcans,

Souvenir de voyage

Je n'oublierai jamais mon premier voyage au Costa Rica : c'était avec mon père, en 2004. Nous avons atterri à l'aéroport de San José et avons loué un SUV en pleine nuit, avant de rouler des heures durant sur des routes de montagne sinueuses, puis sur une piste incroyablement cahoteuse de 45 km le long de la côte pacifique, entre Dominical et Quepos. Le lendemain matin, nous avons rejoint le Parque Nacional Manuel Antonio, à 15 minutes de route au sud. Avant d'y arriver, je me souviens avoir aperçu El Avión, un Fairchild C-123 comme planté dans la colline, reconverti en bar-restaurant avec vue sur l'eau bleu-vert. À l'entrée du parc, nous avons été accueillis par de sympathiques créatures, notamment des singes capucins et des paresseux nonchalants. Ce n'était que le début de ma longue histoire d'amour avec le Costa Rica, qui dure depuis des décennies.

JESSE SCOTT

EN BREF

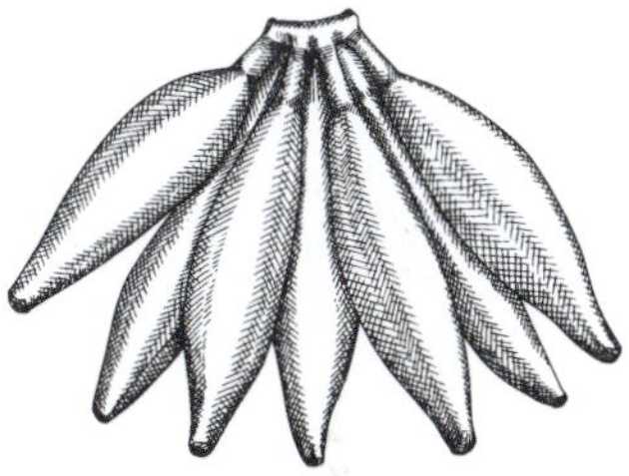

À TABLE !
Arrêtez-vous dans un *soda*, un restaurant simple et traditionnel. Commandez un *casado* (formule bon marché) et arrosez-le de *salsa Lizano*, le condiment costaricain par excellence.

UNE BOISSON ?
Pour se rafraîchir, rien ne vaut les *batidos*, ces boissons à base de fruits mixés *al agua* (avec de l'eau) ou *con leche* (avec du lait).

SE LOGER
Offrez-vous un luxueux hôtel dans l'une des 58 réserves costaricaines, comme la Reserva Conchal sur la Península de Nicoya, une “zone bleue” où l'on vit en moyenne plus longtemps. W Costa Rica est un complexe all-inclusive moderne avec une tyrolienne jusqu'à la plage.

UNE EXPÉRIENCE
De nombreuses visites de plantations sont proposées dans les huit régions productrices de café du pays. Citons Doka Estate et Hacienda Alsacia (le laboratoire agricole de Starbucks) au nord de San José, sur les pentes du volcan Poás.

ACHATS
Le Mercado Central de San José est le principal marché du pays, avec ses *sodas*, ses cafés et ses stands vendant de l'artisanat, des bijoux, etc.

© KRYSSIA CAMPOS / GETTY IMAGES

"Avec ses plages de sable blanc étincelant, sa jungle verdoyante et ses réserves, le Costa Rica attire les voyageurs en quête d'aventure."

Ci-contre : baignade dans une source chaude naturelle du parc Rincón de la Vieja.

surfer d'énormes vagues, se baigner dans des bassins d'eau scintillante et faire du snorkeling ou de la plongée pour admirer des récifs, où les poissons aux couleurs vives et les crabes bleus vivent en harmonie. Une bonne infrastructure touristique s'est développée avec des transports, des voyagistes et des guides capables de concocter des itinéraires personnalisés, permettant de mieux enchaîner les activités.

Pour ne rien manquer, trois zones sont à privilégier. Dans la région centrale de San José, vous trouverez sommets montagneux, denses forêts de pins, volcans endormis et lagunes turquoise. Les paysages de la Península de Nicoya mêlent montagne, océan et cascades ; à son extrémité sud, Montezuma est une ville à l'ambiance bohème entre jungle et plage. La côte pacifique, quant à elle, séduit les surfeurs aguerris, mais compte aussi des parcs nationaux paisibles à la foisonnante biodiversité.

Croiser un paresseux au détour d'une piste lors d'une sortie en 4x4, filer sur une tyrolienne dans la canopée, contempler l'or et le jade dans les musées dédiés à l'histoire de ce pays vieux de 300 ans... Vous ferez ici le plein de sensations. Démarrez la journée avec un café cultivé localement, et terminez-la avec une bière Imperial ou Pilsen bien fraîche pour vous remettre de vos aventures dans la nature. *Pura vida,* n'est-ce pas ?

Ci-dessus de gauche à droite : un repas costaricain typique ; surf à Playa Santa Teresa.

INFORMATIONS PRATIQUES

COMMENT S'Y RENDRE ET CIRCULER

Le Costa Rica est desservi par deux aéroports internationaux : Juan Santamaría (le plus important) près de San José, et Daniel Oduber Quirós, près de Liberia. Dans la jungle, les routes pentues et les pistes nécessitent un véhicule tout terrain. Des navettes privées relient les destinations les plus populaires, tandis que le réseau de bus dessert quasiment tout le pays.

QUAND PARTIR

La plupart des touristes visitent le Costa Rica entre décembre et avril. C'est la saison sèche, et le soleil brille sur l'ensemble du pays. À la fin de la saison des pluies, qui s'étend en général de mai à novembre, certaines routes peuvent être peu praticables, et des glissements de terrain peuvent survenir dans les zones isolées.

À SAVOIR

L'eau du robinet est potable dans la plupart des régions, sauf sur la Península de Osa (pensez à prendre de l'eau en bouteille ou de quoi purifier l'eau). Pour éviter les maladies transmises par les moustiques comme la dengue, appliquez un répulsif et portez des manches longues en forêt.

Plus d'informations sur le site fr.visitcostarica.com

Itinéraire en 2 semaines

>

Atterrissez à San José et prévoyez 2 jours pour vous acclimater et visiter les musées dédiés à l'or, au jade et aux artistes locaux. Il vous faudra, depuis San José, 5 heures de route pour rejoindre le départ du ferry pour Montezuma, ville bohème à l'extrémité sud de la Península de Nicoya, dotée d'une merveilleuse plage.

>>

Le 4e jour, reprenez la route pour rejoindre le Parque Nacional Volcán Arenal (comptez 5 heures). Pendant 2 jours, profitez de ses sources chaudes et faites une descente en rappel ou du rafting à l'ombre du volcan actif.

>>>

Le 7e jour, un dernier trajet de 5 heures vous mènera aux Cataratas Nauyaca. En 3 jours, découvrez ces vertigineuses cascades et faites une balade à cheval au son du cri du grand hocco (sorte de faisan). À moins de 3 heures de route vers le sud, sur la verdoyante Península de Osa (Parque Nacional Corcovado et Parque Nacional Piedras Blancas), ouvrez l'œil sur le sentier El Tigre (jadis fréquenté par les chercheurs d'or) pour apercevoir certaines des 375 espèces d'oiseaux qui le peuplent.

>>>>

Passez les 2 derniers jours au Parque Nacional Manuel Antonio : marchez parmi les singes sur les sentiers qui bordent le Pacifique et prenez une leçon de surf avant de retourner à San José.

VOUS RESTEZ PLUS LONGTEMPS ? Situé sur la côte caraïbe, le Parque Nacional Cahuita abrite le plus grand récif corallien du pays.

JAMAÏQUE

Que *la* fête commence

LA JAMAÏQUE DÉBORDE D'ÉNERGIE comme jamais. Entre rhum, reggae et esprit rasta, elle donne l'impression de pulser en permanence dans une ambiance de vacances. La fête a débuté à Port Royal, un ancien repaire de pirates soiffards où mouillaient de superbes navires. Du passé crapuleux de "la ville la plus malfamée au monde", dépeint dans Pirates des Caraïbes, ne subsistent que les canons rouillés des remparts de Fort George. En face, à Kingston, Bob Marley électrisa le public sur des airs reggae, et ses fans nostalgiques peuvent visiter son ancienne demeure, tandis que près de Black River, la distillerie historique d'Appleton Estate propose visites guidées et dégustation de rhum. Dans le nord-ouest de l'île, Goldeneye, l'ancienne propriété d'Ian Fleming, le père de James Bond, est devenue un hôtel de luxe où les cocktails sont servis "*shaken, not stirred*" ("secoués, pas remués"), naturellement.

EN BREF

UNE BOISSON ?

Goûtez un cocktail Goldeneye à base de rhum et de jus d'ananas, rehaussé de citron vert.

UNE EXPÉRIENCE

Visitez Tuff Gong, le studio d'enregistrement de Bob Marley où fut produit *Could You Be Loved*.

À SAVOIR

Évitez la saison des ouragans en visitant la Jamaïque de novembre à mars. Parcourez l'île en transports en commun ou en voiture de location.

ÉTATS-UNIS

Sur la mythique Route 66

EN BREF

À TABLE !
Goûtez l'incontournable cheeseburger garni de piments verts.

UNE BOISSON ?
Buvez un whisky dans l'un des saloons du Sud-Ouest.

À SAVOIR
Réservez vos étapes dans des motels d'origine de la Route 66 – il en existe encore beaucoup – plutôt que dans des grandes enseignes hôtelières.

RIEN NE VAUT UN ROAD TRIP pour découvrir les États-Unis. L'itinéraire le plus légendaire suit la Route 66 de Chicago à Santa Monica, traversant le cœur du pays pour rallier l'eldorado de la Californie. Bien que des voies express aient remplacé une grande partie de la route d'origine, son tracé reste jalonné de stations-service vintage, de restaurants drive-in, d'enseignes au néon clignotantes et d'attractions au kitsch assumé. Et puis, il y a le paysage. Les prairies sans fin cèdent la place à l'ondulation des collines, suivies de hautes plaines argentées et d'arides déserts rouges. Le voyage a des accents irréels : rien ni personne pendant des kilomètres, avant qu'une vision improbable ne rompe la monotonie. Près de Tulsa, une baleine en plastique de 24 m de haut, échouée dans un étang ; à Amarillo, un alignement de voitures Cadillac plantées dans le sol par l'avant. La splendeur de la nature n'est pas en reste : arbres fossilisés de toutes les couleurs dans la Petrified Forest, cactus vertigineux dans le désert Mojave. Lorsque paraît l'océan Pacifique, au bout de 3 940 km, votre road trip s'est mué en épopée.

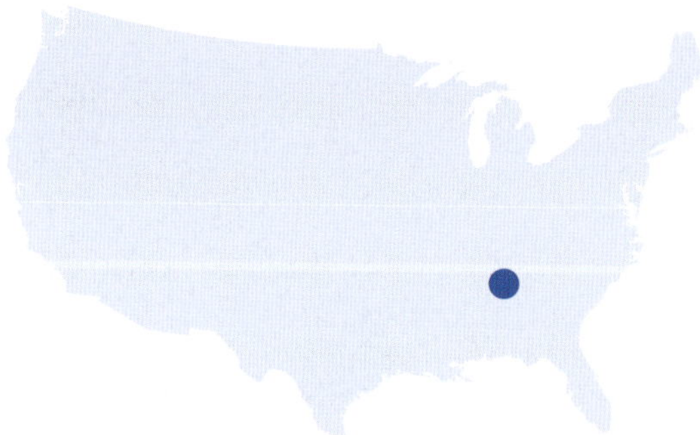

ÉTATS-UNIS

Pèlerinage musical *dans le* Sud américain

Page de droite : poulet épicé dans le style de Nashville. *Ci-dessus :* danseurs au Crawfish Festival de Breaux Bridge, en Louisiane.

LES CHANTEURS DE COUNTRY savent qu'ils ont percé lorsque leur nom s'affiche sur l'enseigne lumineuse d'une salle de Nashville. La "Music City" attire les auteurs-compositeurs en quête de notoriété et les mélomanes du monde entier, désireux d'écouter un son unique. La ville possède des salles de concerts réputées telles que le Ryman Auditorium et le Grand Ole Opry, et de célèbres studios d'enregistrement vous dévoilent les secrets de leur succès. Le soir, on se presse sur les pistes de danse usées des *honky-tonks*, des bars typiques du Sud où jouent peut-être les stars de demain.

À quelques heures de route au sud-ouest, la musique – qui prend ici les accents du blues – anime une autre grande dame du Tennessee, Memphis. Lorsque la lune paraît au-dessus de Beale Street, des rythmes mélancoliques et la réverbération des *slide guitars* émanent de constructions basses en brique, dotées d'enseignes au néon. L'atmosphère est électrique dans les bars et clubs. Parmi les autres lieux nocturnes, citons le Wild Bill's, un *juke joint* (cabaret de blues) du quartier historique de Vollintine Evergreen, et le vénérable Lafayette's, une salle assortie d'un joli bar-restaurant, sur Overton Square. En

Souvenir de voyage

Je ne savais pas très bien à quoi m'attendre lors de mon premier voyage à Breaux Bridge, en pays cajun. Un ami m'avait conseillé d'arriver tôt au restaurant, et il y avait déjà la queue à 8h du matin devant le Buck & Johnny's. On peut y prendre le petit déjeuner (les *grits* aux écrevisses sont un classique), mais la plupart des gens viennent pour danser. Dans cet espace chaleureusement éclairé, des couples de danseurs talentueux tournoyaient à pas rapides sur la piste. Près des baies vitrées, un sextet de zydeco jouait des rythmes syncopés à l'accordéon, au frottoir et à la guitare électrique, pendant que le chanteur jouait les crooners en créole français. J'ai commandé un café chaud (de préférence à un mimosa ou à un bloody mary à volonté) pour me donner de l'énergie : mais en matière d'énergie, les anciens, d'une agilité surprenante pour leur âge, étaient imbattables !

REGIS ST LOUIS

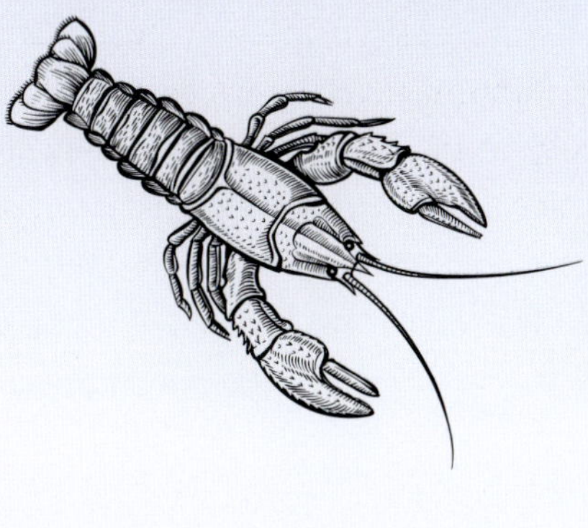

EN BREF

À TABLE !

Le jambalaya est l'un des grands classiques de La Nouvelle-Orléans. D'origine cajun-créole, ce succulent plat de riz épicé aux légumes est garni de saucisse, de poulet ou de produits de la mer.

UNE BOISSON ?

Le Jack Daniel's, le whisky du Tennessee par excellence, est prisé dans le Sud. Élaboré avec 80% de purée de maïs, il est vieilli en fûts de chêne et filtré au charbon de bois, ce qui lui donne une saveur douce.

SE LOGER

L'hôtel Peabody de Memphis est une adresse réputée depuis 1869. Chaque matin à 11h, une parade de cinq canards rejoint la fontaine intérieure pour barboter.

UNE EXPÉRIENCE

Le National Civil Rights Museum de Memphis présente une exposition puissante relatant les luttes et les victoires des Afro-Américains en quête de liberté et d'égalité dans les années 1960. Il occupe l'ancien Lorraine Motel, où Martin Luther King fut assassiné.

ACHATS

À La Nouvelle-Orléans, le French Market déborde d'objets d'art et d'artisanat, de vêtements, de bijoux et d'étals alimentaires. Créé en 1791, c'est un des plus anciens marchés en activité du pays.

"La Nouvelle-Orléans est une étape incontournable de tout voyage musical dans le Sud américain. Le berceau du jazz abrite des clubs où le public se balance en cadence au son des cuivres."

Ci-contre : une mélodie pour La Nouvelle-Orléans.
Page de droite : le French Quarter de La Nouvelle-Orléans.

FOREVER
NEW ORLEANS
PC-22

journée, les fans du King visitent Graceland, sa demeure kitsch, avant de découvrir sa tombe, d'une émouvante simplicité.

La Route 61, surnommée la "Blues Highway", vous mène également au cœur de la musique. Longue de 1 000 km, elle est ponctuée de petites villes où fut modelé le paysage musical américain. Le Red's, à Clarksdale, est un *juke joint* intimiste, quelque peu déglingué, où le public se tient tout près des musiciens. Près de l'ancienne Dockery Plantation, au milieu des champs, se trouve l'intersection poussiéreuse des routes de Walker et de Lusk, où Robert Johnson aurait vendu son âme au diable pour devenir une légende du blues. Plus au sud, au Club Ebony d'Indianola, récemment rouvert, vous sentirez la présence du grand B.B. King, qui s'y produisit souvent. L'artiste racheta le club par la suite et en fit don au B.B. King Museum and Delta Interpretive Center.

La Nouvelle-Orléans est une étape incontournable de tout voyage musical dans le Sud américain. Le berceau du jazz abrite des clubs où le public se balance en cadence au son de cuivres tissant des airs envoûtants. Ailleurs, les lampadaires illuminent la nuit dans Frenchmen Street, au cœur d'une scène musicale en constante évolution.

Bayous et zones humides jouxtent les villes à l'ouest de la Crescent City (ville du Croissant). Vous êtes au cœur du pays cajun, où trompettes et saxophones cèdent le pas aux accordéons et washboards : ces "planches à laver" ou "frottoirs", en aluminium ondulé, se portent autour du cou. Les soirs (et parfois les matins) de week-end, les amateurs de valse et de two-step ébranlent le plancher des pistes de danse sur les mélodies chaloupées du zydeco, également né dans le Sud des États-Unis – une terre de créativité débridée et de chagrin, où la musique ne s'arrête jamais.

Page de droite : la nuit, les enseignes au néon illuminent Lower Broadway, à Nashville.

Itinéraire en 8 jours

>

Commencez à Nashville. Consacrez 2 jours à l'exploration de son héritage musical - ne manquez pas de visiter le légendaire Grand Ole Opry, où a lieu plusieurs fois par semaine un spectacle de musique country. Le soir, fréquentez les bars musicaux qui jalonnent Lower Broadway.

>>

Gagnez Memphis, à 3 heures de route vers le sud-ouest. Vous y passerez 2 jours agréables à visiter les musées consacrés à la musique ainsi que les clubs de blues animés de Beale Street entre autres.

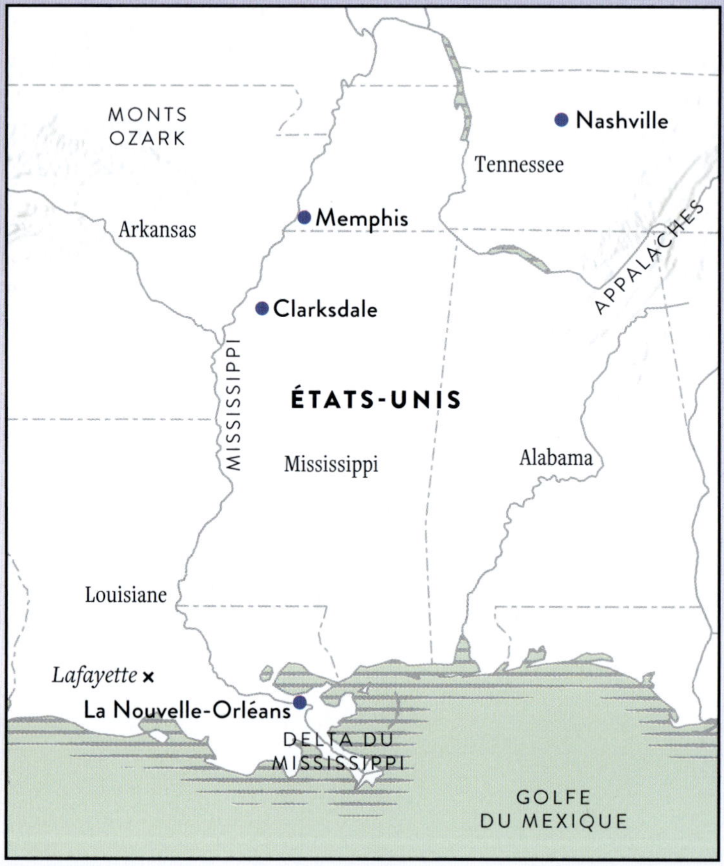

>>>

Le 5e jour, roulez vers le sud en direction de Clarksdale (1 heure 30), en vous arrêtant à l'intersection où Robert Johnson aurait conclu un pacte avec le diable. Le soir, allez écouter les excellents artistes du Red's.

>>>>

Reprenez la route le 6e jour pour effectuer le long trajet (5 heures 30) jusqu'à La Nouvelle-Orléans, en faisant étape dans plusieurs lieux clés du blues. The Big Easy mérite au moins 2 jours de visite. Flânez dans d'intéressants quartiers comme le French Quarter, Bywater et Garden District. À la nuit tombée, cherchez votre bonheur dans les clubs de jazz de Frenchmen Street.

VOUS RESTEZ PLUS LONGTEMPS ?

Continuez vers l'ouest pour rallier le pays cajun (2 heures 30). Dans la ville animée de Lafayette, les passionnés de musique de tous âges sont présents sur la piste de danse lors des concerts de zydeco.

INFORMATIONS PRATIQUES

COMMENT S'Y RENDRE ET CIRCULER

Nashville et La Nouvelle-Orléans possèdent les aéroports les plus importants, bien qu'ils accueillent relativement peu de vols internationaux. À l'arrivée, il est conseillé de louer une voiture, car les transports publics sont rares, hormis le train City of New Orleans d'Amtrak, qui relie La Nouvelle-Orléans à Memphis, et un train quotidien entre La Nouvelle-Orléans et Lafayette.

QUAND PARTIR

Plus vous allez vers le sud, plus la chaleur estivale et l'humidité augmentent (à La Nouvelle-Orléans notamment). Le printemps est une période idéale ; le calendrier des manifestations est très chargé, avec des évènements comme le Jazz Fest à La Nouvelle-Orléans (fin avril-début mai), le Juke Joint Festival à Clarksdale (avril) et le CMA (Country Music Association) Fest à Nashville (juin).

À SAVOIR

Les circuits guidés apportent vraiment une dimension supplémentaire. Les Jugg Sisters of NashTrash proposent une visite irrévérencieuse de Nashville, tandis que le Memphis Mojo Tour mêle histoire et musique live. Les balades de Historic New Orleans Tours évoquent le passé de La Nouvelle-Orléans tout en parlant de jazz, d'histoire afro-américaine, de vaudou, etc.
Plus d'informations sur le site visittheusa.fr/trip/sur-la-route-du-blues

ÉTATS-UNIS

Au fil *de l'*Overseas Highway

SON ARCHITECTURE ART DÉCO, ses plages bordées de palmiers et sa vie nocturne aux accents latinos font la réputation de Miami. Mais la ville est aussi le point de départ d'un fabuleux itinéraire dans les Florida Keys le long de l'Overseas Highway, entre petites îles, réserves naturelles et vestiges du mythe américain. Avant de quitter Miami, admirez les Wynwood Walls, décorés par certains des plus grands noms du street art. Il vous faudra ensuite parcourir 267 km pour rejoindre Key West, une ville bohème située au bout de la Floride, connue pour ses maisons en bois aux tons pastel et sa vie nocturne haute en couleur, dont quelques bars où le port de vêtements est facultatif. Bien que le trajet prenne moins de 4 heures, mieux vaut y consacrer quelques jours pour avoir le temps de faire le plein d'aventure en chemin : snorkeling au John Pennekamp State Park, kayak dans la mangrove à No Name Key, balade sur les plages de sable blanc de Bahia Honda. En fin d'après-midi, trouvez une table dans un bar face à la mer : les couchers de soleil sont légendaires.

EN BREF

À TABLE !
Le sandwich au poisson est une œuvre d'art dans les Florida Keys.

UNE BOISSON ?
Le cocktail signature des Keys est le *rum runner*, à base de rhum, de liqueur de banane et de jus de fruits.

À SAVOIR
Les prix sont au plus haut de décembre à février. Vous économiserez sur les frais d'hébergement (tout en évitant la saison des ouragans) en voyageant entre mars et mai.

ÉTATS-UNIS

Retour à la nature *dans l'*Alexander Archipelago

EN BREF

À TABLE !
Régalez-vous de cinq différentes espèces de saumon sauvage d'Alaska.

UNE BOISSON ?
Goûtez une bière locale Spruce Tip Blonde Ale, à base de bourgeons d'épicéa de Sitka récoltés à la main.

À SAVOIR
La plupart des visiteurs viennent ici au cours d'une croisière, mais les ferrys de l'excellent Alaska Marine Highway System (dot.alaska.gov/amhs) desservent l'archipel.

LE SUD-EST DE L'ALASKA N'A GUÈRE CHANGÉ depuis la visite du célèbre naturaliste écossais John Muir en 1879. Des forêts denses recouvrent les quelque 1 100 îles de l'Alexander Archipelago, dont les fjords grandioses et les vallées glaciaires sont quasiment vierges. Sillonné de chemins de randonnée, ce territoire compose une partie de la plus grande forêt pluviale tempérée au monde. Son paysage est semé de rochers moussus et de torrents, à l'ombre d'épicéas et de cèdres séculaires. Des villes minuscules s'accrochent au bord de l'eau, dominées par la nature sauvage alentour – il n'est pas rare de voir des ours ou même des loups dans les environs de Juneau, la capitale de l'État. Les groupes autochtones ont des liens profonds avec la terre, comme à Ketchikan, qui recèle la plus vaste collection de totems de la planète. Au nord, la charmante Skagway était un port trépidant à l'époque de la ruée vers l'or du Klondike, et son centre bien préservé est émaillé de bâtiments du début du XXe siècle, notamment une gare restaurée d'où des trains d'époque partent à l'assaut des montagnes.

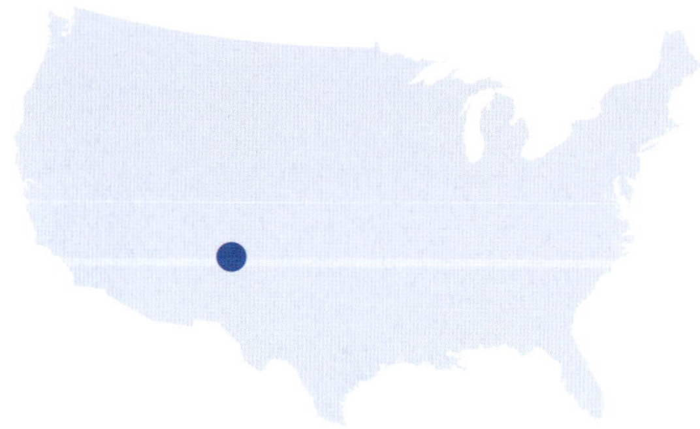

ÉTATS-UNIS

Rouler *parmi les* roches rouges *de l'*Utah

LA NATURE A TOUJOURS RÉGNÉ en maîtresse sur le Red Rock Country, dans le sud de l'Utah. Sur cette terre sauvage à l'allure martienne, les ravins et les plateaux parcourus de stries et d'ondulations se déploient à chaque tournant, telles les pages d'un livre de géologie pop-up. Dans ce chaos, d'étranges blocs sédimentaires surmontent de remarquables strates rocheuses. Ces paysages désertiques sculptés d'extraordinaires arches, de mesas plates et de canyons en fente semblent avoir été taillés à coups de hache géante par un dieu antique. Panoramas envoûtants et points de vue sur les roches couleur rouille se succèdent, époustouflants.

Les Mighty Five sont les cinq parcs nationaux incontournables de la région : Arches, Bryce Canyon, Canyonlands, Capitol Reef et Zion. Dans un étalage géologique à grand spectacle, des centaines d'arches naturelles en pierre s'élancent vers le ciel, de gigantesques pinacles semblent vaciller au bord des canyons, des piliers se tordent et d'immenses pans de roche se métamorphosent selon l'angle de vue. Et toujours, ce paysage jonché de rochers, tel un parcours d'obstacles.

Page de gauche : randonnée dans les Narrows, une gorge du Zion National Park. *Ci-contre :* sur la route, dans l'Arches National Park.
En bas : caravanes Airstream à l'Ofland Escalante.

EN BREF

À TABLE !

À 2 minutes de route de l'Anasazi State Park Museum à Boulder, le restaurant Hell's Backbone Grill & Farm sert une cuisine régionale concoctée avec les produits bio de sa ferme. La viande est excellente, de même que la salade de légumes, fraises, pommes et jicama (pois patate).

UNE BOISSON ?

À Springdale, la Zion Brewery occupe un bâtiment de pierre au pied d'un superbe escarpement de roche rouge. Sa bière Red Altar rend hommage à la région.

SE LOGER

Un ancien drive-in, l'Ofland Escalante, abrite désormais des caravanes Airstream, des cabanes, une piscine et un cinéma en plein air avec décapotables vintage dans lesquelles vous pourrez regarder un film sous les étoiles.

UNE EXPÉRIENCE

Visitez la région en hiver. Faites une balade en raquettes parmi les cheminées de fée de Bryce Canyon, vieilles d'un million d'années, ou ralliez Delicate Arch, face aux monts La Sal, avant l'aube.

ACHATS

À Moab, la capitale locale de l'aventure, vous trouverez des magasins où vous équiper pour le camping et pour le désert, avant d'explorer le merveilleux territoire alentour.

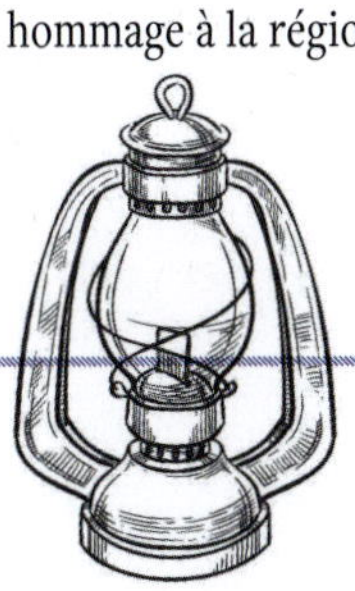

Souvenir de voyage

Fin mars, nous partons en randonnée avant l'aube dans l'air glacé, à travers un paysage désolé. Notre destination est Delicate Arch, dans l'Arches National Park. À la lueur vacillante de ma torche, de fantastiques éperons rocheux jaillissent de l'obscurité – j'ai bien fait de me réveiller à 4h. Bientôt, le ciel s'illumine, et le soleil levant révèle des silhouettes spectaculaires. Nous ne sommes que quelques marcheurs, bien loin de la foule qui fréquente les parcs nationaux américains en été, et je ressens l'intensité de l'instant. La découverte de ces autels de pierre géants et de ces ponts dorés dans un monde de silence, avec les ombres pour seule compagnie, est exceptionnelle. Nous découvrons toutes sortes de singularités géologiques : affleurements en pain de sucre, pans de roche effilés évoquant des ailerons de requins, cheminées de fée fantomatiques, voûtes antédiluviennes... J'ai l'impression d'avoir un pied dans la préhistoire et un autre dans le présent ; le temps s'est figé.

MIKE MACEACHERAN

“Ces paysages désertiques sculptés d’extraordinaires arches, de mesas plates et de canyons en fente semblent avoir été taillés à coups de hache géante par un dieu antique.”

Ci-contre : l’amphithéâtre de Bryce Canyon, dans l’Utah, au lever du soleil.

Sur cette terre de road trips de légende, la route plonge les voyageurs au cœur de paysages iconiques du cinéma américain. Le plus célèbre itinéraire de l'Utah, le Scenic Byway 12, également appelé Journey Through Time Scenic Byway, traverse un secteur du Red Rock Country et relie une grande partie des terres les mieux préservées de l'Utah sur le plan géologique, notamment Capitol Reef et Bryce Canyon.

L'érosion des paysages est plus marquée entre les sites majeurs. Tropic Shale, à l'extérieur de la ville de Tropic, présente une formation mésozoïque presque incompréhensible. Le Kodachrome Basin State Park est jalonné de flèches monolithiques et d'affleurements rocheux évoquant des pierres tombales. Le Grand Staircase-Escalante National Monument, avec ses innombrables canyons, est le dernier territoire des États-Unis contigus à avoir été cartographié ; il doit sa création à une décision présidentielle de 1996. En dehors de la route qui le traverse, le site se découvre uniquement à l'occasion d'une randonnée à pied, à cheval ou à VTT, ou bien lors d'une sortie de canyoning. Aujourd'hui encore, une grande partie du parc n'a pas été pleinement explorée.

Naturellement, l'été donne un éclat sublime aux couleurs de la région : l'azur du ciel, les riches nuances orangées de la pierre, le rouge des canyons. De la fin de l'automne au début du printemps, les parcs se vident, les températures dégringolent et les roches, saupoudrées de neige et de givre, prennent des teintes plus claires. Vos empreintes de pas seront les seules traces de votre passage privilégié sur cette terre extraordinaire, qui appartenait jadis aux Pueblos ancestraux de l'Ouest américain.

Page de droite : la Double Arch est l'un des monuments naturels les plus emblématiques de l'Arches National Park.

Itinéraire en 8 jours

\>

Pour cette aventure d'est en ouest, débutez à Moab, en randonnant au lever du soleil dans l'Arches National Park. Cette terre préhistorique et le Canyonlands National Park, non loin, méritent 2 jours d'exploration, entre balades à pied, circuits en voiture et pauses photo, la tête dans les nuages. Visitez aussi le Dead Horse Point State Park, dont la vaste étendue déserte vous donnera l'impression de vous trouver sur une autre planète.

\>>

Le 3ᵉ jour, ralliez Torrey et le Capitol Reef National Park (3 heures de route environ). Prévoyez au moins une journée de découverte : faites une randonnée à Chimney Rock ou à Hickman Bridge, puis admirez le ciel étoilé lors d'une soirée d'observation.

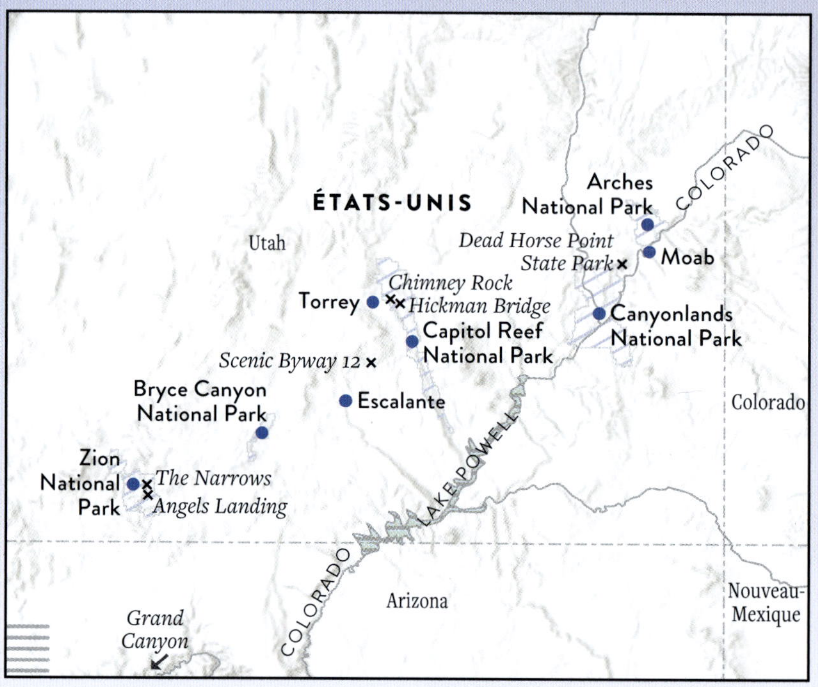

VOUS RESTEZ PLUS LONGTEMPS ? Le Grand Canyon, l'une des destinations les plus envoûtantes du pays, se trouve au sud de l'Utah, en Arizona.

\>>>

Le 4ᵉ jour, levez-vous tôt pour suivre la Scenic Byway 12 jusqu'à Escalante. Prenez votre temps : l'isolement et le silence sont exceptionnels, et une sortie de canyoning d'une demi-journée dans les sineux canyons en fente est une expérience incontournable.

\>>>>

Reprenez la route en direction du Bryce Canyon National Park pour 2 jours d'exploration avant de rejoindre le Zion National Park : les paysages qui défilent à travers le pare-brise laissent une impression inoubliable. Le parc offre deux randonnées superbes : Angels Landing et The Narrows.

INFORMATIONS PRATIQUES

COMMENT S'Y RENDRE ET CIRCULER

Salt Lake City, la porte d'entrée internationale de l'Utah, est le meilleur point de départ. L'aéroport régional de Canyonlands, à Moab, accueille des vols intérieurs, mais il revient moins cher de louer une voiture à Salt Lake City. Un véhicule est indispensable, car la route fait partie intégrante de l'expérience et il y a peu de transports publics, comme dans la majeure partie du pays.

QUAND PARTIR

Pour éviter les foules, visitez la région entre novembre et mars, lorsqu'il fait plus froid et que la neige s'installe. Ces dernières années, les parcs nationaux d'Arches et de Zion ont introduit des créneaux horaires d'entrée du 1er avril au 31 octobre ; il est possible de réserver jusqu'à 3 mois à l'avance. Si vous voyagez en plein été, attendez-vous à randonner dans une chaleur étouffante.

À SAVOIR

La région est sauvage. Si vous sortez des sentiers battus, soyez d'une grande prudence et emportez le nécessaire pour parer à toute éventualité. Dans les parcs nationaux, l'eau potable est votre ressource la plus précieuse. *Plus d'informations sur le site visitutah.com*

ÉTATS-UNIS

Escapade luxueuse *à* New York

ET SI L'ON MENAIT, DEUX JOURS DURANT, la grande vie dans le plus pur style new-yorkais ? Boutiques extravagantes, hôtels opulents, restaurants se réservant un an à l'avance… Une courte parenthèse, pour un aperçu du rêve doré manhattanien. Comme un copeau de truffe blanche, ou une simple gorgée de Château Lafite 1982 : après tout, il ne faudrait pas risquer l'écœurement…

Si New York abonde en hauts lieux de shopping prestigieux, le plus emblématique est certainement Fifth Avenue, où les devantures scintillantes des magasins de luxe se succèdent à l'ombre des gratte-ciel Art déco. Tiffany, avec ses diamants et ses hochets pour bébé en argent présentés dans des écrins bleu turquoise. Le cube de verre futuriste du magasin Apple. Les grands magasins historiques comme Saks et Bergdorf Goodman, dont les rayons parfumés alignent écharpes de soie, flacons de cristal et crèmes de soin à base de fleurs rares des montagnes suisses.

Souvenir de voyage

Il était tard lorsque je suis arrivée à l'hôtel, et il ne restait plus qu'une chambre. “Est-ce que le penthouse vous conviendrait ?”, m'a demandé le réceptionniste en souriant. J'ai ouvert la porte de la suite et j'ai laissé tomber mon sac, ébahie. La chambre était superbe, bien sûr, mais que dire de la vue ! La skyline lumineuse, la surface du fleuve scintillant sous la lune... Pour une nuit seulement, je vivais le rêve new-yorkais dans toute sa splendeur.

EMILY MATCHAR

EN BREF

À TABLE !
Offrez-vous un steak Porterhouse au martini dans un luxueux *steakhouse*, ou le menu dégustation d'un restaurant triplement étoilé au Michelin !

UNE BOISSON ?
Sirotez un cocktail dans un bar feutré à l'éclairage tamisé, ou une coupe de champagne dans une discothèque.

SE LOGER
Plongez dans le luxe d'antan au Plaza Hotel ou choisissez une adresse tendance comme le Refinery.

UNE EXPÉRIENCE
Essayez, en discutant avec le personnel à l'entrée, d'accéder à des bars ou boutiques réservés aux VIP.

Page de gauche : le Plaza Hotel, un temple traditionnel du luxe à Manhattan.
Ci-dessus : Times Square à New York.

Pour un repas à la manière des New-Yorkais fortunés, vous pourrez, pourquoi pas, choisir un restaurant japonais *omakase* – on s'en remet au chef, qui concote des sushis à base de poisson d'une qualité exceptionnelle ; ou encore opter pour un *high tea* dans un cinq étoiles, entre petits sandwichs et pâtisseries ; à moins de préférer un menu gastronomique avec des plats subtils aux airs de bijoux ? Après avoir repris des forces, le moment sera venu de flâner dans un musée, l'un de ces vastes temples de la culture financés par les millionnaires du Gilded Age (Âge d'or), dont les superbes demeures jalonnent l'Upper East Side. Et peut-être de s'offrir une séance au spa – massage aux pierres chaudes dans une suite privée face à Central Park, ou bain délassant dans une eau infusée à la citronnelle et aux pétales de rose.

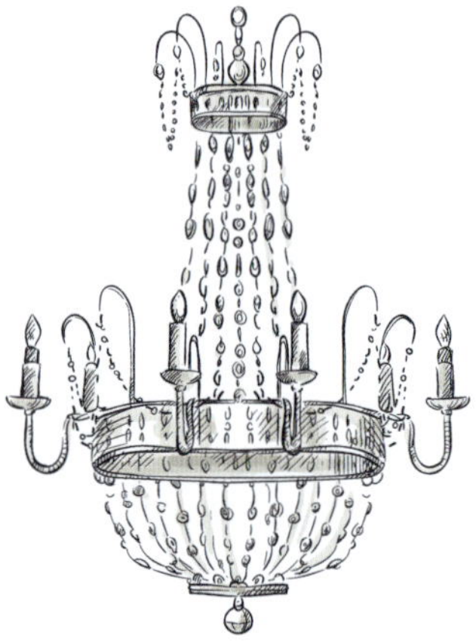

Le soir, pour voir et être vu, direction les bars d'hôtel servant des cocktails décorés à la feuille d'or ; les clubs isolés par des cordons de velours, où se pressent musiciens et mannequins ; les speakeasies modernes, avec porte d'entrée dérobée à la façon des bars clandestins de la prohibition. Passez la nuit dans un grand hôtel new-yorkais, avec grooms en uniforme à boutons de cuivre poli, hall d'entrée orné de lustres en cristal, et draps blancs impeccables. Et pour finir en beauté, offrez-vous un dernier plaisir avec le petit déjeuner raffiné pris dans la chambre.

Ci-dessus : le soleil se couche sur Central Park et la célèbre skyline de New York.

INFORMATIONS PRATIQUES

COMMENT S'Y RENDRE ET SE DÉPLACER

Le principal aéroport international est l'aéroport John F. Kennedy, situé dans le Queens. Celui de Newark, dans le New Jersey, reçoit des vols intérieurs et internationaux, tandis que celui de LaGuardia dans le Queens accueille surtout des vols intérieurs. Tous trois sont reliés à Manhattan par les transports en commun. Il est également possible de faire le trajet en ou en taxi/VTC.

QUAND PARTIR

Chaque saison a ses attraits à New York, mais au mois d'août, nombre d'habitants quittent la ville pour échapper à la chaleur. Au printemps, Central Park se couvre de fleurs ; l'automne dévoile le côté cosy de New York, et la ville déborde de festivités en période de Noël.

À SAVOIR

Le week-end proposé se déroule tout entier dans un petit secteur de New York qui se parcourt facilement à pied, entourant la moitié sud de Central Park. Nul besoin de prendre le métro ou un taxi, sauf intempéries. Réservez les restaurants bien à l'avance.
Plus d'informations sur le site nyctourism.com/fr

Itinéraire en 2 jours

>

L'après-midi du premier jour, posez vos valises au luxueux Plaza Hotel. Traversez la rue et promenez-vous dans Central Park avant d'aller voir un spectacle à Broadway. Ensuite, installez-vous au St Cloud Rooftop Bar (doté de "sky pods" dominant Times Square) pour y prendre un verre et grignoter des tapas. Regagnez le Plaza à pied ou en taxi.

>>

Le lendemain matin, prenez le petit déjeuner dans votre chambre, puis faites du lèche-vitrines sur Fifth Avenue. Après avoir pris un repas au restaurant The Grill, conçu par les célèbres architectes Ludwig Mies van der Rohe et Philip Johnson, marchez vers le nord pour admirer les collections du Metropolitan Museum of Art. Traversez Central Park et profitez d'un massage relaxant en fin d'après-midi au spa du Mandarin Oriental. Ralliez ensuite un restaurant gastronomique comme le Jean-Georges, où vous aurez réservé votre table bien à l'avance. Savourez un dernier verre au Bemelmans Bar, légendaire bar du Carlyle Hotel, décoré de fresques.

VOUS RESTEZ PLUS LONGTEMPS ?

Flânez à SoHo, quartier réputé pour ses boutiques de luxe à la pointe des tendances.

ÉTATS-UNIS

Les geysers *du* Yellowstone National Park

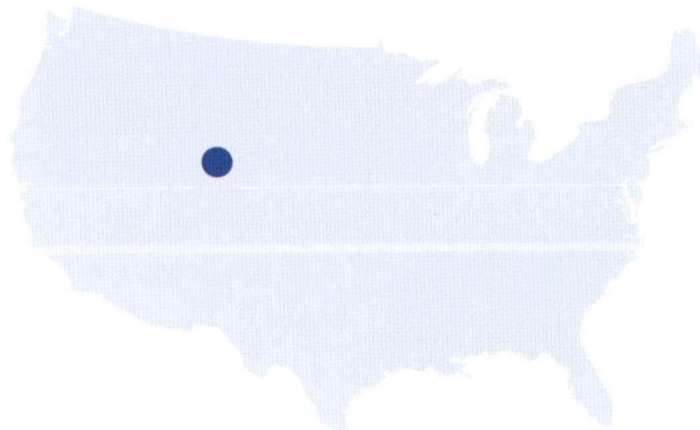

Page de droite : Lower Falls, Yellowstone National Park. *Ci-dessus :* bisons dans la Lamar Valley, dans le nord-est du parc.

LE PLUS VIEUX PARC NATIONAL DES ÉTATS-UNIS est exceptionnel à plus d'un titre. Nul autre endroit sur Terre ne concentre autant de phénomènes géothermiques : 10 000 sources d'eau chaude, mares de boue et fumerolles, ainsi que 500 geysers – soit environ la moitié des geysers recensés dans le monde. Le parc est aussi un paradis des animaux sauvages ; outre les loups, les ours et les mouflons, quelque 6 000 bisons y vivent en liberté, une population sans égale dans le pays. Par ailleurs, Yellowstone est le deuxième plus vaste parc des États-Unis contigus, derrière le Death Valley National Park.

Il est difficile de savoir où entamer l'exploration du parc, doté de quatre secteurs et de cinq entrées. La plupart des visiteurs se rendent à l'incontournable geyser Old Faithful (Vieux Fidèle), qui doit ce nom à la régularité de ses quelque 17 éruptions par jour. Depuis le chemin de planches, vous pourrez admirer son jet d'eau bouillante ultrapuissant, qui gronde et s'élève à 55 m de hauteur. Une kyrielle d'autres sites géothermiques se situent non loin : mares de boue agitées de bulles, cours d'eau crachant du soufre, etc.

De l'autre côté du parc, le Grand Canyon de la Yellowstone River fascine également. Des points de vue situés sur les bords nord et sud permettent d'admirer le spectaculaire site naturel et ses chutes d'eau. Vous pourrez vous éloigner de la foule en randonnant dans les forêts alentour, notamment sur un sentier mémorable qui longe le bord sud.

Bien que la faune abonde dans l'ensemble du parc, la Lamar Valley est l'épicentre de la biodiversité : bisons, élans, wapitis, antilopes d'Amérique, ainsi que tous leurs prédateurs. Disparus

Souvenir de voyage

Depuis le belvédère des Lower Falls surplombant la cascade rugissante, j'ai ressenti un profond bien-être en humant l'air chargé de gouttelettes d'eau. Puis j'ai suivi le Lower Rim Trail, un sentier dévoilant à chaque pas une vue époustouflante sur le canyon en contrebas. Les zones moins fréquentées du parc sont tout aussi envoûtantes, comme je le découvre en marchant jusqu'à Clear Lake, croisant en chemin des sites géothermiques fumants et bouillonnants.

REGIS ST LOUIS

EN BREF

À TABLE !

Les "huîtres de Rocky Mountain", une spécialité locale vantée aux touristes, sont, malgré leur nom, des testicules de bison frits.

UNE BOISSON ?

Les lodges de Yellowstone servent avec fierté de la bière Old Faithful, ainsi que d'autres mousses artisanales locales.

SE LOGER

Les lodges du parc, souvent anciens, ne manquent pas de cachet ; leurs chambres, rénovées, sont confortables.

UNE EXPÉRIENCE

Observez de près des superprédateurs dans le sanctuaire du Grizzly & Wolf Discovery Center.

Ci-dessus : le spectaculaire West Thumb Geyser Basin à Yellowstone.

de Yellowstone dans les années 1920, les loups ont été réintroduits en 1995 – l'un des grands succès américains en matière de conservation animale. À l'aube ou au crépuscule (les meilleurs moments pour observer la faune), les passionnés se retrouvent pour tenter de repérer les meutes. Les bisons sont plus faciles à observer car ils broutent la végétation des vastes prairies, comme à Madison Valley. Il est difficile de ne pas être touché par l'atmosphère magique de Yellowstone. Comme le confie un garde : "Vous pourriez passer votre vie ici sans réussir à tout voir."

INFORMATIONS PRATIQUES

COMMENT S'Y RENDRE ET CIRCULER

La plupart des visiteurs rejoignent Jackson, Cody, Bozeman ou Billings en avion. Il est indispensable de louer une voiture à l'arrivée, car il n'y a pas de transports publics dans le parc.

QUAND PARTIR

Nombre de routes ferment de novembre à avril, et certaines sections du parc ne sont pas accessibles avant fin mai. Les mois de juillet et août, bien que très prisés, offrent les meilleures conditions pour randonner. En hiver, plusieurs lodges sont ouverts ; des bus permettent de s'y rendre et de rejoindre les sites incontournables.

À SAVOIR

Achetez un spray répulsif contre les ours, apprenez à vous en servir et emportez-le toujours en randonnée. La plupart des touristes blessés le sont par des bisons plutôt que par des grizzlis ; ne vous approchez jamais des animaux sauvages. *Plus d'informations sur le site nps.gov/yell*

Itinéraire en 4 jours

>

Le 1er jour, découvrez les merveilles géothermiques de l'Upper Geyser Basin, dont l'emblématique geyser Old Faithful. Non loin, admirez la Grand Prismatic Spring, une source d'eau chaude aux couleurs éclatantes, et les mares fumantes du Fountain Paint Pot.

>>

Le lendemain, roulez pendant 30 minutes jusqu'à West Thumb. Observez d'autres geysers depuis les sentiers de randonnée qui longent le lac, puis reprenez la route pour rallier le Grand Canyon de la Yellowstone River (1 heure). Admirez la vue depuis les belvédères, parcourez le sentier au bord du canyon et visitez l'exposition du Canyon Visitor Education Center.

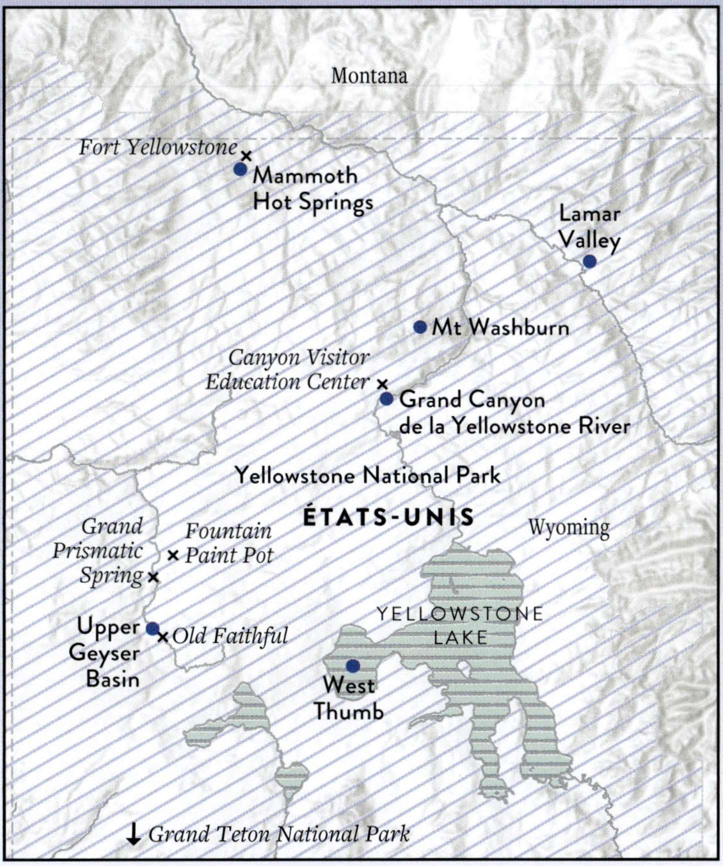

>>>

Le matin du 3e jour, effectuez l'ascension exigeante du mont Washburn (à 20 minutes de route du Grand Canyon de la Yellowstone River), dont le sommet offre une vue panoramique sur le parc. L'après-midi, gagnez la Lamar Valley (1 heure), qui recèle des loups et d'autres animaux sauvages.

>>>>

Le dernier jour, rejoignez les terrasses fumantes des Mammoth Hot Springs (1 heure) et le site historique de Fort Yellowstone.

VOUS RESTEZ PLUS LONGTEMPS ?

Le Grand Teton National Park s'étend juste au sud de Yellowstone : c'est un lieu où passer plusieurs jours à marcher sur les sentiers de randonnée et à canoter sur ses lacs, sur fond de majestueux sommets.

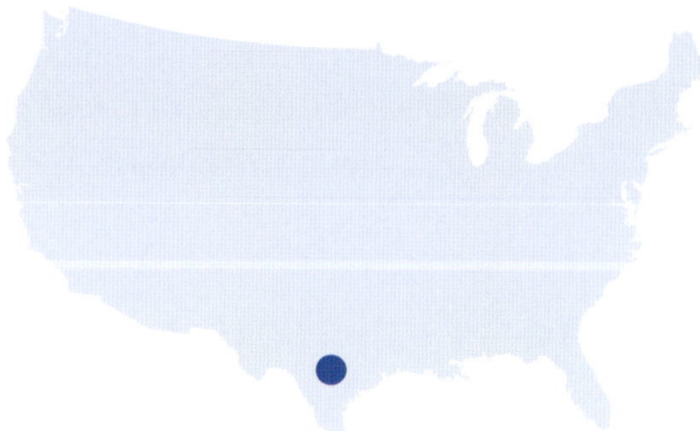

ÉTATS-UNIS

Sous le ciel *du* Texas

L'AMÉRIQUE MYTHIQUE. À FORT WORTH, chaque matin, quelques cow-boys mènent un troupeau de longhorns le long d'East Exchange Avenue, au cœur du quartier historique de Stockyards. Depuis des décennies, ses intersections sont bordées de saloons, de grills traditionnels et de magasins de vêtements de cow-boy. Le soir, le Cowtown Coliseum accueille des rodéos, et le Billy Bob's, le plus grand *honky-tonk* du monde, du *line dancing*. Mais l'attrait de Fort Worth et de sa voisine Dallas ne se réduit pas à cette perpétuation nostalgique du passé. Les deux villes comptent des quartiers culturels dynamiques, avec des musées et des salles de concerts réputés, ainsi que des jardins botaniques et des promenades vertes au bord du fleuve. Et bien que le barbecue soit une spécialité, la scène culinaire est variée, avec des adresses tendance et créatives, ouvertes sur la cuisine du monde.

Cet attrait pour l'exotisme se manifeste aussi dans la capitale du Texas, où le slogan "Keep Austin weird" ("Austin doit rester étrange") est populaire. Le street art est florissant et on trouve des galeries décalées comme la Cathedral of Junk (cathédrale de la Pacotille). La scène musicale, très vivante, s'épanouit dans des lieux variés.

Souvenir de voyage

Je traversais les plaines en voiture. Soudain, le Palo Duro Canyon est apparu devant moi, son histoire multi-millénaire gravée dans le roc. J'ai cheminé une journée parmi les piliers de roche rouge, jusqu'à des points de vue balayés par les vents. Le lendemain, en suivant un sentier le long de la rivière, j'ai aperçu un coyote nonchalant. Je voyageais hors saison et nous n'étions que quelques visiteurs, ce qui m'a permis de trouver facilement un bon emplacement de camping.

REGIS ST LOUIS

EN BREF

À TABLE !
Les barbecues texans sont particulièrement réputés (goûtez notamment la poitrine de bœuf).

UNE BOISSON ?
Les vins texans ne cessent de s'améliorer ; le cabernet sauvignon et le tempranillo sont excellents.

SE LOGER
Très en vogue, les hôtels signés Liz Lambert comptent, entre autres, une charmante oasis à Austin, l'Hotel San José.

UNE EXPÉRIENCE
Explorez l'un des épisodes les plus sombres de l'histoire du pays au Sixth Floor Museum, installé dans l'ancien dépôt de livres d'où Lee Harvey Oswald abattit le président John Kennedy.

Page de gauche : rodéo texan dans les Fort Worth Stockyards. *Ci-dessus :* un verre au bord du Travis Lake, un lac de barrage.

En prenant la route, vous constaterez que le slogan “Everything is bigger in Texas” (“Tout est plus grand au Texas”) n’est pas galvaudé. Cet État se prête idéalement aux road trips, avec ses routes s’étendant à perte de vue sous le ciel immense. En roulant vers le sud, on rejoint la côte, ses villes historiques et ses plages ; la faune locale inclut notamment trois espèces de tortues marines nichant sur les rivages texans. Si vous choisissez de mettre le cap à l’ouest, vous verrez les plaines céder rapidement la place aux montagnes, comme la chaîne des Chisos, de hauts sommets situés dans le Big Bend National Park. Ce parc sauvage, niché au creux du grand coude que forme le Río Grande, comprend trois écosystèmes différents : le désert, les montagnes et le fleuve. En résulte la diversité exceptionnelle de la faune, qui se découvre au gré d’itinéraires escarpés et de descentes en rafting dans des canyons de roche rouge et lisse. À la nuit tombée, dans cette immense réserve de ciel étoilé, vous jouirez d’une qualité d’observation presque sans égale.

Page de droite, en haut : voûte céleste au-dessus de Balanced Rock, dans le Big Bend National Park ; *en bas :* artiste de rue à Austin.

Itinéraire en 1 semaine

>

Dallas est une ville en plein essor. Le matin, flânez dans les musées de l’Arts District, puis admirez les édifices Art déco et rafraîchissez-vous dans les espaces verts du Fair Park. Le soir, rendez-vous à Bishop Avenue pour dîner et prendre un verre.

>>

Le 2e jour, prenez le train (1 heure) jusqu’à la ville voisine de Fort Worth pour un aperçu de la culture cow-boy, dans le Stockyards District.

>>>

Louez une voiture et gagnez Austin (3 heures), une ville texane débordant d’énergie créative. Profitez de la ville pendant 2 jours : shopping, restaurants, concerts…

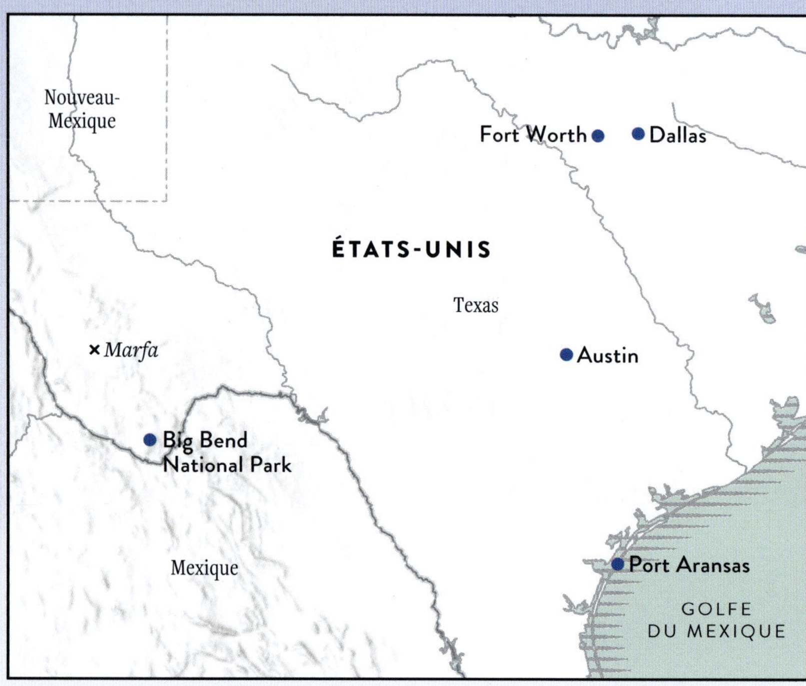

>>>>

D’Austin, roulez vers Port Aransas (4 heures), une ville décontractée avec des plages paisibles et ventées. Puis, allez explorer les merveilleux espaces sauvages du Big Bend National Park, situé à “seulement” 8 heures de route vers l’ouest. Les 2 derniers jours, randonnez en montagne, baignez-vous dans des sources d’eau chaude et observez les étoiles le soir.

VOUS RESTEZ PLUS LONGTEMPS ?

Visitez Marfa, une ville du désert connue pour attirer artistes et originaux. Elle est connue pour ses food trucks, ses bars et son ancienne base militaire, transformée en galerie de sculptures.

INFORMATIONS PRATIQUES

COMMENT S'Y RENDRE ET CIRCULER

Les aéroports de Dallas-Fort Worth et de Houston sont les plus importants ; ils accueillent des vols du monde entier. Louez une voiture à l'arrivée, car au Texas, l'automobile est reine, et les transports publics sont rares.

QUAND PARTIR

En été (juin à août), il règne une chaleur caniculaire, et les hivers (décembre à février) peuvent être froids. Si possible, voyagez au printemps ou en automne pour profiter d'un climat agréable et d'un éventail d'activités plus large.

À SAVOIR

Choisissez des chaussures adaptées aux aventures en plein air (chaussures de randonnée, sandales pour activités aquatiques) et un haut à manches longues pour vous protéger du soleil. Les santiags sont un équipement indispensable sur les pistes de danse texanes (vous pouvez les acheter sur place) ! *Plus d'informations sur le site traveltexas.com*

ÉTATS-UNIS

Road trip *sur la* côte californienne

DEPUIS LA RUÉE VERS L'OR, des aventuriers aux yeux pleins d'étoiles ont rallié la Californie, cette terre promise, en quête de leur propre bout de paradis. Aujourd'hui encore, un road trip californien est synonyme de liberté – le genre de liberté qui roule en décapotable, lunettes de soleil sur le nez !

Le road trip le plus classique consiste à suivre la Highway 1, qui longe la côte ouest sur 1 056 km. Également appelée Pacific Coast Highway, cette route passe par les sites les plus célèbres de l'État : Golden Gate Bridge, panneau Hollywood, plages de surf immortalisées en chanson par les Beach Boys. Elle permet aussi de contempler la beauté naturelle de la Californie, des forêts de séquoias silencieuses aux lions de mer s'interpellant avec des aboiements assourdissants.

La Highway 1 débute dans le nord de la Californie, puis serpente le long de la côte émaillée de phares, et de promontoires abrupts dans la région de Mendocino, mais la plupart des voyageurs partent de San Francisco, à 290 km au sud. "La Ville de la Baie" dévoile des siècles d'une histoire

Page de gauche : combat d'éléphants de mer sur le rivage. *Ci-contre :* la Highway 1 suit les contours sinueux de la côte. *Ci-dessous :* la Californie est célèbre dans le monde entier pour ses plages propices au surf.

EN BREF

À TABLE !

Goûtez les tacos à la mode "Baja", des tortillas chaudes garnies de poisson frit et de chou croquant, généreusement agrémentées de jus de citron vert – un délice mexico-californien.

UNE BOISSON ?

Malgré la proximité des vignobles californiens, les bières West Coast IPA restent la boisson la plus populaire. Prisées des surfeurs, ces bières aromatiques et très houblonnées sont riches en notes florales.

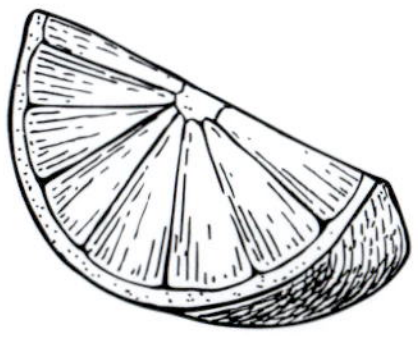

SE LOGER

Avec ses chambres à thème (préhistorique, romantique, nostalgique...) et son bar-restaurant où domine le rose néon, le Madonna Inn, à San Luis Obispo, est l'un des hôtels les plus éclectiques de Californie.

UNE EXPÉRIENCE

Prenez un cours de surf à Santa Cruz et regardez les pros faire des figures au spot de Steamer Lane, ou à Mavericks Beach, plus au nord.

ACHATS

Approvisionnez-vous dans les marchés fermiers. Ceux de Half Moon Bay et de Santa Barbara, le samedi, sont très agréables. Fruits, miel, confitures et cosmétiques sont à l'honneur.

Souvenir de voyage

La propriétaire du magasin me tend une pagaie : "Souvenez-vous, dit-elle, restez à deux longueurs de kayak des animaux – c'est la loi." Je gagne le rivage en tirant mon kayak derrière moi. Moss Landing, au nord de Monterey, est l'un des meilleurs endroits de l'État pour voir des mammifères marins. Après quelques coups de pagaie, je repère des phoques à moustaches sur les berges de l'estuaire, endormis sur de luisants tapis d'algues brunes.

Une tête recouverte de fourrure émerge de l'eau, tel un périscope, à environ 1 mètre de moi – une loutre de mer. Soucieuse de garder mes distances, je m'éloigne doucement de cette nouvelle amie curieuse. La loutre plonge et émerge de l'autre côté de mon kayak, encore plus près. Je pagaie à gauche, à droite, mais la loutre nage en cercles de plus en plus serrés, se jouant de mes tentatives de fuite. Après tout, elle est chez elle – la loi ne s'applique qu'aux humains.

ANITA ISALSKA

“Aujourd’hui encore, un road trip californien est synonyme de liberté – le genre de liberté qui roule en décapotable, lunettes de soleil sur le nez !”

Ci-contre : vignobles dans le Wine Country californien. *Page de droite :* Bixby Creek Bridge, sur la côte de Big Sur.

mouvementée : le quartier coloré de Chinatown, les fresques murales et margaritas du Mission District, et les Painted Ladies d'Alamo Square, de vieilles demeures repeintes dans des couleurs vives au cours des Swinging Sixties.

Un sentiment de liberté vous gagne au sud de San Francisco. En traversant Pacifica et Half Moon Bay, vous distinguez des silhouettes au sommet des vagues, au large de plages sablonneuses. Surfeurs ou dauphins ? Arrêtez-vous pour en avoir le cœur net.

L'étape suivante est Santa Cruz, d'où vous pourrez prendre une leçon de surf, admirer l'arche naturelle en grès de Natural Bridges State Beach ou les séquoias du Henry Cowell Redwoods State Park. Vous atteindrez ensuite la baie de Monterey, dont les forêts de laminariales (algues brunes) sont une importante source de nourriture pour les dauphins, phoques et loutres de mer. Les possibilités d'observer la faune abondent, que ce soit en kayak, lors d'une séance de snorkeling ou d'une croisière. Les baleines grises sont l'attraction phare ; elles parcourent 19 312 km chaque hiver pour rejoindre la baie.

Les paysages deviennent encore plus sauvages à Big Sur. Le long du littoral escarpé, des cascades dégringolent sur des plages de sable et les collines au printemps sont tapissées de lys blancs. En continuant vers le sud, le mode de vie californien gagne encore en décontraction, notamment dans la charmante localité côtière de Cambria et dans la ville estudiantine de San Luis Obispo. À Santa Barbara, un havre réservé aux plus fortunés, vous pourrez vous délecter du panorama marin, et du chardonnay local.

La route vous mène enfin dans la métropole tentaculaire de Los Angeles, ville exubérante où l'on trouve une diversité spectaculaire de cultures et de goûts. Au terme de ce voyage, la surcharge sensorielle devient presque addictive, donnant envie de reprendre le volant pour prolonger l'aventure sous le soleil.

Page de droite : coucher de soleil sur la plage de Santa Monica.

Itinéraire en 10 jours

>

Consacrez les 2 premiers jours à la baie de San Francisco et à ses sites incontournables : la péninsule vallonnée des Marin Headlands, la ravissante Sausalito et l'imposant Golden Gate Bridge.

>>

Le 3e jour, roulez vers le sud pendant 2 heures jusqu'à Santa Cruz ; en chemin, observez les surfeurs à Half Moon Bay. Le lendemain, prenez un cours de surf avant de rallier le très réputé aquarium de Monterey, situé à 1 heure de route. Attardez-vous à Monterey le 5e jour pour observer les baleines puis suivez la route panoramique 17-Mile Drive, jalonnée de cyprès et de plages de sable doré, autour de la péninsule.

>>>

Le 6e jour, parcourez l'enivrante côte de Big Sur et terminez à San Simeon, qui abrite une colonie d'éléphants de mer.

>>>>

Le 7e jour, visitez Hearst Castle, déjeunez à Cambria, contemplez le neck volcanique de Morro Bay et dînez à San Luis Obispo. Le lendemain, traversez le vignoble des Santa Rita Hills sur la Highway 246, puis faites un détour par la Highway 154 et approvisionnez-vous en syrah et chardonnay, avant de passer la nuit à Santa Barbara, à 2 heures de route.

>>>>>

Le 9e jour, traversez Malibu, puis flânez sur la jetée (*pier*) de Santa Monica. À Los Angeles, empruntez le Walk of Fame et admirez la vue du Griffith Observatory.

VOUS RESTEZ PLUS LONGTEMPS ?

Poussez jusqu'à San Diego (2 heures 30) pour profiter de sa scène musicale et vous imprégner de culture surf.

INFORMATIONS PRATIQUES

COMMENT S'Y RENDRE ET CIRCULER

Ce road trip peut débuter à San Francisco ou à Los Angeles, qui disposent d'aéroports internationaux. Le plus simple est de louer une voiture. Alternative écologique au road trip : le train *Coast Starlight qui* relie Oakland, près de San Francisco, à Los Angeles, avec arrêts à Salinas (pour Monterey) et San Luis Obispo. Vous pouvez aussi parcourir à vélo le merveilleux 17-Mile Drive, détour sur la péninsule de Monterey.

QUAND PARTIR

La Californie est belle toute l'année. La fin du printemps et le début de l'été (avril à juin) ainsi que le début de l'automne (septembre et octobre) sont agréables pour admirer les fleurs sauvages sans souffrir de la canicule estivale. Restez à l'écoute des nouvelles locales durant la “saison des fumées”, l'été, lorsque des feux de forêt peuvent perturber les transports, polluer l'air, et même pire.

À SAVOIR

Touristes distraits et étroites routes côtières ne font pas bon ménage. Conduisez prudemment, notamment le long de la côte escarpée de Big Sur, et arrêtez-vous sur les aires prévues pour admirer la vue. Lorsque vous planifiez votre voyage, prévoyez un peu plus de temps pour parcourir les tronçons sinueux et prendre des photos ; évitez de conduire de nuit.

Plus d'informations sur le site visitcalifornia.com

ÉTATS-UNIS

Rafting *dans le* Grand Canyon

AU FIL DU COLORADO, la Terre révèle son spectaculaire empilement de strates géologiques. Débutez cet itinéraire en raft à Lees Ferry, au pied de belles falaises rouges, les Vermilion Cliffs. Vous verrez défiler tour à tour les gracieux Navajo Bridges (des ponts métalliques), la Redwall Cavern creusée dans la roche par la rivière, des greniers à grain et les eaux turquoise de la Little Colorado River, tandis que les rapides vous propulseront toujours plus avant dans les profondeurs du plateau du Colorado. Vous arriverez bientôt aux Granite Narrows, un défilé bordé de falaises de schiste noir de Vishnu, veiné de granit de Zoroastre rose. Un court sentier mène à l'étonnante Great Unconformity (Grande Discordance), où deux couches de roche sont contiguës malgré un écart chronologique d'un milliard d'années. Dormir à la belle étoile ajoute une touche sublime à cette expérience. Les vertigineuses parois du canyon, le babil du Colorado et la sérénité millénaire du lieu se conjuguent à merveille avec le spectacle de la voûte céleste semée d'étoiles.

EN BREF

À TABLE !
Les guides accompagnateurs préparent de délicieux repas au bord du fleuve.

UNE BOISSON ?
Accrochées par des filets au raft, les canettes restent au frais dans l'eau.

À SAVOIR
Les circuits de rafting sont proposés d'avril à septembre et doivent être réservés un an à l'avance. Le Grand Canyon National Park répertorie 15 prestataires de rafting en eaux vives (liste sur le site nps.gov/grca).

MEXIQUE

Observer *des* géants au large *de* "Baja"

EN BREF

À TABLE !
Les *tacos de pescado* sont des tortillas de maïs au poisson pané frit.

UNE BOISSON ?
Goûtez les vins rouges fruités de la Ruta del Vino, au sud de Tijuana.

À SAVOIR
Les baleines grises gagnent la Laguna San Ignacio entre janvier et avril environ pour se reproduire ; d'autres géants marins vivent à l'année dans le golfe de Californie.

IL ARRIVE QUE DE MORTELS ENNEMIS finissent par se rapprocher, comme dans la Laguna San Ignacio, sur la côte Pacifique de la Basse-Californie du Sud (Baja California Sur). Il y a un siècle et demi, les baleiniers ont décimé les baleines grises qui se reproduisaient ici chaque hiver ; ce qui n'empêche pas ces léviathans recouverts de balanes d'approcher aujourd'hui des bateaux d'observation pour se faire chatouiller et gratter le dos. Les eaux de la longue péninsule mexicaine de Basse-Californie (1 250 km) recèlent une myriade d'autres merveilles. Des croisières au départ de San Diego, en Californie (États-Unis), permettent d'observer d'espiègles otaries autour des îles San Benito, d'écouter le chant obsédant des baleines à bosse en période de reproduction au large des Gordo Banks, à la pointe sud de la Basse-Californie, et de faire du snorkeling avec les plus gros poissons du monde, les requins-baleines, dans la baie de La Paz. Dans le golfe de Californie, entre la Basse-Californie et le continent, vous êtes presque certain de faire des observations intéressantes : peut-être même verrez-vous une baleine bleue, le plus grand animal qui ait jamais vécu sur Terre.

MEXIQUE

Explorer *la* terre *des* Mayas

SI LE MEXIQUE FOISONNE DE SITES ANCIENS, les ruines de Tulum, sur la péninsule du Yucatán, se distinguent par leur cadre spectaculaire. Le long d'un promontoire escarpé surplombant la mer des Caraïbes, les temples à colonnes s'élèvent vers le ciel tandis que les flots turquoise se fracassent sur le rivage en contrebas. C'est l'un des rares lieux où l'on peut admirer d'impressionnantes sculptures précolombiennes avant de se balader sur la plage – et quelle plage ! L'étendue de sable blanc poudreux, frangée de palmiers ondulant sous la brise tiède, appartient à la sublime Riviera Maya, point de départ de myriades d'aventures terrestres et maritimes. Les récifs aux couleurs éclatantes attirent les amateurs de snorkeling et de plongée, tandis que des localités comme Akumal se prêtent à l'observation des tortues de mer. Recouvert de forêts tropicales, l'arrière-pays est creusé de centaines de *cenotes*, d'extraordinaires dolines remplies d'une eau cristalline, propices à la baignade. Certains *cenotes* nichent dans des grottes, où la lumière pénètre par des ouvertures en hauteur ; d'autres, au cœur de la forêt, sont entourés de formations rocheuses tapissées de lianes.

Page de droite : baignade dans le *cenote* Dzitnup, près de la ville mexicaine de Valladolid. *Ci-dessus :* ruines de Tulum, dans le Yucatán.

Souvenir de voyage

Lors de mon premier séjour dans la péninsule du Yucatán, j'ai révisé toutes mes idées sur la cuisine mexicaine (et pris quelques kilos) à Mérida, l'une des capitales culinaires méconnues du pays, en me régalant de plats comme les *papadzules* (enchiladas garnies d'une sauce aux graines de courge), le *relleno negro* (ragoût noir aux poivrons grillés) et le *queso relleno* (boule de fromage farcie de porc, d'œuf dur, d'amandes et d'épices).

REGIS ST LOUIS

EN BREF

À TABLE !

Utilisées depuis des siècles, les graines d'*achiote* (roucou) donnent une riche saveur à la *cochinita pibil* (cochon de lait rôti).

UNE BOISSON ?

Le *pox* est un alcool traditionnel à base de maïs fermenté, jadis consommé durant les rituels mayas.

SE LOGER

Construite en 1683, l'Hacienda Uxmal a accueilli de célèbres explorateurs, chercheurs et archéologues.

UNE EXPÉRIENCE

Au sud-ouest de Tulum, visitez les ruines de Muyil puis faites du snorkeling dans un canal creusé par les Mayas.

La péninsule du Yucatán est semée d'impressionnants vestiges de la civilisation maya, qui connut son apogée de 250 à 900. Le site de Chichén Itzá est l'un des plus impressionnants. Les immenses pyramides, les temples finement ouvragés et les vastes terrains de jeu de balle témoignent de l'importance de cette cité, particulièrement entre 800 et 1200, en tant que centre urbain et spirituel. Le site conserve bien des mystères ; l'observatoire, par exemple, possède quatre portes orientées vers les points cardinaux, et la position des fenêtres de la coupole correspond à l'apparition de certaines étoiles à des dates précises. Certains temples mayas tombèrent à l'abandon ou furent détruits par les conquérants espagnols. La remarquable ville de Mérida s'étend à l'emplacement d'une ancienne cité maya, et certaines pierres de sa cathédrale du XVIe siècle sont sculptées de motifs précolombiens. En flânant dans les rues, vous découvrirez d'autres éléments de ce passé hybride, notamment les superbes œuvres d'art autochtone du Gran Museo del Mundo Maya et les demeures des premiers gouverneurs locaux, vieilles de 400 ans. Par ailleurs, Mérida se situe non loin de sites mayas d'exception, tel Uxmal, et de la réserve de la biosphère Ría Celestún, dont l'importante colonie de flamants roses est un autre attrait de la péninsule du Yucatán.

Ci-dessus : la pyramide maya de Kukulcán à Chichén Itzá ; tacos à la mode du Yucatán.

INFORMATIONS PRATIQUES

COMMENT S'Y RENDRE ET CIRCULER
Cancún accueille des vols internationaux en provenance de l'Europe et des États-Unis. Un bus direct relie l'aéroport à Tulum. Les transports publics sont excellents dans la région ; vous pouvez vous déplacer en bus ou à bord du nouveau service ferroviaire Tren Maya.

QUAND PARTIR
La péninsule du Yucatán se visite en toute saison, bien qu'il fasse plus chaud durant la saison des pluies, de juin à novembre, et qu'il y ait parfois des ouragans. D'avril à août, des sargasses (algues brunes) s'échouent sur les plages en quantité.

À SAVOIR
Les visites guidées permettent de mieux connaître la région. Estación Mexico propose des circuits à pied gratuits à Mérida, et Flavio's Tours donne vie à Chichén Itzá.
Plus d'informations sur le site visitmexico.com/yucatan

Itinéraire en 6 jours

>

Prenez Tulum comme base pour les 2 premiers jours. Le 1er jour, levez-vous tôt pour visiter les ruines, puis gagnez Akumal et nagez avec les tortues de mer avant de vous délasser sur la plage.

>>

Le 2e jour, consacrez une demi-journée à la découverte des ruines de Cobá (à 45 minutes en voiture de Tulum). Au retour, baignez-vous dans les eaux limpides de l'un des *cenotes* de la région.

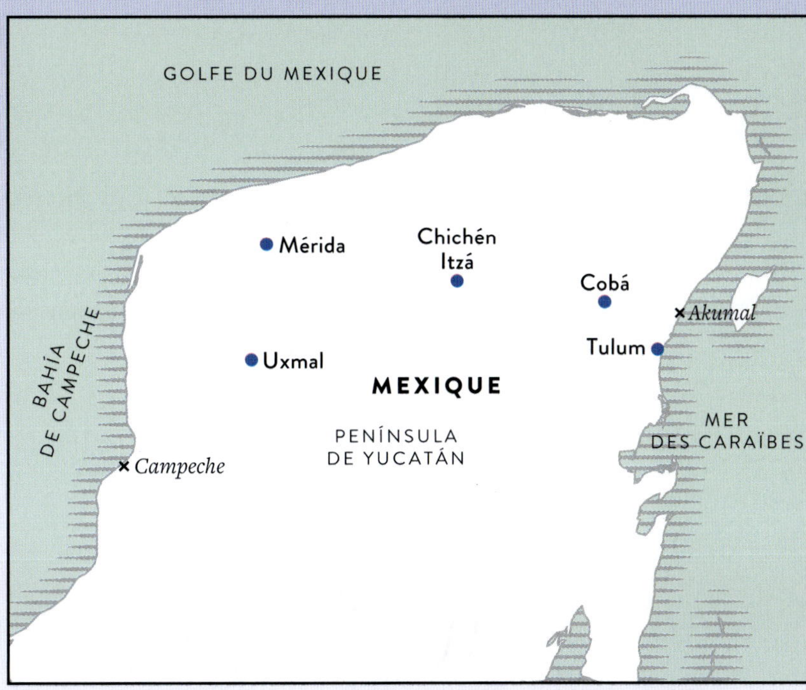

VOUS RESTEZ PLUS LONGTEMPS ? Le Tren Maya permet de rejoindre Campeche, une cité fortifiée dans un cadre charmant, face au golfe du Mexique.

>>>

Le lendemain, prenez le bus pour Chichén Itzá (3 heures). Passez la journée à explorer les célèbres pyramides et à admirer les sculptures, puis dormez dans l'un des lodges du secteur.

>>>>

Ralliez Mérida en bus ou en train (1 heure 30). Les 4e et 5e jours, explorez le centre historique, visitez les musées et dégustez la succulente cuisine locale.

>>>>>

Le dernier jour, prenez le bus pour Uxmal (1 heure 15) où vous pourrez explorer un autre site maya de légende.

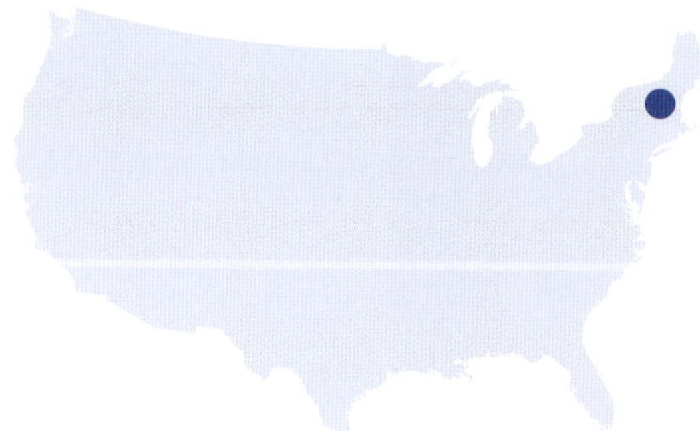

ÉTATS-UNIS

Splendeur automnale *dans* *le* New Hampshire

Page de droite : la Kancamagus Highway, dans le New Hampshire, en automne.
Ci-dessus : l'Omni Mount Washington Resort.

PARADIS DES RANDONNEURS blotti au pied du mont Washington, dans les White Mountains du New Hampshire, le Joe Dodge Lodge est un lieu de camaraderie où l'on discute de la météo, au début du mois d'octobre, avec une délicieuse impatience. Le lodge et le Highland Center, situé au col de Crawford Notch voisin, sont les points d'accès au réseau de chemins de randonnée et de refuges d'altitude d'une région célèbre pour sa splendeur automnale.

En cette saison, la chaîne escarpée des White Mountains devient le centre de gravité de la Nouvelle-Angleterre. La vision des arbres au feuillage piqueté de rouge, de jaune et d'orange sur les versants inférieurs du Presidential Range, émaillés çà et là de conifères persistants, attire quantité de visiteurs. Les petites routes locales peuvent être très fréquentées, mais les manières de profiter autrement du paysage flamboyant ne manquent pas. Au Rosebrook Canyon, des tyroliennes permettent de filer sur 300 m au-dessus de la canopée de Bretton Woods, pour contempler ses mille nuances. Vous pourrez aussi admirer le grandiose Presidential Range depuis l'emblématique hôtel Omni Mount Washington Resort, où furent signés en 1944 les

accords de Bretton Woods. Un train à crémaillère du XIXe siècle, le Mount Washington Cog Railway, se hisse jusqu'au sommet de la plus haute montagne de Nouvelle-Angleterre (1 917 m), en crachant des nuages de vapeur : le train emprunte l'une des lignes les plus raides du monde – jusqu'à 37% de pente. Le téléphérique Cannon Mountain Aerial Tramway, quant à lui, conduit les passagers depuis l'imposant col de Franconia Notch, creusé par un glacier, jusqu'au sommet de la Cannon Mountain. D'en haut, Franconia Notch paraît plus sage, au cœur de ce paysage de lacs, de crêtes de granit et de hautes falaises adoucies par des forêts.

Souvenir de voyage

Il y a quelques années, lors d'une escapade entre filles, nous avons randonné début octobre depuis le Highland Center jusqu'aux refuges de Zealand Falls et de Galehead. À chaque point de vue, un mélange de pluie et de brouillard semblait engloutir le paysage, mais je retiens aussi la camaraderie qui régnait dans ce groupe : nous ne nous connaissions pas toutes mais étions liées par une amie commune et par cette aventure partagée. Au refuge de Zealand Falls, la chance nous a souri lorsque la vue s'est dégagée à point pour notre happy hour.

AMY BALFOUR

EN BREF

À TABLE !

Le *clam chowder* (soupe de palourdes) et les *lobster rolls* (sandwichs au homard), garnis de fruits de mer de l'Atlantique, sont des spécialités de la Nouvelle-Angleterre.

UNE BOISSON ?

Commandez une bière Double Pig's Ear Brown Ale à la Woodstock Inn Station & Brewery, à Woodstock.

SE LOGER

L'Appalachian Mountain Club gère 8 refuges à l'esprit familial, proposant dortoirs et repas.

UNE EXPÉRIENCE

L'Extreme Mount Washington Museum, au sommet du mont éponyme, présente le rude climat qui y règne.

Ci-dessus : la Kancamagus Highway, une route panoramique, sillonne la White Mountain National Forest.

Aucune construction commerciale ne dépare la Kancamagus Highway (55 km), baptisée du nom d'un chef amérindien du XVIIe siècle. La "Kanc" est jalonnée de chemins de randonnée, de cascades et de beaux points de vue, pour le plus grand bonheur des visiteurs. Pour finir, roulez jusqu'au sommet du Cathedral Ledge, dans le Cathedral Ledge State Park. Une courte balade mène à un point de vue panoramique sur la Saco River Valley et les White Mountains, parcourues d'étincelantes flammèches aux couleurs de l'automne.

INFORMATIONS PRATIQUES

COMMENT S'Y RENDRE ET CIRCULER

Au départ de Boston, suivez l'I-93N et prenez la sortie de votre choix entre Waterville Valley et Littleton afin d'emprunter les routes qui s'enfoncent dans les White Mountains. De fin septembre à mi-octobre, le week-end, l'Appalachian Mountain Club affrète des bus-navettes pour rallier les départs de randonnée les plus populaires.

QUAND PARTIR

Les couleurs d'automne s'épanouissent de mi-septembre à mi-octobre ; leur plus belle période se situe généralement entre la dernière semaine de septembre et le début d'octobre.

À SAVOIR

La météo est froide, venteuse et parfois neigeuse en altitude ; prévoyez plusieurs couches de vêtements pour affronter ces conditions, et une veste chaude si vous prévoyez de vous rendre au sommet du mont Washington. L'International Mountain Equipment à North Conway est une bonne adresse pour les équipements sportifs. *Plus d'informations sur le site visitwhitemountains.com*

Itinéraire en 4 jours

>
Démarrez depuis le Joe Dodge Lodge, au cœur du Presidential Range. Après un petit déjeuner copieux, et un passage au centre des visiteurs, partez en randonnée. Si la météo s'y prête, empruntez la Mount Washington Auto Road, une route panoramique de 12 km.

>>
Gagnez Crawford Notch et Bretton Woods. Offrez-vous de séjourner 2 nuits à l'Omni Mount Washington Resort, un hôtel historique où vous pourrez également siroter un cocktail face au mont Washington. Des balades nature guidées partent de l'AMC Highland Center ; sinon, survolez la canopée de Bretton Woods en tyrolienne. Si vous n'avez pas pris la route panoramique la veille, ralliez le sommet du mont Washington en train à crémaillère.

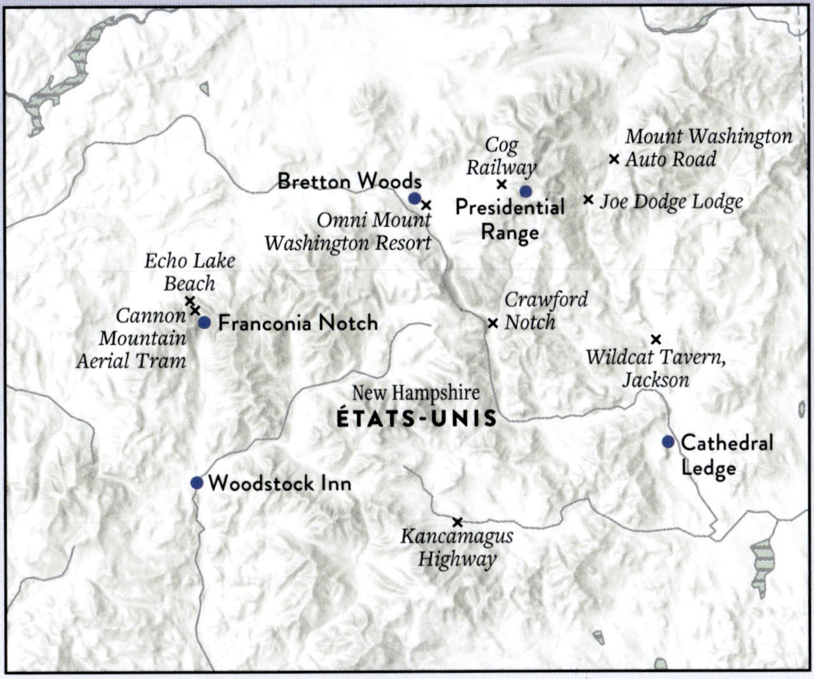

>>>
Passez votre dernière nuit au confortable Woodstock Inn, une adresse typique de la Nouvelle-Angleterre. Le lendemain, ralliez le col de Franconia Notch pour randonner en forêt à pied ou à vélo, admirer la plage d'Echo Lake ou emprunter le Cannon Mountain Aerial Tramway. Puis, suivez la Kancamagus Highway et achevez votre escapade en contemplant le panorama au couchant depuis Cathedral Ledge.

VOUS RESTEZ PLUS LONGTEMPS ?

Joignez-vous aux habitants des environs, le mardi, pour une soirée *open mic* au Wildcat Tavern Hoot Night, à Jackson.

ÉTATS-UNIS

Les merveilles naturelles *de* Kaua‘i

LES CINÉASTES ADORENT L'ÎLE HAWAÏENNE de Kaua‘i. Ses montagnes plissées, ses cascades à couper le souffle, ses forêts tropicales humides et son littoral de toute beauté enchantent les écrans, comme en témoignent les nombreux films tournés ici, notamment *Jurassic Park*, *Les Aventuriers de l'arche perdue* et *King Kong*. Sa nature aux mille nuances de vert et ses sites spectaculaires sont encore plus impressionnants dans la réalité. La beauté de l'île a également un effet relaxant ; la brise marine est apaisante, tout comme les chants enthousiastes des oiseaux, qui semblent aussi heureux de se trouver là que les humains. Kaua‘i est un véritable éden pour les passionnés de grand air, d'ornithologie et de plage.

Il y a quelque 5 millions d'années, l'éruption d'un volcan sous-marin a donné naissance à l'île. Bien que sa superficie ne soit que de 1 430 km^2, ce petit paradis offre une kyrielle d'activités. Sa partie ouest abrite le Waimea Canyon, une version miniature du Grand Canyon qui mesure tout de même 1 097 m de profondeur. La côte sud, au climat sec et ensoleillé, est idéale pour le snorkeling et offre des balades faciles en bord de mer. Le volcan au centre de

Souvenir de voyage

C'était une journée idéale. Je me trouvais à bord d'un petit bateau, au large de la Na Pali Coast. Nous avions repéré des baleines en train d'émerger, et l'une d'elles avait même frappé la surface de l'eau avec sa queue. Puis une autre est passée juste sous notre coque. Mon voisin a saisi son masque de snorkeling et a plongé la tête dans l'eau. Lorsqu'il s'est redressé pour reprendre son souffle, il nous a raconté avec enthousiasme sa rencontre "nez à nez" avec ce géant des mers.

SARAH SEKULA

EN BREF

À TABLE !
Goûtez la *crab mac salad* (salade de macaronis au crabe), les *paniolo pork chops* (côtes de porc) et le *Spam musubi* (sushi au Spam).

UNE BOISSON ?
Le POG est un délicieux jus à base de fruit de la passion, orange et goyave.

SE LOGER
Optez pour un hôtel chic, un bungalow face à la mer ou un séjour sous la tente (sur la plage, dans les zones autorisées, avec un permis).

UNE EXPÉRIENCE
Rendez-vous sur le Kaua'i Culinary Market, un marché fermier à Kukui'ula.

Page de gauche : le picchion cramoisi est endémique d'Hawaii.
Ci-dessus : les Waipo'o Falls, dans le Waimea Canyon.

l'île, le mont Wai'ale'ale, est l'endroit le plus humide de la planète. Également pluvieux, le littoral nord abrite de luxuriantes forêts tropicales humides et la célèbre Na Pali Coast ("Côte des nombreuses falaises"), semée de grottes marines. Au large, on peut voir des dauphins à long bec réaliser des figures aériennes, ou encore des baleines à bosse, qui séjournent dans la région de décembre à avril.

Cette île rurale est la plus ancienne des principales îles hawaïennes, et la plus isolée. Alors qu'une grande partie de l'archipel souffre de surdéveloppement commercial, Kaua'i a su conserver son authenticité ; elle abrite toujours de grands espaces, des pistes de terre rouge (évitez les chaussures blanches !), des poules sauvages, et aucun bâtiment ne dépasse la hauteur d'un cocotier. Ici, la vie est simple et paisible – en guise d'animation nocturne, vous pourrez contempler le ciel étoilé avant de vous coucher à 21h. Ce côté "bonnet de nuit" et le fait qu'elle soit la plus vieille île habitée d'Hawaii expliquent son affectueux sobriquet local de "Grandmother Island" ("Île Grand-mère").

Page de droite, en haut : Tunnels Beach, sur la côte nord de Kaua'i.
En bas : un vendeur local sert de la *shave ice* (sorte de granité).

Itinéraire en 6 jours

>

La ville balnéaire de Po'ipu, sur la côte sud, sera votre point de chute, afin de pouvoir rejoindre l'aéroport le premier jour pour une excursion en hélicoptère sans portes – la majeure partie de Kaua'i étant inaccessible en voiture, la dépense est justifiée. Empruntez le Kōloa Heritage Trail (16 km) à pied ou à vélo, puis communiez avec les figuiers des banians centenaires d'Allerton Garden.

>>

Découvrez les colossales falaises maritimes de la Na Pali Coast sous un autre angle avec le prestataire Blue Ocean Adventures, qui propose de passer sous des cascades et dans des grottes.

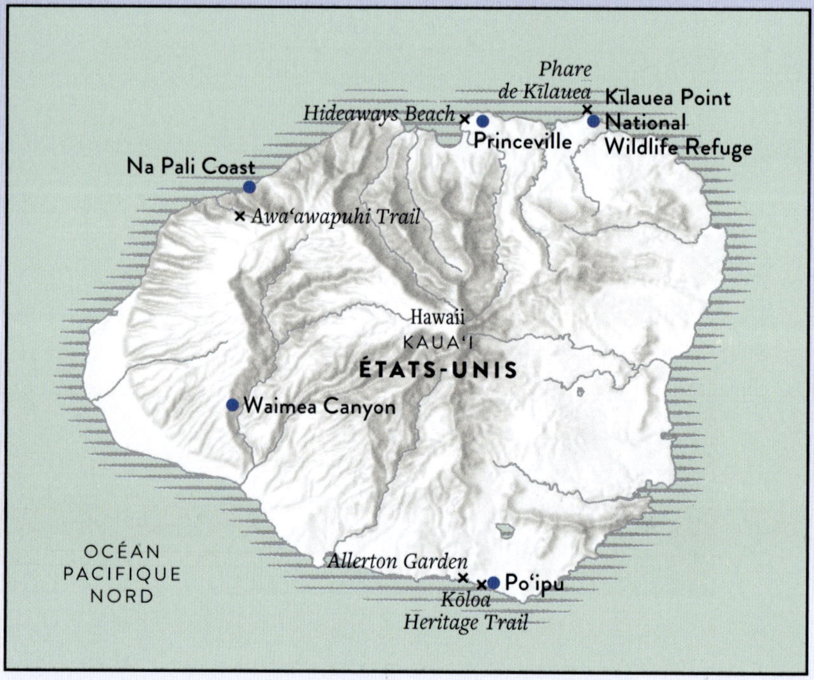

>>>

De retour sur la terre ferme, rejoignez le Waimea Canyon. Vous pourrez randonner jusqu'au fond du canyon, vous poser sur les rochers et nager dans l'eau fraîche.

>>>>

Ensuite, filez vers la côte nord et arrêtez-vous à Princeville. Procurez-vous un pique-nique et savourez-le à Hideaways Beach, puis baignez-vous dans l'océan. Continuez jusqu'au Kīlauea Point National Wildlife Refuge, où se dresse le phare de Kīlauea ; guettez la bernache néné, l'oiseau officiel de l'État d'Hawaii.

VOUS RESTEZ PLUS LONGTEMPS ?

Les vues superbes depuis l'Awa'awapuhi Trail (10 km) valent que l'on s'attarde 1 jour de plus.

INFORMATIONS PRATIQUES

COMMENT S'Y RENDRE ET CIRCULER

Des vols directs relient les États-Unis continentaux à l'aéroport de Lihue, sur Kaua'i, qui abrite des agences de location de voiture.

QUAND PARTIR

De mai à mi-juin et de septembre à mi-décembre (périodes considérées comme hors saison), vols et hébergements sont en général moins chers. Évitez les périodes de congés aux États-Unis comme le Spring Break (vacances de printemps des étudiants), Thanksgiving et Noël.

À SAVOIR

Il est conseillé d'apporter une veste imperméable et un vêtement léger à porter en plus pour les nuits fraîches. Les moustiques sont présents toute l'année dans ce climat tropical, avec un pic de juin à août ; n'oubliez pas votre répulsif. L'océan étant souvent dangereux à Kaua'i, baignez-vous uniquement sur les plages surveillées par des sauveteurs.

Plus d'informations sur le site gohawaii.com

CANADA

Loin du monde *dans la* Great Bear Rainforest

ÉMAILLÉE D'ÎLES, DE FJORDS et de sommets majestueux, la Great Bear Rainforest, en Colombie-Britannique, est la plus grande forêt pluviale tempérée côtière au monde. Les initiés conseillent d'écouter les murmures des arbres en guettant l'esprit de l'ours Kermode – une sous-espèce rare d'ours noir possédant un pelage blanc, en raison d'un gène récessif. La forêt abrite aussi des pygargues à tête blanche, des cerfs, des loups côtiers et des grizzlis. En parcourant le bras de mer qui borde la ville de Klemtu, vous verrez sur les rives de vertigineuses pruches (conifères du Canada) et des pins de Douglas – certains, vieux de 1 500 ans –, et, dans les estuaires saturés de pluie, des arbres gigantesques tombés et à demi submergés. Au-delà, dans les baies, les lions de mer gesticulent et les baleines à bosse expulsent un panache de vapeur qui flotte dans l'air. La faune suscite l'émotion au cœur de cette forêt infinie, semée d'îles solitaires où s'entrelacent légendes de la Première Nation Kitasoo/Xai'xais et réalité. Une rencontre rare avec une nature indomptée – et avec soi-même.

EN BREF

À TABLE !

La spécialité locale est le saumon rouge cuit sur un barbecue au bois de cèdre.

UNE EXPÉRIENCE

Découvrez le folklore des Kitasoo/Xai'xais, qui vivent à Klemtu.

À SAVOIR

La région se visite d'avril à octobre. Gulf Island Seaplanes et Harbour Air proposent des vols à destination de Klemtu et de Hartley Bay depuis Vancouver. Maple Leaf Adventures organise des croisières depuis l'île de Vancouver.

CANADA

Joie de vivre *au* Québec

EN BREF

À TABLE !
La poutine, un grand classique, est un mélange réconfortant de frites, de fromage en grains et de sauce.

UNE BOISSON ?
Le martini à l'érable met à l'honneur l'emblématique sirop canadien, à base de sève d'arbre.

À SAVOIR
L'été est la principale saison touristique, mais l'hiver offre d'autres plaisirs, notamment des fêtes majeures comme le carnaval de Québec.

AU QUÉBEC, L'ANCIEN MONDE et le Nouveau forment un stimulant cocktail. On trouve ainsi, à Montréal (la deuxième plus grande ville du Canada), des boulangeries à la française, des auberges authentiques et des églises du XVIIIe siècle – mais aussi du street art coloré, une scène culinaire gourmande mettant à l'honneur les produits locaux et des bars sportifs où l'on se presse pour regarder les matchs de hockey sur glace, un sport inventé au Canada. La ville de Québec est aussi imprégnée de cette rencontre des cultures européenne et nord-américaine. Des fortifications ceignent le centre historique, et l'hôtel du Parlement est un bel exemple d'architecture de style Second Empire. Le bilinguisme anglais-français est profondément ancré : les Québécois saluent les visiteurs en disant “Bonjour, hello” – la réponse leur indiquera dans quelle langue poursuivre. Au-delà de ces deux villes, il y a beaucoup à voir, des charmants villages de l'île d'Orléans aux falaises maritimes de la Gaspésie, et la province est un haut lieu d'activités hivernales : ski au mont Tremblant, patin à glace sur les lacs gelés, etc.

CANADA

Sur le toit *des* Rocheuses

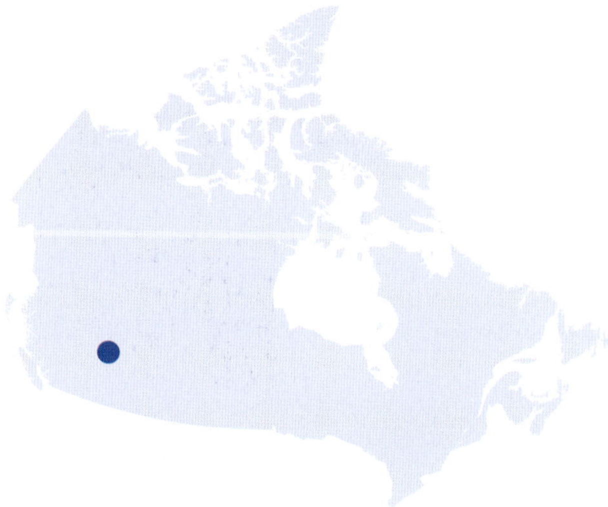

Page de droite : canoë sur l'Emerald Lake, dans le Yoho National Park.
Ci-dessus : le "bus des neiges" emmène les visiteurs à l'Athabasca Glacier.

LE RESEAU ACTUEL DE PARCS NATIONAUX canadiens prend racine dans les Rocheuses. C'est à Banff et dans la région alentour, parmi les hauts sommets situés à la frontière entre l'Alberta et la Colombie-Britannique, qu'est né le mouvement canadien de défense de l'environnement.

Quatre parcs nationaux contigus – Banff, Jasper, Yoho et Kootenay –, sont protégés au sein d'un vaste site classé au Patrimoine mondial de l'Unesco depuis 1984. Si vous ne visitez le pays qu'une seule fois dans votre vie, mettez le cap sur cette région, qui pourrait incarner la quintessence du paysage canadien : aucune photo ni vidéo ne peut espérer restituer pleinement ce défilé de visions inoubliables.

Imaginez seulement : savourer un thé revigorant devant un chalet blotti en pleine nature, au-dessus de Lake Louise ; contempler les fleurs sauvages d'une merveilleuse simplicité dans les Sunshine Meadows, sur la ligne de partage des eaux du Canada ; ou entrevoir les mélèzes parés de leur robe couleur miel avant qu'ils ne perdent leurs aiguilles, début octobre.
Si vous êtes prêt à y consacrer le budget supplémentaire, les activités ne manquent pas : rafting en eaux vives, via ferrata,

Souvenir de voyage

Été comme hiver, je ressens toujours une impatience fébrile lorsque j'arrive dans la ville de Jasper, que ce soit en voiture, en bus ou en train. L'excitation naît dès l'arrivée, en général à la gare ferroviaire historique, d'où je peux embrasser du regard les boutiques et hôtels familiers de Connaught Drive, et, tout autour, les hautes sentinelles du parc national : le mont Edith Cavell et son glacier, les hauteurs pelées du mont Whistlers et le sommet triangulaire de Pyramid Mountain. Je n'ai qu'une envie : me précipiter à l'assaut de ces pentes.

Le Canada compte 48 parcs nationaux d'une incroyable diversité, mais celui de Jasper a toujours figuré parmi mes préférés. Âpre, exigeant et plus varié que les autres parcs des Rocheuses, il ouvre sur un vaste territoire sauvage, facilement accessible. Je ne me lasse jamais de ses pistes cyclables sinueuses, des rencontres avec les animaux ni de ses excellentes boulangeries.

BRENDAN SAINSBURY

EN BREF

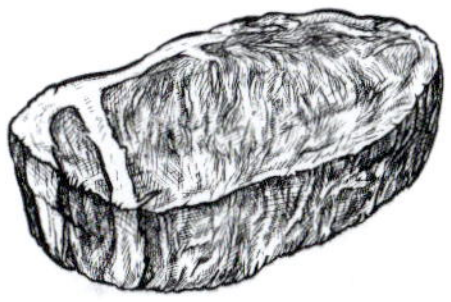

À TABLE !

L'Alberta est réputé pour son bœuf, mais goûtez également les *short ribs* de bison et l'effiloché d'élan.

UNE BOISSON ?

Brassées avec l'eau fraîche des cours d'eau dévalant les montagnes alentour, les bières artisanales locales sont délicieuses.

SE LOGER

Réservez une oTENTik – une tente de toile préinstallée, chauffée et sommairement meublée. Plus confortable que le camping de base mais pas autant que les options "glamping", cette formule est proposée dans les campings des quatre parcs nationaux.

UNE EXPÉRIENCE

En route pour Yoho, faites étape dans la ville de montagne de Golden pour essayer la Giant Canyon Swing, nouvelle attraction terrifiante – un genre de saut à l'élastique, pratiqué assis sur une balançoire.

ACHATS

Guettez les objets artisanaux autochtones, en particulier dans les boutiques de Banff et Jasper, où vous trouverez quantité de souvenirs typiques : sculptures en stéatite, *mukluk* (bottes chaudes en cuir), estampes, bijoux, couvertures, etc.

© ANDY HU / GETTY IMAGES

"Si vous ne visitez le pays qu'une seule fois dans votre vie, mettez le cap sur cette région, qui pourrait incarner la quintessence du paysage canadien : aucune photo ni vidéo ne peut espérer restituer pleinement ce défilé de visions inoubliables."

À gauche : matin d'hiver sur la Bow River, dans les Rocheuses canadiennes.

mais aussi ascensions en télécabine, ou encore sources d'eau chaude naturelles où se délasser après ces émotions.

Bien que les quatre parcs soient bien aménagés pour les visiteurs, celui de Banff est de loin le plus accessible, desservi dès la fin du XIXe siècle par une ligne de train qui en a fait, de longue date, une station touristique. Parmi les autres attraits de Banff National Park, un bourg doté de commerces et de restaurants, un hôtel grandiose aux airs de château et trois stations de ski.

Les déplacements d'un parc à l'autre sont agréables : les routes sont larges, bien entretenues et sillonnent des paysages époustouflants. La plus belle d'entre elles – sans doute l'un des rubans d'asphalte les plus spectaculaires d'Amérique du Nord – est l'Icefields Parkway (233 km), entre Lake Louise et Jasper. Elle compte tant de beaux points de vue et de départs de randonnée que l'on pourrait facilement consacrer un mois à son exploration. Toutefois, cela voudrait dire manquer les autres facettes de la région.

Le Jasper National Park est plus vaste et plus sauvage que celui de Banff, et abrite une petite ville de tradition ouvrière. Le Yoho National Park est réputé pour ses fossiles et sa vertigineuse cascade haute de 255 m, Takakkaw Falls. Quant au Kootenay National Park, il présente les paysages les plus contrastés : quelques kilomètres suffisent pour passer des cactus aux prairies alpines.

La faune est surabondante dans la région, et on ne manque généralement pas d'apercevoir des animaux par la fenêtre de sa voiture ou sur les sentiers de randonnée. Certains diraient même que si vous achevez votre périple sans avoir croisé au moins un ours, un élan et un mouflon, c'est que vous n'avez vraiment pas de chance !

Page de droite : l'hôtel Fairmont Banff Springs, dans le Banff National Park.

Itinéraire en 2 semaines

>

Commencez par consacrer 3 jours à la découverte du Banff National Park : parcourez la ville de Banff, grimpez à Sulphur Mountain, faites un tour à l'hôtel Fairmont Banff Springs et découvrez le lac Minnewanka au gré de randonnées et d'une croisière commentée.

>>

Gagnez les Radium Hot Springs (à 1 heure 30), à la lisière du Kootenay National Park, en prévoyant des étapes, notamment au Marble Canyon. Prévoyez une journée supplémentaire pour vous délasser dans les eaux bienfaisantes des sources chaudes, puis ralliez le Yoho National Park par la Highway 95, au nord, où vous séjournerez 2 jours. Admirez l'impressionnante cascade de Takakkaw Falls, naviguez sur le splendide lac Emerald et faites une randonnée guidée jusqu'aux dépôts de fossiles de Burgess Shale.

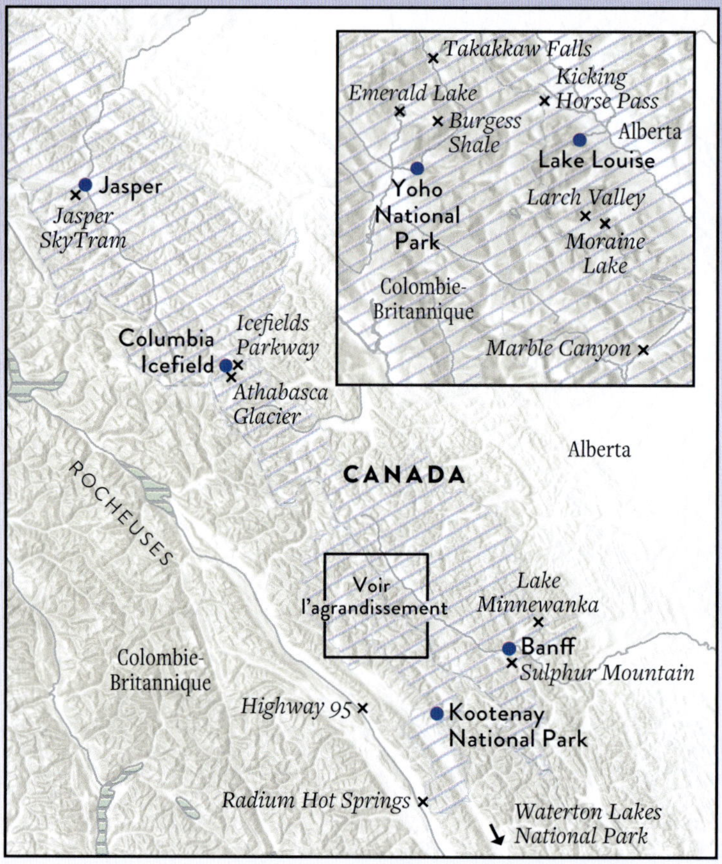

>>>

Rejoignez Lake Louise, à l'est, par le Kicking Horse Pass. Prévoyez 1 jour pour la randonnée menant à des salons de thé historiques, 1 jour pour observer les ours depuis la télécabine d'été, et 1 jour pour explorer le lac Moraine et la Larch Valley.

>>>>

Roulez lentement vers le nord sur l'Icefields Parkway, passez la nuit au Columbia Icefield, un immense champ de glace, puis prenez le "bus des neiges" jusqu'à l'Athabasca Glacier. Les 3 derniers jours, explorez le Jasper National Park. Au programme : VTT single track, observation des étoiles et contemplation des Rocheuses depuis le téléphérique Jasper SkyTram.

VOUS RESTEZ PLUS LONGTEMPS ?

Le Waterton Lakes National Park, à 3 heures de route au sud de Calgary, est comme une version plus compacte du Banff National Park.

INFORMATIONS PRATIQUES

COMMENT S'Y RENDRE ET CIRCULER

Calgary, principale porte d'accès à la région, dispose d'un aéroport international et est reliée à Banff par des bus réguliers. Edmonton accueille également des vols internationaux, et des navettes quotidiennes desservent Jasper. Bien que des bus assurent certains trajets dans les parcs, une voiture offre davantage de flexibilité ; vous pouvez en louer une dans les aéroports cités. Les routes locales sont excellentes.

QUAND PARTIR

La plupart des installations des parcs sont ouvertes de Victoria Day (fin mai) à Labour Day (début septembre). En dehors de cette période, l'offre d'activités et l'accès aux chemins de randonnée peuvent être limités. Pour randonner sans risque de neige, visez la période courant de mi-juillet à fin septembre. Janvier et février sont les meilleurs mois pour skier.

À SAVOIR

Les parcs sont bondés en été, particulièrement celui de Banff, et il y a peu d'hébergements ; réservez plusieurs mois à l'avance. Si vous randonnez en solo, communiquez toujours votre itinéraire à une personne de confiance. La faune abonde dans les parcs ; emportez un spray anti-ours et apprenez à l'utiliser.

Plus d'informations sur le site des parcs nationaux du Canada, parks.canada.ca/pn-np

CANADA

Safari d'observation *des* ours polaires

OBSERVER LES OURS POLAIRES DE LOIN est une chose ; les voir s'approcher tout près de votre véhicule lors d'un safari photographique dans la toundra en est une autre. Cette rencontre n'est pas rare, durant la saison d'observation, aux alentours de la petite ville de Churchill, située à la lisière sud de l'océan Arctique et connue comme la capitale mondiale de l'ours polaire (le Canada abrite 60% de la population de ces plantigrades). À partir du mois d'août, les ours quittent la banquise pour arpenter trois écosystèmes de la baie d'Hudson : la toundra subarctique, la forêt boréale et le milieu marin arctique. S'ils s'aventurent en ville, ils sont capturés et placés dans un enclos avant d'être relâchés ailleurs, après la pose d'un moyen d'identification. D'autres animaux peuvent être observés dans le secteur : Churchill accueille la plus grande migration de bélugas au monde de juin à septembre, lorsque ces baleines blanches émergent dans la partie occidentale de la baie. On notera également que des aurores boréales illuminent le ciel jusqu'à 300 nuits par an, notamment en février et mars.

EN BREF

À TABLE !

Goûtez le pain de viande d'élan avec de la purée de pommes de terre à l'ail.

UNE BOISSON ?

Dégustez la BlueBeary Ale, une bière de la Trans Canada Brewing Company.

À SAVOIR

Les ours polaires, qui sont les plus gros prédateurs terrestres, sont dangereux. Les circuits accompagnés en Polar Rover sont le seul moyen de les observer en toute sécurité.

© MARCO POZZI PHOTOGRAPHER / GETTY IMAGES

© SUTTIPONG SUTIRATANACHAI / GETTY IMAGES

Europe

ISLANDE

Road trip *sur la* route circulaire

CHAMPS DE LAVE PÉTRIFIÉE, SOURCES D'EAU FUMANTES, cratères nimbés de soufre : on pourrait croire à une description des enfers, et pourtant tout est une question de point de vue ! Car ces visions extraordinaires sont précisément ce qui fait tout l'attrait d'un road trip sur la route circulaire (Route 1) d'Islande, un itinéraire faisant le tour de l'île.

Le parcours tout entier ressemble à un film promotionnel vantant la diversité du pays. Tout au long des 1 322 km qui le composent, les paysages alternent entre monochromie et explosion de couleurs. À un panorama désolé succède un décor de conte de fées – lagons, prairies et maisons au toit herbeux.

La route circulaire est étonnamment facile à suivre. Contrairement aux axes qui parcourent l'intérieur des terres, elle est entièrement goudronnée et accessible à n'importe quel type de véhicule. Elle peut être empruntée dans les deux sens, même si la majorité des touristes commencent leur périple par le Cercle d'or, regroupant trois sites emblématiques : le parc national de Þingvellir (où fut fondé le premier parlement islandais au Xe siècle, à la jonction de deux plaques tectoniques), le champ géothermique de Geysir (avec ses

Page de gauche : zone géothermale de Námafjall à Hverir, lac Mývatn. *Ci-contre :* chevaux islandais. *Ci-dessous :* église bleue de Seyðisfjörður. *Double page précédente :* le Duomo et les toits de Florence, Italie.

EN BREF

À TABLE !

Dégustez un bon bol de *kjötsúpa* : des pommes de terre, des carottes et un morceau d'agneau fondant dans un bouillon bien salé, particulièrement revigorant après une randonnée.

UNE BOISSON ?

Les Islandais adorent leur *Brennivín*, une eau-de-vie aromatisée au carvi. La déguster pure est presque un rite de passage pour les visiteurs, mais elle est meilleure consommé en martini, ou avec des baies et de l'eau gazeuse.

SE LOGER

Des fermes accueillent les voyageurs tout le long de l'itinéraire. Les chambres sont rustiques mais confortables, et les petits déjeuners copieux (œufs, yaourts, fromage et viande séchée). Vous pourrez même parfois monter des chevaux islandais, reconnaissables à leur crinière hirsute.

UNE EXPÉRIENCE

Louez un kayak pour explorer les fjords, ou participez à une session de plongée dans les eaux cristallines d'Islande. À Silfra, vous pourrez pratiquer le snorkeling entre deux plaques tectoniques.

ACHATS

Les pulls *lopi*, ou *lopapeysa*, en laine de mouton islandais, se caractérisent par leurs motifs géométriques rayonnant depuis le col. Choisissez les produits certifiés "*handknitted in Iceland*" pour soutenir les producteurs locaux.

Souvenir de voyage

J'avance lentement sur le sol gelé du Vatnajökull qui crisse à chacun de mes pas. Le glacier scintille sous le soleil d'été, mais une nuée de cendres sombres tourbillonne dans l'air, rappelant l'activité volcanique qui s'agite sous la surface.

Impossible de ne pas prendre une photo. Alors que je fouille mes poches à la recherche de mon téléphone, ma guide m'avertit d'une voix chantante : "Si tu le laisses tomber, le glacier pourrait mettre des décennies à te le rendre !" D'une main gantée, elle me montre la profonde crevasse qui traverse la glace, et me fait signe de la rejoindre. Elle se tient près d'une petite grotte, sculptée par la neige fondue qui dévale les parois glacées.

Sous la grotte, mon souffle se transforme en vapeur. Les parois sont d'un bleu brillant, comme les vitraux d'une cathédrale. En revenant sous le soleil, je me sens euphorique : plus clément avec moi qu'avec les téléphones, le glacier a accepté de me laisser partir.

ANITA ISALSKA

"Les paysages alternent entre monochromie et explosion de couleurs. À un panorama désolé succède un décor de conte de fées – lagons, prairies et maisons au toit herbeux."

Ci-contre : moment de détente dans les eaux thermales des Mývatn Nature Baths. *Page de droite :* le parc national de Þingvellir.

mares de boue en ébullition et ses fumerolles) et Gullfoss, une cascade sur deux niveaux qui se jette dans le fleuve Hvítá dans un fracas de brume.

Passé ces lieux très courus, les touristes se font plus rares et la véritable aventure commence. Certaines cascades, comme Skógafoss, nécessitent de faire un léger détour, quand d'autres sites remarquables se trouvent directement sur la route, à l'instar du lagon de glace de Jökulsárlón. En continuant vers l'est, les paysages se font bucoliques, jusqu'à Seyðisfjörður, petite ville aux jolies maisons de bois et à l'église bleu ciel.

Une impression grandissante d'austérité s'installe ensuite à mesure que l'on progresse vers le nord. Dettifoss, la deuxième cascade la plus puissante d'Europe, dégringole 44 m de falaises, jetant ses eaux gris perle dans le canyon de Jökulsárgljúfur. Les rives du lac Mývatn sont envahies l'été de nuées de moucherons dignes des sept fléaux d'Égypte. Non loin de là, les pitons de lave noire de Dimmuborgir évoquent d'étranges clochers d'églises, alors que des arches de pierre volcanique semblent marquer l'entrée d'un royaume surnaturel. Attention sur la route aux facéties de la météo : ici, de violentes averses éclatent sans crier gare, et les coups de vent peuvent prendre par surprise.

Le dernier tiers de la route circulaire, ramenant à Reykjavik, longe des baies et des fjords fourmillant de vie. Les baleines de Minke et les dauphins y dansent avec les vagues sous l'œil des sternes arctiques qui tournoient dans les airs. Ici, comme à chaque kilomètre de cet itinéraire, on sent s'exprimer une nature indomptable.

Ci-dessus : un macareux moine veille sur la côte à Dyrhólaey.

INFORMATIONS PRATIQUES

COMMENT S'Y RENDRE ET CIRCULER

En dehors des bateaux de croisière, et des ferrys assurant la traversée entre le Danemark et Seyðisfjörður l'été, l'Islande est essentiellement accessible en avion (vols pour Reykjavik toute l'année). Beaucoup de touristes louent une voiture, mais avec de l'organisation, vous pouvez parcourir l'intégralité de la route circulaire et la péninsule de Snæfellsnes en bus (service réduit en hiver).

QUAND PARTIR

La haute saison court de juin à août, lorsque les journées sont longues et le soleil brille souvent. Les touristes sont moins nombreux au-delà de Reykjavik et du Cercle d'or ; veillez cependant à réserver logements et véhicules suffisamment à l'avance. L'intersaison (avril-mai et septembre-octobre) souffre d'une météo incertaine, mais est plutôt calme. Entre novembre et mars, les températures sont glaciales et les journées courtes. Les sports d'hiver, le ciel étoilé et les aurores boréales en font une période magique.

À SAVOIR

Les cols montagneux les plus élevés sont fermés de septembre à mai, et même en été, la météo peut être capricieuse : consultez safetravel.is pour suivre son évolution. Côté hébergement, il est toujours plus sage de réserver, surtout dans le sud de l'Islande, très touristique, et dans le sud-est, où le choix est limité.

Plus d'informations sur le site visiticeland.com

Itinéraire en 2 semaines

>

Commencez par essayer les cafés et les bars de Reykjavik. Le 2e jour, parcourez le Cercle d'or avant de rejoindre la Route 1 en direction de l'est, vers Landeyjahöfn (3 heures 30 de trajet). Le lendemain matin, sautez dans le ferry pour les Vestmannaeyjabær (îles Vestmann) : passez-y une journée à observer les macareux. Comptez ensuite 1 heure de voiture pour rejoindre Vik et sa plage de sable noir.

>>

Le 4e jour, roulez pendant 50 minutes vers l'est pour admirer les colonnes de basalte de Kirkjubæjarklaustur, et prenez vos quartiers près de Skaftafell, où vous resterez 2 nuits pour admirer les icebergs de Jökulsárlón et randonner dans les glaciers.

VOUS RESTEZ PLUS LONGTEMPS ? Empruntez la route 54 pour passer quelques jours sur la péninsule de Snæfellsnes, entre montagnes iconiques et plages désertes.

>>>

Le 6e jour, après 2 heures 30 de route, déjeunez au port de pêche de Höfn puis longez les fjords vers le nord-est jusqu'à Úlfseyjarsandur (une autre plage de sable noir). Le 7e jour, vous atteindrez Seyðisfjörður, avant de poursuivre au nord-ouest pour rejoindre les Mývatn Nature Baths le lendemain.

>>>>

Le 9e jour, explorez les rives du lac Mývatn ; le soir, rejoignez Akureyri (1 heure 15). Passez-y le 10e jour, et restez une nuit de plus pour partir en croisière d'observation des baleines depuis Húsavík.

>>>>>

Les 12e et 13e jours, faites halte dans les petites villes de Blönduós, Borgarnes et Akranes, connues pour leurs tertres funéraires et leurs vieux bateaux. Concluez votre séjour par une baignade dans les eaux géothermales du Blue Lagoon.

IRLANDE

Parcourir *la* Wild Atlantic Way

IMAGINEZ UNE MER D'HUILE, que seul fend un bateau d'observation de la faune marine. À tribord, pour le plus grand plaisir des passagers, surgit un groupe de dauphins se régalant joyeusement de plancton. L'effervescence monte d'un cran quand, tout près du navire, une créature plus grande encore apparaît : une baleine de Minke à la tête ogivale, véritable léviathan marin.

Cette scène est presque banale dans la région de la Wild Atlantic Way. Ce circuit routier longe la côte ouest irlandaise sans interruption sur 2 600 km, de la péninsule d'Inishowen, dans le comté de Donegal, à Kinsale, dans le comté de Cork. L'itinéraire a toujours existé, sculpté au fil des siècles par le vent et la pluie de l'Atlantique, mais ses côtes sauvages sont désormais au centre d'un gigantesque réseau d'écotourisme. On y pratique le kayak de mer, la randonnée, la pêche, le surf et la cueillette en pleine nature. L'Australie a la Great Ocean Road, l'Afrique du Sud la Garden Route, la Californie la Pacific Coast Highway ; ce road trip à l'irlandaise est au moins aussi mémorable, vous diront les Irlandais !

Page de droite : Classiebawn Castle, sur la péninsule de Mullaghmore Head (comté de Sligo), et le Benbulben en arrière-plan. *Ci-dessus :* un pêcheur réparant ses filets.

La Wild Atlantic Way est bordée de sites fantastiques valant chacun le détour, de Malin Head et ses falaises, tout au nord de l'Irlande, jusqu'aux îles Skellig du comté de Kerry, classées à l'Unesco. Les villages côtiers, dans leur décor naturel exceptionnel, semblent sortis d'une carte postale. Autres haltes possibles, les îles de Gola et Coney, ou les falaises de Slieve League. Le comté de Sligo – patrie du grand poète Yeats (1865-1939) – mérite une étape, tout comme le mont Benbulben et son sommet plat. Vous pourrez également rallier Achill Island, la plus grande île au large de l'Irlande, sauvage et préservée.

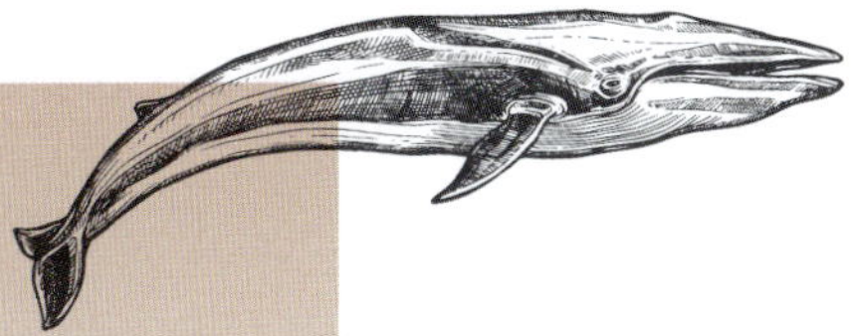

Souvenir de voyage

Nous avions quitté Baltimore pour observer la faune marine, mais je ne m'attendais pas à ce que nous rencontrions si vite un rorqual commun, à 1 kilomètre à peine de la côte ! Nous faisions alors voile vers l'ouest, en direction de Cape Clear. Un peu plus tôt, le capitaine s'était montré encourageant : "On en verra peut-être un ou deux, avec un peu de chance." Nous aurions dû remarquer son air malicieux : il savait bien que l'animal n'était en fait pas loin...

MIKE MACEACHERAN

EN BREF

À TABLE !

Dégustez un *chowder* (soupe de poisson) avec une pinte de stout dans un pub du Connemara.

UNE BOISSON ?

Optez pour une West Coast stout (Murphy's ou Galway Hooker).

SE LOGER

Vous pourrez loger dans des chambres d'hôtes et de vieux pubs pittoresques tout au long de l'itinéraire.

UNE EXPÉRIENCE

Partez en randonnée sur Croagh Patrick, la montagne sacrée des Irlandais.

Page de gauche : les falaises irlandaises de Moher, sur la Wild Atlantic Way.

Plus loin sur la route, faites un crochet pour une sortie en kayak sur les lacs du Lough Hyne Nature Reserve, ou partez en excursion d'observation des baleines avec un skipper du port de Baltimore. Ajoutez à tous ces plaisirs la musique traditionnelle, la nourriture, l'hospitalité et la bonne humeur des Irlandais : que demander de plus ?

INFORMATIONS PRATIQUES

COMMENT S'Y RENDRE ET CIRCULER

Pour parcourir l'itinéraire du nord au sud, partez de Belfast. Privilégiez Cork (accessible en ferry depuis Roscoff en France) si vous souhaitez découvrir la côte du West Cork. Sur place, une voiture est indispensable. Si vous louez une voiture électrique, sachez que l'on trouve des stations de recharge partout dans le pays.

QUAND PARTIR

En été, la musique traditionnelle et la gastronomie sont à l'honneur durant la saison des festivals : le Cork Midsummer Festival a lieu en juin et le Galway International Arts Festival en juillet. Pour faire la fête avec les Irlandais, venez pour la Saint-Patrick le 17 mars.

À SAVOIR

En Irlande, la conduite se fait à gauche. Roulez vers le nord si vous souhaitez longer la côte au plus près.

Plus d'informations sur le site ireland.com/fr-fr

Itinéraire en 10 jours

>

Depuis le nord, roulez vers le sud-ouest. Partez de Malin Head, au bout de la péninsule d'Inishowen : romantisme et paysages sauvages sont au rendez-vous.

>>

Les 2e et 3e jours, traversez le comté de Donegal, depuis le phare de Fanad Head, en passant par le comté de Sligo et les vastes tourbières du Wild Nephin National Park, propice aux randonnées en pleine nature.

>>>

Vous arriverez dans le comté de Mayo le 4e jour. Ici, la route bifurque vers l'ouest pour rejoindre les montagnes et les landes du Connemara. Les 5e et 6e jours, dépassez Galway et laissez-vous tenter par une randonnée dans les paysages karstiques du Burren National Park. Ne manquez pas les impressionnantes falaises de Moher puis traversez le Shannon en ferry (30 minutes) pour rejoindre le comté de Kerry.

>>>>

Consacrez la fin de votre séjour aux plages du Ring of Kerry et de West Cork. Au programme : observation de la vie marine, visites de ports historiques et détente au pub.

VOUS RESTEZ PLUS LONGTEMPS ?

Moins touristique, la route qui longe la côte est, de Cork à Dublin via Waterford et Wexford, traverse également des paysages spectaculaires.

ANGLETERRE

Sur les planches *avec* Shakespeare

STRATFORD-UPON-AVON EST LE POINT DE DÉPART d'un pèlerinage dans les pas du plus grand dramaturge anglais : on imagine sans peine William Shakespeare (1564-1616) déambuler entre les maisons Tudor de cette petite ville des Midlands. Sa présence se fait sentir plus particulièrement près de sa tombe et durant les magnifiques représentations de la Royal Shakespeare Company. Rendez-vous, à 25 km au nord, à Kenilworth Castle pour revivre certaines scènes de *Songe d'une nuit d'été* ou de *Henri VI* puis, dans l'est de l'Angleterre, à King's Lynn pour fouler les planches du Guildhall, que Shakespeare lui-même arpenta en tant que comédien. Votre périple s'achèvera à Londres. Au programme : une reconstitution très convaincante d'une pièce élisabéthaine au théâtre du Globe (reconstruit), un instant de recueillement à l'emplacement d'origine des théâtres du Globe et de la Rose, un passage à la National Portrait Gallery pour observer de près le front dégarni d'un William vieillissant, et un circuit thématique à la Tour de Londres, où sont rejouées les scènes de meurtre de *Richard III* pour mieux vous faire frissonner.

EN BREF

À TABLE !
Les vénérables pubs servent souvent une cuisine traditionnelle revisitée.

UNE BOISSON ?
Une bière locale au Garrick Inn à Stratford, que fréquentait Shakespeare.

À SAVOIR
L'Angleterre de Shakespeare se visite facilement en train. Pensez à réserver vos places pour assister à une pièce de la Royal Shakespeare Company et au Globe Theatre.

NORVÈGE

Voir *des* aurores boréales *au* Svalbard

EN BREF

SE LOGER
Goûtez à la vie de trappeur au Basecamp Hotel de Longyearbyen.

UNE EXPÉRIENCE
Initiez-vous à la conduite en traîneau durant les aurores boréales (plus d'informations sur greendog.no).

À SAVOIR
La saison des aurores boréales s'étend de mi-septembre à mars. Norwegian et SAS proposent des vols vers Lonyearbyen, Tromsø et Oslo. *Plus d'informations sur le site visitnorway.fr*

LA NUIT TOMBE ET DES TRAÎNÉES LUMINEUSES VERTES FANTOMATIQUES déferlent dans le ciel. Une aurore boréale ! Sur terre, les visiteurs lèvent les yeux et retiennent leur souffle dans la nuit glacée. Les mots, en cet instant, sont superflus. Les doigts gourds, certains tentent d'immortaliser le spectacle. Tout autour, les montagnes enneigées brillent d'une blancheur nacrée, comme illuminées de l'intérieur. À mi-chemin entre la Norvège et le pôle Nord, l'archipel du Svalbard incarne l'esprit du haut Arctique, cette région de glace et de pierre qui abrite davantage d'ours polaires que d'êtres humains. Loin du vrombissement des motoneiges et des hurlements des chiens husky se déploie une étendue blanche, sauvage et silencieuse que les aurores boréales illuminent à intervalles réguliers, en particulier pendant les mois les plus sombres de la nuit polaire, entre mi-novembre et janvier, pour peu que le ciel soit dégagé et l'activité solaire élevée.

ANGLETERRE

Périple royal

SI VOUS AVEZ AIMÉ "THE CROWN" et ses intrigues de palais, un voyage en Angleterre a tout pour vous passionner. Les lieux rappelant la saga millénaire de la royauté britannique ne manquent pas. À commencer par Londres, siège du pouvoir monarchique depuis Guillaume le Conquérant. Un lieu où, en matière de royauté, se perpétuent les traditions touristiques les plus éculées (assister à la relève de la garde à Buckingham Palace, s'évertuer à arracher une réaction aux soldats impassibles) comme les plus sublimes (une promenade dans les jardins de Hampton Court Palace). Surplombant la Tamise, la Tour de Londres conserve la mémoire des querelles dynastiques. C'est là que se trouvent les joyaux de la Couronne, impressionnants, et pourtant moins bouleversants que les messages gravés par les infortunés qui eurent le malheur de déplaire aux puissants. Palais, prison, monument à la gloire de la monarchie, scène de crimes, la Tour de Londres vit périr deux princes, trois reines déchues et une ribambelle de ducs, de cardinaux et de ministres. Plus à l'ouest sur la Tamise, l'abbaye de Westminster donne la mesure de l'histoire royale : 39 monarques y furent couronnés, et 30 rois et reines

Souvenir de voyage

J'ai visité un nombre incalculable de demeures royales, mais Sandringham House raconte une histoire différente, celle d'une famille qui tente de mener au mieux sa vie, tout sauf banale. Malgré son luxe ostentatoire, ce château est un véritable foyer, où les jeunes frères et sœurs se disputent et écoutent des histoires le soir, et où se sont vécus d'importants événements familiaux (comme la mort de George V ou la naissance de George VI). Les vastes pelouses, à l'atmosphère étonnamment intime et paisible, méritent que l'on s'y attarde.

JOE BINDLOSS

EN BREF

À TABLE !

Offrez-vous un repas dans l'un des restaurants londoniens favoris de la famille royale, comme Bellamy's à Mayfair ou Quaglino's à St James's.

UNE BOISSON ?

Buvez un verre à l'Old Boot Inn à Stanford Dingley (Berkshire), un pub où le prince William et son épouse Kate ont leurs habitudes.

SE LOGER

Il est possible de louer la maison du gardien à Sandringham pour la nuit.

UNE EXPÉRIENCE

Savourez un *afternoon tea* à Littlecote House (Berkshire), où Henri VIII fit sa cour à Jane Seymour.

Page de gauche : Hampton Court Palace, à Londres. *Ci-dessus :* l'abbaye de Westminster, avec Big Ben et le palais de Westminster en arrière-plan.

y reposent pour l'éternité (aux côtés d'Isaac Newton, de Charles Dickens et d'autres roturiers illustres). Traversez ensuite Hyde Park, en passant par le monument érigé par la reine Victoria éplorée à la mémoire de son époux Albert, et rejoignez la fontaine construite en souvenir de la princesse Diana, qui rafraîchit chaque été les bambins de la ville.

Il vous reste à découvrir les demeures royales, remplies de mobilier ancien, d'animaux empaillés et d'énormes armures de l'époque d'Henri VIII. Visitez Kensington Palace ou Windsor Castle, et prenez le train pour l'élégante Sandringham House, dans le Norfolk, "résidence secondaire" où la dynastie Windsor tente depuis toujours de vivre comme une famille ordinaire. Pour jouer aux aristocrates d'un jour, organisez une sortie à l'hippodrome : chaque année en juin, les têtes couronnées et le gotha anglais, tirés à quatre épingles et coiffés de chapeaux les plus extravagants, se retrouvent à Ascot pour une semaine rythmée par les courses de chevaux et les brunchs au champagne. Pourquoi se contenter de regarder *The Crown* lorsqu'on peut prétendre en faire partie ?

Page de droite, en haut : Windsor Castle, l'une des résidences royales ; *en bas :* un garde en faction devant la Tour de Londres.

Itinéraire en 1 semaine

>

Commencez votre tournée des sites royaux à Buckingham Palace. Promenez-vous dans les parcs royaux voisins et admirez les carrosses royaux remisés dans les Royal Mews.

>>

Le 2e jour, direction l'abbaye de Westminster. Suivez Whitehall jusqu'au Household Cavalry Museum, dédié à la garde rapprochée du roi. Consacrez le 3e jour à la visite de la Tour de Londres pour admirer les joyaux de la Couronne, l'arsenal et les cellules où furent détenus Anne Boleyn, la future reine Élisabeth Ire et Sir Walter Raleigh.

>>>

Prévoyez une journée complète pour une croisière sur le fleuve jusqu'à Richmond, où se trouve le plus grand parc royal, puis Hampton Court Palace, et une autre journée pour découvrir l'élégant château royal de Windsor.

>>>>

Sautez dans un train pour Cambridge (1-2 heures) et visitez Trinity College où le roi Charles fit ses études. Le dernier jour, visitez Sandringham House, maison d'enfance d'Élisabeth II.

VOUS RESTEZ PLUS LONGTEMPS ?

Rendez-vous à Brighton, sur la côte sud, où vous découvrirez le curieux pavillon construit pour George IV, alors Prince Régent. En chemin, faites étape à Battle (où Guillaume le Conquérant remporta la bataille de Hastings) et à Hever Castle (où Anne Boleyn passa son enfance).

INFORMATIONS PRATIQUES

COMMENT S'Y RENDRE ET CIRCULER

Londres compte 4 aéroports internationaux, d'où l'on rejoint facilement le centre-ville en train, métro ou taxi. Privilégiez le bus et le métro pour explorer le centre de Londres. Les trains longue distance permettent de rejoindre Hampton Court Palace, Windsor et Sandringham.

QUAND PARTIR

L'été est la période idéale : les King's State Apartments à Buckingham Palace sont ouverts au public, le temps se prête à la flânerie dans les parcs royaux et c'est la saison des courses à Ascot.

À SAVOIR

Les visites sur le thème de la royauté sont légion – optez par exemple pour le Royal Britain Tour d'Audley Travel, ou pour les visites plus irrévérencieuses comme celles de la Tour de Londres par les gardes eux-mêmes.

Plus d'informations sur le site royal.uk

ÉCOSSE

Sur la route *de* Skye

Page de droite : Clachaig Inn, à 3 km du village de Glencoe. *Ci-dessus :* une vache des Highlands pour le moins imposante.

L'A830, CONNUE AUSSI SOUS LE NOM DE ROAD TO THE ISLES, sillonne des paysages parmi les plus beaux d'Écosse. Avant même de rejoindre le ferry pour l'île de Skye à Mallaig, vous traverserez certains sites incontournables des Highlands. Unique grande voie des environs, la "route des îles" part de Fort William, au pied du Ben Nevis, le plus haut sommet de Grande-Bretagne. Elle déploie ensuite ses 74 km entre landes couvertes de bruyères, collines aux versants abrupts et vallées profondes (les *glens*) peuplées de cerfs : en un mot, l'Écosse dans toute sa splendeur.

Avant de vous lancer sur l'A830, au départ de Fort William, faites un crochet au sud pour contempler les paysages spectaculaires du Glen Coe, peut-être la plus célèbre vallée d'Écosse, dominée par le sommet pyramidal du Buachaille Etive Mòr. Vous reconnaîtrez certainement des décors aperçus au cinéma, comme le dans le James Bond *Skyfall* ou la saga *Harry Potter*. Ce décor de montagnes et de vallées à perte de vue vous donnera envie de vous lancer à leur découverte : que ce soit à pied, à vélo ou à skis, l'aventure en vaut la peine, même s'il pleut ou s'il vente !

Empruntez à présent l'A380 pour admirer un autre décor emblématique d'*Harry Potter*, dans les environs de Glenfinnan : immédiatement à la sortie du village, la West Highland Line (et le Jacobite Steam Train, qui incarna à l'écran le Poudlard Express) franchit un viaduc ferroviaire à l'allure pittoresque. Glenfinnan est aussi le cœur battant de l'Écosse jacobite : on y maintient bien vivante la mémoire de Charles Édouard Stuart, héritier des Stuarts évincés du trône britannique, qui, en 1745, dressa l'étendard de la dynastie sur les rives du loch Shiel pour rassembler une armée et tenter (en vain) de récupérer la couronne.

Souvenir de voyage

Le sentier m'emmenait vers la lande, dominée par les Cuillin Hills, le massif de montagnes de l'île de Skye. Parti pour Sgùrr na Strì, je ne pus que me rallier à l'avis général : ce modeste éperon rocheux offre l'une des plus belles vues de Grande-Bretagne. Des pierriers de Sgùrr Dubh Mòr et Sgùrr Alasdair, par-delà les eaux turquoise du Loch Coruisk, à l'archipel des Small Isles au large, la vision est littéralement enivrante !

MIKE MACEACHERAN

EN BREF

À TABLE !
Skye compte certains des meilleurs restaurants des Highlands, dont Edinbane Lodge, les Three Chimneys, Loch Bay et Kinloch Lodge.

UNE BOISSON ?
Skye est connue des amateurs de whisky pour le single malt de Talisker ou Torabhaig, les deux distilleries de l'île.

SE LOGER
Clachaig Inn, à 3 km de Glenncoe, est un pub historique apprécié des randonneurs.

UNE EXPÉRIENCE
Embarquez à bord du Jacobite Steam Train pour franchir le viaduc de Glenfinnan.

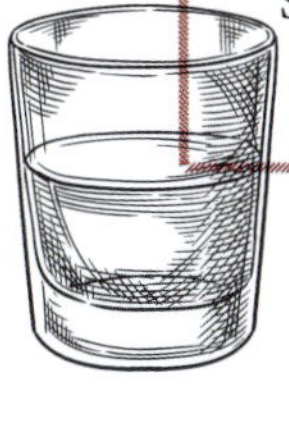

Ci-dessus : le viaduc de Glenfinnan, où les fans d'Harry Potter guettent le passage du train ayant inspiré le Poudlard Express.

La route bifurque ensuite peu à peu vers le nord, rejoignant Arisaig puis les Silver Sands de Morar, dont les kilomètres de plage de sable étincelant rappelleraient presque les Caraïbes, et enfin Mallaig. Mais le clou de votre voyage vous attend sur l'île de Skye, de l'autre côté du détroit de Sleat, avec à chaque tournant des paysages à couper le souffle. Commencez par une randonnée dans les montagnes Black Cuillin, dégustez des fruits de mer et passez du temps à explorer la côte, ses phares et ses plages de corail.

INFORMATIONS PRATIQUES

COMMENT S'Y RENDRE ET CIRCULER

Si vous arrivez en avion, le plus simple est d'atterrir à Glasgow. Il est également possible de rejoindre la région en train ou en bus. Une fois sur place cependant, les liaisons sont peu nombreuses, notamment sur l'île de Skye : une voiture de location vous permettra d'optimiser votre temps.

QUAND PARTIR

Les touristes se pressent en juillet et août bien qu'il s'agisse, étonnamment, des mois les plus humides. Pour de belles journées et des ciels dégagés, privilégiez mai-juin ou septembre-octobre.

À SAVOIR

Des nuées de *midges*, des moucherons piqueurs, s'abattent chaque été sur les Highlands. Emportez un bon répulsif et couvrez-vous à la tombée de la nuit. *Plus d'informations sur le site visitscotland.com/fr-fr*

Itinéraire en 10 jours

>

Passez 2 jours à Glen Coe. Les amateurs de landes, de pubs et de balades auront largement de quoi s'occuper. Le site garde également le souvenir tragique du massacre qui y fut perpétré en 1692, et constitue l'une des pages les plus sombres de l'histoire écossaise.

>>

Le 3e jour, rejoignez Fort William, ville où démarre la Road to the Isles. Il vous faudra 2 jours pour profiter pleinement des environs, voire 3 jours si vous prévoyez l'ascension du Ben Nevis, une randonnée à vélo dans les montagnes ou une session de sports d'hiver sur Aonach Mòr. L'été, pratiquez paddle et snorkeling autour des îlots d'Arisaig.

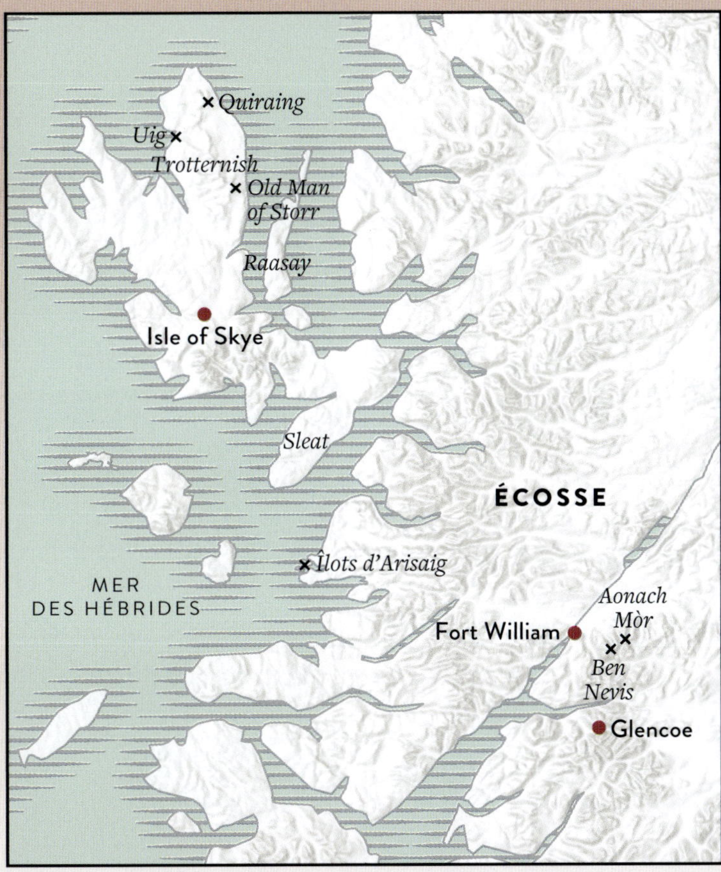

>>>

Pour profiter des paysages de l'île de Skye, 3 jours ne seront pas de trop. Il vous faudra plus de 2 heures pour aller de la péninsule de Sleat à celle de Trotternish où se trouve Uig : prévoyez de loger à un endroit différent chaque soir. Et ne manquez pas les randonnées de l'Old Man of Storr et de Quiraing.

VOUS RESTEZ PLUS LONGTEMPS ?

Si vous avez 1 ou 2 jours de plus, prenez le ferry jusqu'à l'île de Raasay, où l'on trouve une excellente distillerie et une très bonne chambre d'hôte.

BELGIQUE

Tournée des brasseries *à* Bruxelles

AUX CLIENTS QUI CHERCHENT les toilettes, le barman répond très sérieusement : "Derrière le cheval." À Dansaert, quartier branché de Bruxelles, la microbrasserie Surréaliste s'est installée dans un ancien entrepôt de bananes des années 1930, décoré de lustres, de mobilier ecclésiastique – et, donc, d'une statue de cheval grandeur nature. Ici, l'on peut choisir parmi 24 bières pression aux noms mystérieux : Cosmic Rainbow, Beatific Ecstasy, Venus Effect… Sour ales, IPA ou single malt, il y en a pour tous les goûts. À deux pas, le Brussel Beer Project collabore avec d'autres brasseries imaginatives pour concocter chaque année une quarantaine de bières éphémères. Les brasseurs belges, dont le savoir-faire remonte au Moyen Âge, utilisent des levures sauvages et des ingrédients locaux pour élaborer des recettes uniques à l'image de l'ale Hands of Desire de la Brasserie Surréaliste, infusée au citron vert et au sel marin. L'Unesco a inscrit la bière belge au Patrimoine culturel immatériel de l'humanité. En 2022, le pays recensait ainsi 430 brasseries, dont 6 appartenant à des monastères trappistes et des dizaines d'autres installées dans des fermes ou des espaces urbains insolites. Santé !

EN BREF

À TABLE !
Commandez une carbonade flamande (bœuf mijoté à la bière) à la brasserie Nüetnigenough, à Bruxelles.

UNE BOISSON ?
Sirotez une Gueuze, la reine des bières belges, à la Brasserie Cantillon.

À SAVOIR
Plongez dans l'histoire de la bière belge au Belgian Beer World Experience de Bruxelles, installée dans le bâtiment de l'ancienne Bourse de la capitale.

PAYS-BAS

Dans les champs *de* fleurs *de* Hollande

EN BREF

À TABLE !
Dégustez des *bitterballen* (boulettes de viande) et du *stamppot* (purée de légumes) à Het Oude Dykhuys, à Lisse.

UNE EXPÉRIENCE
Louez un vélo ou participez à une visite guidée à bicyclette (tulipbicycletour.com).

À SAVOIR
Le bus Keukenhof Express permet de rejoindre le jardin du Keukenhof à Lisse depuis l'aéroport Schiphol d'Amsterdam ou depuis Europaplein.

À VOIR LES 7 MILLIONS DE TULIPES, narcisses et jacinthes du jardin du Keukenhof, en Hollande-Méridionale, on pourrait croire qu'un géant a vidé ses tubes de gouache sur la ville hollandaise de Lisse. Les nuances de rouge, de rose, de carmin et de jaune d'or s'étalant à perte de vue mettent tous les sens en éveil. Et lorsque l'on sait que ce festival de couleurs ne dure que 8 semaines par an, on mesure d'autant mieux sa chance d'y assister ! Rendez-vous aux Pays-Bas de préférence en avril pour combiner la visite du Keukenhof avec le Bloemencorso Bollenstreek, un défilé de chars surmontés d'immenses sculptures festonnées de fleurs, sur 42 km, des dunes de la plage de Noordwijk à la ville de Haarlem. Respirez le doux parfum des pétales et partez en quête de la 'Queen of the Night' aux tons indigo : cette variété florale, symbole de joie, est celle qui, aux Pays-Bas, se rapproche le plus de la tulipe noire.

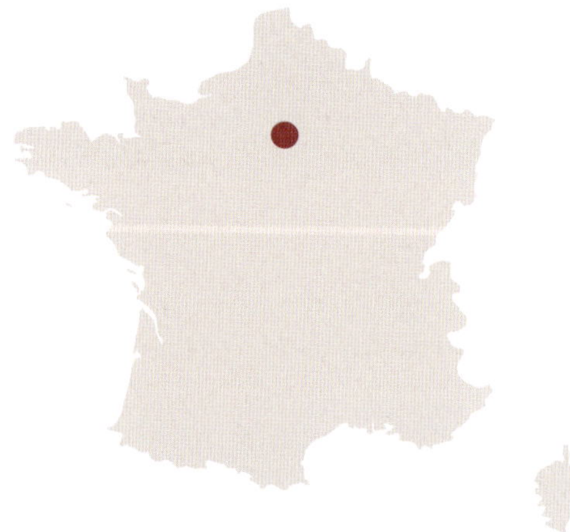

FRANCE

Paris, *éternelle* romantique

LES RÊVES DE MILLIONS DE VISITEURS et les œuvres de générations de cinéastes ont donné à la capitale française une réputation de lieu éminemment romantique. Le chapelet de ponts enjambant la Seine, la cathédrale Notre-Dame et ses gargouilles, l'incontournable tour Eiffel forment le décor familier et mythique que de nombreux voyageurs aspirent à retrouver. Dans la réalité, la magie de la ville réside aussi dans les plaisirs de l'inattendu : petits parcs à explorer, musées méconnus, mais aussi boutiques, brasseries et cafés où se révèle la vie parisienne. Les différents quartiers de la ville affichent chacun un charme singulier qui ne manque jamais de combler les amateurs d'escapade urbaine.

Prenez la colline de Montmartre. Ancien village annexé à Paris en 1860, le quartier est encore aujourd'hui un dédale de ruelles et d'escaliers. De saint Denis, qui aurait traversé Montmartre à pied, sa propre tête en main après sa décapitation par les Romains vers 280 après J.-C., jusqu'à l'âge d'or du Moulin Rouge et de ses cancans, les histoires attachées à ses rues continuent à imprégner l'atmosphère. Montez à bord du

Souvenir de voyage

Paris fourmille de surprises, et l'Île aux Cygnes illustre pour moi les découvertes inattendues qu'on peut y faire. Cet îlot artificiel fut construit en 1827 pour délester le port de la rive gauche. Jamais je n'aurais pu imaginer qu'en partant découvrir les 60 essences d'arbres de l'île en cet après-midi de printemps, je tomberais sur une version parisienne de la statue de la Liberté ! Sans parler bien sûr de la vue incroyable sur la tour Eiffel toute proche.

NICOLA WILLIAMS

EN BREF

À TABLE !
Dînez dans un "bouillon", restaurant mêlant décor traditionnel et petits prix, comme le Bouillon Chartier.

UNE BOISSON ?
Buvez un cocktail dans un cadre exceptionnel : le rooftop du Perchoir dans le 20e, le bar Hemingway au Ritz...

SE LOGER
Louez un appartement pour vivre à la parisienne.

UNE EXPÉRIENCE
Rien de tel qu'un tour en bateau-mouche pour admirer les plus beaux monuments de Paris.

Page de gauche : la palette colorée des macarons. *Ci-dessus :* le Sacré-Cœur domine les ruelles pavées de Montmartre.

funiculaire jusqu'à la basilique du Sacré-Cœur, et gravissez les 300 marches du dôme : de là, vous jouirez d'une vue panoramique exceptionnelle. En redescendant la colline, à côté de la place des Abbesses, allez voir le mur des *Je t'aime*, dans le jardin Jehan-Rictus, histoire d'apprendre à déclarer votre flamme en 350 langues.

Au pied de la butte Montmartre, le quartier de la Nouvelle Athènes, autour de la place Saint-Georges, rappelle que Paris fut un haut lieu de l'époque romantique. Ce mouvement artistique et littéraire qui submergea l'Europe au début du XIXe siècle témoigne du bouillonnement créatif qui a souvent agité la capitale. Partez sur les traces de ses grandes figures : George Sand, Eugène Delacroix, Victor Hugo, Frédéric Chopin, Alfred de Musset... Allez savourer un thé dans le jardin du musée de la Vie romantique. Retrouvez les œuvres de ces artistes dans les salles de concert et les théâtres ou encore au Louvre, mais ne négligez pas non plus les petits musées intimistes nichés dans des maisons au coin des rues et places parisiennes, comme le musée Victor Hugo, place des Vosges, ou le musée Delacroix, rue de Furstemberg.

Ci-dessus, de gauche à droite : le Bar du Marché, à Saint-Germain-des-Prés ; la cour Puget au Louvre.

INFORMATIONS PRATIQUES

COMMENT S'Y RENDRE ET CIRCULER

Avec 7 gares grandes lignes, Paris est très bien reliée au reste de la France. Les gares du Nord, de Lyon et de l'Est desservent également notamment Bruxelles, Genève et Zurich. En avion, atterrissez à Roissy-Charles de Gaulle ou à Orly et rejoignez Paris intra-muros en transports en commun. Dans le centre, beaucoup de sites sont accessibles à pied. Pour les plus longues distances, alternez entre le Vélib (vélos de location en libre-service), le métro, le RER et les bus.

QUAND PARTIR

Les mois d'avril, mai, septembre et octobre sont doux et plutôt secs. Novembre et janvier sont plus gris, mais aussi plus calmes : les touristes sont alors moins nombreux et les hébergements meilleur marché.

À SAVOIR

Anticipez l'achat de vos billets (en ligne) pour les grands sites, les expositions et les spectacles, et réservez dans les restaurants le week-end. Les musées nationaux sont gratuits le 1er dimanche du mois, notamment le Louvre et le musée Rodin (d'octobre à mars pour ce dernier).

Plus d'informations sur le site parisjetaime.com

Itinéraire en 3 jours

>

Admirez les toits de Paris depuis la colline du Sacré-Cœur à Montmartre : un bon moyen de vous familiariser avec la ville si c'est votre première visite ! Passez la matinée à explorer ce quartier d'artistes – découvrez son histoire au musée de Montmartre et la vie d'un salon littéraire au Musée de la Vie romantique. Descendez un peu au sud pour arpenter le jardin des Tuileries, le musée de l'Orangerie et ses fameux *Nymphéas* de Monet, et le Louvre. Regardez le soleil se coucher sur les gargouilles de Notre-Dame.

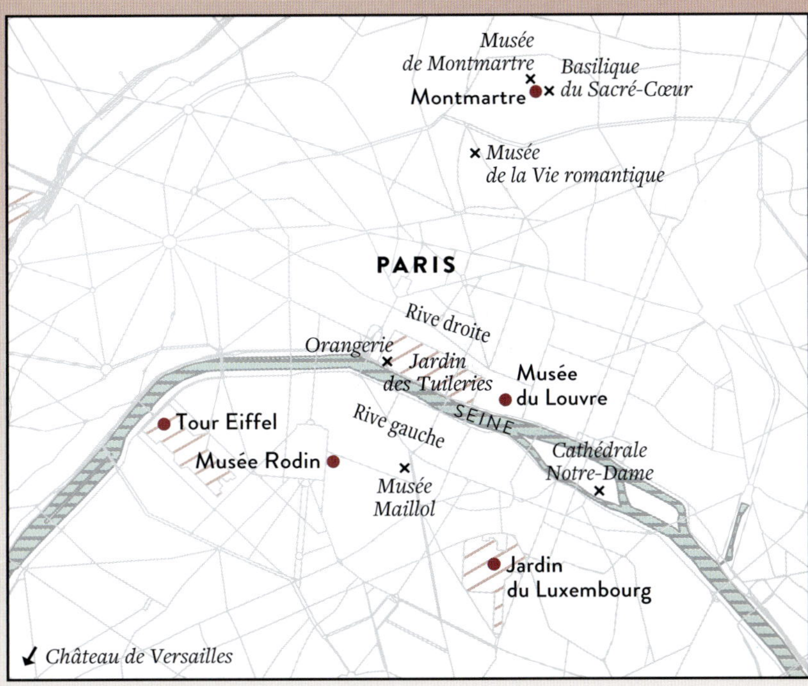

>>

Consacrez le 2e jour à la rive gauche, au sud de la Seine. Visitez l'atelier du sculpteur Aristide Maillol (1861-1944), puis marchez jusqu'au musée Rodin, installé dans un hôtel particulier, pour admirer le célèbre *Baiser*. Laissez-vous tenter par une promenade de 30 minutes, soit vers l'ouest, en direction de la tour Eiffel, soit vers l'est et le Jardin du Luxembourg. Le soir, profitez d'une croisière sur la Seine.

>>>

Le 3e jour, quittez Paris pour Versailles et son château. Admirez le faste des appartements royaux, la beauté des jardins, et terminez l'après-midi par un *Afternoon Tea* au Grand Contrôle.

VOUS RESTEZ PLUS LONGTEMPS ? Prenez le train pour la gare de Blois-Chambord (1 heure 30), puis sautez dans un taxi ou dans le bus Rémi n°2 jusqu'au château de Chambord, l'un des plus beaux monuments de la Renaissance française.

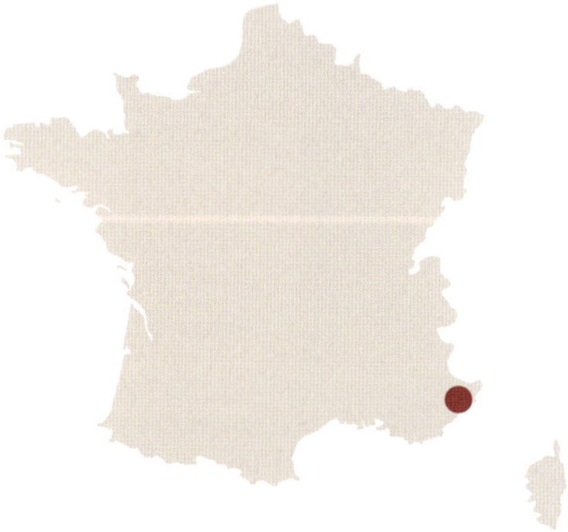

FRANCE

Vie de star *sur la* Côte d'Azur

Page de droite : le dôme rose de l'hôtel Negresco et la Promenade des Anglais à Nice. *Ci-dessus :* la baie des milliardaires au cap d'Antibes.

LE LIEU DE TOUTES LES EXTRAVAGANCES !

Des cocktails flambés, un majordome (le *sun butler*) spécialement missionné pour prévenir vos moindres désirs lorsque vous vous baignez, des artistes perchés sur des échasses : tout cela est possible sur la Côte d'Azur ! Au XIXe siècle déjà, artistes, aristocrates et même la reine Victoria firent de ce littoral ensoleillé du sud de la France leur destination de prédilection. Des chaises longues aux plages dorées, tout ici évoque encore cette élégance à l'ancienne.

De ce point de vue, rien ne surpasse Nice, la ville balnéaire où naquit le concept même de haute saison (l'hiver, à l'origine) sur la Côte d'Azur. En 1822, les riches Britanniques paradaient déjà sur la Promenade des Anglais, alors fraîchement construite, et en 1864, le premier train de nuit au départ de Paris – le luxueux Train Bleu – faisait son entrée en gare de Nice. Les passagers des fameux wagons bleu et or étaient sous le charme des paysages qu'ils avaient vus défiler par la fenêtre : villages perchés, sommets alpins enneigés, criques turquoise, roches rouges… Une vision envoûtante qui s'offre encore aujourd'hui, tout au long de

Souvenir de voyage

Saint-Tropez, capitale hédoniste et déjantée de la jet-set, peut donner l'impression d'être un monde parallèle. Lors de ma première visite, je suis arrivée en voiture. Erreur fatale ! Je me suis retrouvée coincée dans les bouchons, maudissant la ville avant même d'y avoir mis un pied. Autre configuration, des années plus tard : je rejoins le port de Saint-Tropez en bateau, depuis Saint-Raphaël. J'évite la foule de touristes en pâmoison devant les yachts des millionnaires, préférant me promener aux aurores sur la plage de Pampelonne, faire mon marché sur la place des Lices et profiter des sentiers côtiers. Je comprends ce qu'avait dû ressentir le peintre pointilliste français Paul Signac lorsqu'il aborda la ville en voilier en 1892, la découvrant enveloppée de cette lumière si intense – qui inspirera également, quelques années plus tard, les Fauves.

NICOLA WILLIAMS

EN BREF

À TABLE !
Savourez un repas les pieds dans le sable sur la plage de la Garoupe au cap d'Antibes, comme le faisaient Sara et Gerald Murphy.

UNE BOISSON ?
Avant de filer au casino, sirotez un verre de rosé au Café de Paris de Monte-Carlo, mythique depuis 1882.

SE LOGER
Goûtez au luxe azuréen en descendant à l'hôtel Negresco de Nice (une folie Belle Époque installée face à la mer en 1913), à l'hôtel du Cap-Eden-Roc (1870) au cap d'Antibes, ou au Carlton (1911) de Cannes.

UNE EXPÉRIENCE
Louez une voiture ou un vélo électrique pour parcourir les trois routes de corniche (la Grande, la Moyenne et la Basse) reliant Nice à Monaco. La vue sur la mer y est magique.

ACHATS
Rendez-vous au marché du cours Saleya, dans le Vieux Nice, pour faire le plein d'olives, d'épices, d'huiles et de savons artisanaux.

“Des chaises longues aux plages dorées, tout ici évoque encore cette élégance à l’ancienne.”

Page de gauche : coucher de soleil sur la plage du Midi à Cannes

la côte, aux voyageurs se rendant à Nice en train. Ajoutez à cette beauté la douceur des hivers et du soleil en abondance, et la démonstration des attraits de la région sera complète !

C'est à la grande époque du jazz que l'été devint la haute saison touristique. En 1923, Sara et Gerald Murphy, un couple de mondains américains (qui inspirèrent à Francis Scott Fitzgerald les personnages de Nicole et Dick Diver dans *Tendre est la nuit*), s'installèrent au cap d'Antibes, à 25 km au sud de Nice. Ils débarrassèrent le rivage des algues et persuadèrent le gérant de l'hôtel du Cap-Eden-Roc de rester ouvert l'été pour accueillir leurs amis. Ce fut le début de l'engouement pour les bains de mer et de soleil agrémentés de pique-niques au rosé, qui ne s'est jamais démenti depuis.

Nombre des scandales qui, durant la Belle Époque et les Années folles, défrayèrent la chronique, eurent pour théâtre les plages, les casinos, les jardins historiques et les grands hôtels de la Côte d'Azur. Mœurs légères, monuments inspirés de décolletés, joueurs malchanceux mourant à leur table de jeu à Monte-Carlo… Les histoires qui sont parvenues jusqu'à nous sont loufoques, grivoises, ou carrément ridicules, mais elles continuent de fasciner et d'alimenter la réputation sulfureuse et glamour de la région. Sur les traces de la reine Victoria à Nice, sur celles de Matisse, Chagall, Picasso et d'innombrables autres artistes à Vence, Nice et Antibes, sous les paillettes de Cannes avec les stars du cinéma, la Côte d'Azur incarne la légèreté et l'imagination sans limites d'une des époques les plus fantasques de l'histoire de France.

Ci-dessus : la vieille ville de Monaco, surnommée Le Rocher.

INFORMATIONS PRATIQUES

COMMENT S'Y RENDRE ET CIRCULER

Arriver à Nice en train permet de profiter des paysages côtiers le long de la Méditerranée, comme autrefois les passagers du Train Bleu. Au départ de Paris, compter 5 heures 50 en TGV, et 13 heures en train de nuit. L'aéroport Nice-Côte d'Azur, desservi par de nombreux vols intérieurs et internationaux, se trouve à 7 km à l'ouest de la ville ; pour rejoindre le centre et la gare ferroviaire, prenez le tram 2 jusqu'à l'arrêt Jean-Médecin ; si vous souhaitez rejoindre la Promenade des Anglais et le jardin Albert 1er (pour le Vieux Nice), prenez le bus 12. L'excellent réseau de bus et de trains régionaux est le meilleur moyen de sillonner la côte, où la circulation est souvent dense. L'été, prenez un bateau depuis Saint-Raphaël, Sainte-Maxime ou Cannes pour rejoindre la très touristique Saint-Tropez.

QUAND PARTIR

En septembre, les conditions sont parfaites pour la baignade : bon nombre de touristes ont quitté les lieux et les tarifs baissent. En juillet et août, il fait très chaud et tout est bondé. En février et mars, les mimosas, nombreux dans la région, sont en fleur.

À SAVOIR

Évitez l'autoroute les samedis du mois d'août, toujours très chargés. La plupart des plages sont surveillées de mi-juin à mi-septembre. Comptez environ 25 € pour louer une chaise longue et un parasol à la journée.
Plus d'informations sur le site explorenicecotedazur.com

Itinéraire en 2 semaines

>

Installez-vous à Nice pour la semaine. Découvrez le bouillonnement de la capitale azuréenne en déambulant sur la Promenade des Anglais, dans les parcs et les marchés du Vieux Nice. Visitez le musée Matisse et le musée national Marc Chagall ; le soir, mêlez-vous aux fêtards dans les bars du Vieux Nice.

>>

Le 3e ou le 4e jour, sautez dans le bus 15 qui longe la côte jusqu'à Villefranche-sur-Mer, réputée pour sa plage de sable et sa chapelle de pêcheurs décorée par Jean Cocteau. Poursuivez jusqu'à Saint-Jean-Cap-Ferrat, pour ses sentiers baignés du parfum de l'eucalyptus et la somptueuse Villa Ephrussi des Rothschild. Le 5e jour, rejoignez en bus le magnifique village d'Èze et admirez la Méditerranée depuis la Grande Corniche.

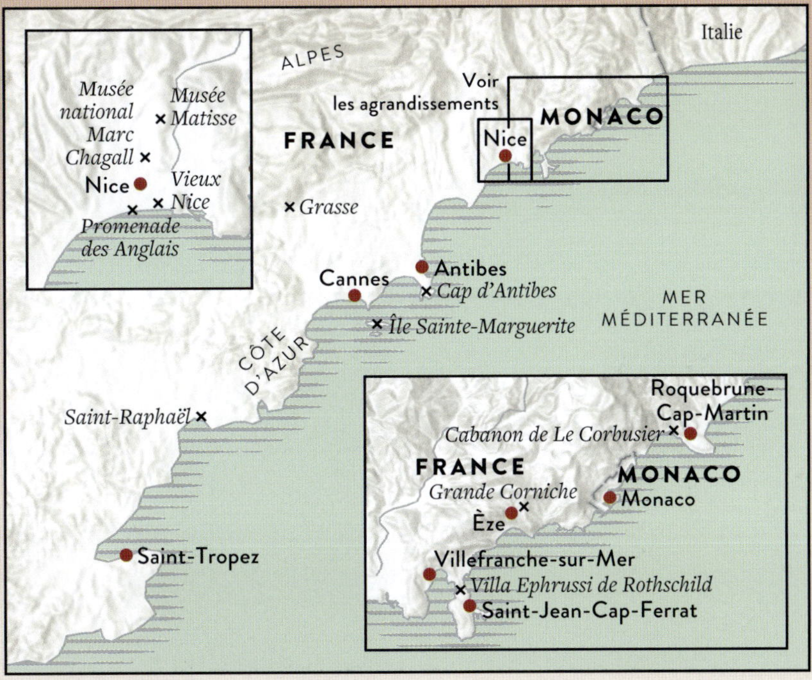

>>>

Le lendemain, explorez le Monaco de Grace Kelly, ou, si vous aimez l'architecture, visitez, à Roquebrune-Cap-Martin, le cabanon de Le Corbusier et la villa E-1027, tour de force moderniste de l'architecte irlandaise Eileen Gray et de son compagnon Jean Badovici.

>>>>

Pour la 2e semaine de votre séjour, longez la côte en direction du sud-ouest. Passez 1 ou 2 jours à Antibes et son cap. À Cannes, remontez la Croisette et dégustez des huîtres au marché couvert. Faites une excursion sur les îles de Lérins. Prenez ensuite le train pour Saint-Raphaël, puis rejoignez Saint-Tropez en bateau.

VOUS RESTEZ PLUS LONGTEMPS ? Louez une voiture (un cabriolet ?) et partez à l'assaut des collines de Grasse pour découvrir l'art de la parfumerie, dont la tradition remonte à trois mille ans.

FRANCE

Champagne !

LE CHAMPAGNE FUT CRÉÉ PAR HASARD EN 1693 par le moine bénédictin Dom Pierre Pérignon. "Venez mes frères, je bois des étoiles !", aurait crié le religieux en goûtant son invention fortuite, promise à un brillant avenir. Loin des paillettes auxquelles le champagne est aujourd'hui associé, venez goûter ce breuvage à la source, dans la région où quelque 16 200 vignerons prennent soin de ses cépages historiques (pinot noir, meunier et chardonnay). En voiture ou à vélo électrique, visitez les vignobles, les villages et les caves où des alchimistes du vin mélangent les crus à la recherche de l'alliage parfait (limitez les dégustations sur place si vous conduisez ou pédalez). À Reims, visitez la sublime cathédrale gothique qui vit le sacre de 33 rois de France. Découvrez les caves-crayères, anciennes carrières de craie creusées à 40 m sous terre par les Gallo-Romains, où vieillissent aujourd'hui des millions de bouteilles de champagne. Enfin, passez par Épernay, capitale du vignoble où les bulles sont partout, jusque sur la très chic avenue de Champagne, artère bordée de prestigieuses maisons de champagne.

EN BREF

À TABLE !
Accompagnez votre champagne de *biscuits roses de Reims*.

UNE BOISSON ?
Participez à une dégustation dans l'une des grandes caves ou chez des producteurs.

À SAVOIR
Des trains relient Reims et Épernay, mais pour partir à la rencontre des petits producteurs, il vous faudra disposer d'un véhicule.

ALLEMAGNE

Déconnexion *en* Forêt-Noire

EN BREF

À TABLE !
La forêt-noire est le nom d'un délicieux gâteau au chocolat, aux cerises et au kirsch, agrémenté de crème fouettée.

SE LOGER
Séjournez dans un camp de trekking en pleine nature ou une ferme rustique.

À SAVOIR
Arrivez en train ou en avion à Stuttgart, Karlsruhe Baden-Baden ou Bâle-Mulhouse. Privilégiez l'été pour la randonnée, l'hiver pour la neige et les marchés de Noël. *Plus d'informations sur le site schwarzwald-tourismus.info*

LA MATINÉE EST FRAÎCHE et l'air sent bon la résine. Le tambourinement d'un pic épeiche dans le lointain, le craquement des branches et le bruit de nos pas sont les seuls à venir troubler le silence de la Forêt-Noire. Dans ce massif montagneux du sud-ouest de l'Allemagne, l'été est synonyme de promenades, de cueillette et de nuits à la belle étoile, tandis que l'hiver promet de la neige à foison. C'est sans nul doute cette région, avec ses reliefs et ses vallées, ses fermes et ses forêts, qui inspira les frères Grimm pour le décor de leurs contes. Si la région est souvent connue pour le gâteau qui porte son nom et pour ses horloges à coucou (que l'on trouve notamment à Triberg, près des plus hautes chutes d'eau du pays), la nature en est bien la véritable vedette. La Route des crêtes de la Forêt-Noire, qui traverse le parc national quasiment de part en part, entre Baden-Baden et Freudenstadt, est ainsi un excellent point de départ pour explorer la région sur des routes tranquilles ou sur les chemins de randonnée.

ALLEMAGNE

De Berlin *à la* Suisse saxonne

DES VOYAGEURS CONTEMPLANT UN OCÉAN DE BRUME, des colonnes rocheuses émergeant de montagnes boisées, des monastères gothiques en ruine baignant dans le clair de lune… L'Est de l'Allemagne plonge les voyageurs dans une ambiance féérique plus intense, plus étrange et plus mélancolique que celle des contes de Grimm attachée à l'Ouest. C'est la terre du peintre romantique Caspar David Friedrich et de ses pairs, qui marquèrent l'art allemand il y a plus de 200 ans. À votre tour d'y pénétrer, le temps d'un voyage en train à travers l'ex-RDA.

Longtemps ville divisée dans un pays scindé, Berlin possède plusieurs facettes, contradictoires et complémentaires. Des œuvres de street art, des lieux de sortie underground et des vestiges du tumultueux XXe siècle (Mémorial de l'Holocauste, Checkpoint Charlie, musée de la Stasi) y côtoient des places élégantes, des palais pleins de grâce (les châteaux de Sanssouci et de Charlottenburg) et une ribambelle de grands musées.

Au sud de Berlin, la Saxe fut un centre industriel majeur au temps de l'Allemagne de l'Est. Pourtant, en vous éloignant des cheminées et des immeubles de style soviétique, vous

Souvenir de voyage

Essoufflé et couvert de sueur, j'atteins le sommet du Papststein, un immense monolithe de grès émergeant d'une forêt luxuriante au cœur de la Suisse saxonne. Des rires et des tintements de verre me parviennent alors que je gravis le chemin bordé de fougères. Celui-ci mène à une auberge de montagne dont la terrasse est certainement l'une des plus spectaculaires d'Allemagne. Savourer une boisson rafraîchissante dans cet écrin de verdure est un délice.

PAUL BLOOMFIELD

EN BREF

À TABLE !
La spécialité de Dresde, capitale de la Saxe, est le délicieux *Dresdner Eierschecke*, sorte de cheesecake.

UNE BOISSON ?
Dégustez un *Weissburgunder* (pinot blanc) ou un *Grauburgunder* (pinot gris) sur la Route des vins saxons, qui longe la vallée de l'Elbe sur 60 km.

SE LOGER
Des hôtels établis dans des châteaux *(Schlosshotels)* louent des chambres confortables. Burg Hohnstein, dans la Suisse saxonne, abrite également une auberge de jeunesse.

UNE EXPÉRIENCE
Embarquez pour une croisière sur l'Elbe à bord d'un bateau à aubes du XIXe siècle de la compagnie Sächsische Dampfschifffahrt.

Page de gauche : la porte de Brandebourg à Berlin. *Ci-dessus :* des statues montent la garde devant le château de la Résidence de Dresde. En arrière-plan, la Frauenkirche.

découvrirez des paysages pleins de charme, ponctués de châteaux du Moyen Âge, de formations rocheuses impressionnantes et de villes à l'architecture opulente. Leipzig – surnommée le "Petit Paris" par Goethe, et désormais connue sous le nom de "ville des héros" pour le rôle qu'elle joua dans la chute du régime communiste – est depuis longtemps réputée pour sa vitalité artistique. Mendelssohn, Wagner, le couple Schumann et Jean-Sébastien Bach y vécurent et y composèrent. Pourtant, dans la ville où Méphistophélès séduisit Faust, c'est aujourd'hui l'irrévérence qui prime, portée par des clubs où l'on danse jusqu'au bout de la nuit.

Plus à l'est, le centre historique de Dresde, rasé lors des bombardements alliés de la Seconde Guerre mondiale, connaît un renouveau stupéfiant. Le château de la Résidence (demeure des souverains de Saxe), la Frauenkirche et son dôme baroque, le Zwinger (un palais baroque entouré de jardins), tous s'élèvent à nouveau au sud de l'Elbe. Sur la rive nord, la Äussere Neustadt, partie plus moderne de la ville, est un laboratoire de la contre-culture.

Enfin, les "montagnes de grès de l'Elbe" (appelées également Suisse saxonne) déroulent un paysage unique et fabuleux à l'est de Dresde. Dans cette région accidentée, la nature a sculpté dans la roche poreuse d'étranges colonnes, des falaises, des plateaux et de profondes vallées. Plusieurs villes s'égrènent le long de l'Elbe, dont Königstein et sa gigantesque forteresse. Le Malerweg (le sentier des peintres), qui s'étend sur 116 km, donne une belle occasion de partir en randonnée à travers des paysages qui inspirèrent les artistes de l'époque romantique.

Page de droite, en haut : le pont de la Bastei, dans la vallée de l'Elbe ; *en bas :* street art à Berlin

Itinéraire en 2 semaines

>

Passez 3 jours à découvrir l'histoire mouvementée de Berlin. Remontez Unter den Linden depuis le Reichstag et la porte de Brandebourg pour gagner l'Île aux Musées. Vous y admirerez des chefs-d'œuvre réputés dans le monde entier (dont des tableaux de grands peintres romantiques comme Caspar David Friedrich). Contemplez la ville depuis le dôme du château de Charlottenburg, et faites un détour par Potsdam, à une demi-heure de Berlin, pour visiter le château Sanssouci de Frédéric le Grand.

>>

Prenez une voiture pour Leipzig, à 1 heure 15 au sud de Berlin, et restez-y deux belles journées pour vous plonger dans l'œuvre de Bach, à la Thomaskirche et au Bach-Museum.

>>>

À 1 heure 10 à l'est, Dresde vous retiendra au moins 2 jours. Admirez les collections de l'Albertinum, observez l'architecture extravagante du château de la Résidence, visitez le palais du Zwinger et ses musées, découvrez l'art de rue postcommuniste et la vie nocturne de l'Äussere Neustadt puis dégustez de bons vins blancs dans les vignobles entourant le château de Pillnitz.

>>>>

Mettez enfin le cap sur le sud-est, vers Bad Schandau (30 minutes en train). Partez en randonnée sur le Malerweg, au cœur de la Suisse saxonne et de ses curieuses formations rocheuses.

VOUS RESTEZ PLUS LONGTEMPS ?

Passez la frontière pour visiter la Suisse bohémienne, côté tchèque, qui possède elle aussi son lot de paysages pittoresques. Poursuivez jusqu'à Prague pour découvrir le patrimoine médiéval de la ville.

INFORMATIONS PRATIQUES

COMMENT S'Y RENDRE ET CIRCULER

Depuis Paris, un train direct par jour circule entre Paris et Berlin (compter 8 heures ; trajet de jour) via Strasbourg. Nombreux vols directs également. Depuis Berlin, les trains de la Deutsche Bahn permettent de rallier facilement Leipzig, de même que Dresde et Bad Schandau (certains trains poursuivent jusqu'à Prague en République tchèque).

QUAND PARTIR

La mi-saison, de mars à juin et en septembre-octobre, est idéale pour découvrir l'est de l'Allemagne : vous éviterez ainsi la foule et la chaleur estivale parfois étouffante de la Suisse saxonne.

À SAVOIR

La Deutsche Bahn propose le Deutschland-Ticket, un billet valable 1 mois permettant d'emprunter tous les transports locaux et régionaux du pays (hors compagnies privées et certains trains intercités).
Plus d'informations sur le site germany.travel/fr

EUROPE

Les capitales européennes *en* train

QUOI DE PLUS PRATIQUE, pour une tournée des capitales européennes, que de voyager en train ? On utilise au mieux son temps. On voit les paysages défiler par la vitre : les banlieues industrielles cédant la place à de vastes étendues verdoyantes, bientôt interrompues par de petites villes dont on aperçoit parfois l'architecture typique. En train de nuit ou en train de jour, on arrive directement au cœur des villes, sans avoir à attendre pour récupérer ses bagages. Et l'on peut voyager avec le pass Interrail, valable dans 33 pays.

Le plus dur sera de savoir par où commencer. Pourquoi pas par Amsterdam ? Desservie par l'Eurostar depuis la France et la Belgique, la capitale néerlandaise est également bien reliée aux pays voisins. Sur place, vous pourrez louer un vélo à la gare d'Amsterdam Centraal et longer les canaux bordés de *grachtenpanden* (maisons typiques) pour visiter l'émouvante maison d'Anne Frank et découvrir les merveilles de l'art flamand conservées au Rijksmuseum. Le soir, prenez un train de nuit European Sleeper (inclus dans le pass Interrail) et laissez-vous bercer par les cahots en rêvant des tournesols de Van Gogh.

Page de gauche : à vélo le long de l'Amstel à Amsterdam. *Ci-contre :* à Berlin, l'U-Bahn traverse le quartier de Friedrichshain-Kreuzberg. *Ci-dessous :* la bière, *la* boisson de Prague.

EN BREF

À TABLE !
Dégustez-la fameuse *Sachertorte* (génoise au cacao fourrée à la confiture d'abricot et nappée de chocolat) à l'Hotel Sacher de Vienne où elle fut créée par le chef Franz Sacher en 1832.

UNE BOISSON ?
Depuis que les Bénédictins commencèrent à la brasser en 993, la pilsner coule à flots à Prague. On en sert une très bonne à la taverne U Fleků, dont les plafonds voûtés datent du XVe siècle.

SE LOGER
Budapest est connue pour son architecture Art nouveau. Beaucoup de ses hôtels ont conservé le style exubérant de cette époque, notamment le Gresham, orné de ferronneries et vitraux d'origine.

UNE EXPÉRIENCE
L'East Side Gallery, dernier vestige du Mur de Berlin, témoigne du passé tourmenté de la ville. Le béton est couvert de fresques à l'humour assez noir, souvent politiques, et porteuses d'espoir. Arrivez tôt pour éviter la foule.

ACHATS
Depuis plus de 300 ans, le quartier De Negen Straatjes (littéralement "les neuf rues"), à Amsterdam, est connu pour ses ateliers d'art et d'artisanat. Aujourd'hui, on y trouve aussi des cafés et des boutiques vintage.

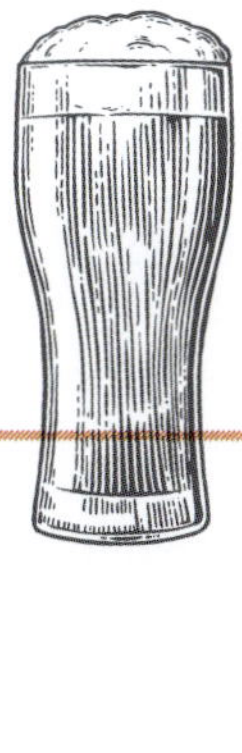

Souvenir de voyage

"Il faut que je vous présente la Trabi", me glisse Brano, mon guide, un sourire en coin. Nous sommes à l'orée de la vieille ville de Bratislava et le moyen de transport que nous nous apprêtons à prendre n'est pas banal : une antique Trabant (Trabi pour les intimes), la célèbre voiture de l'ère communiste.

"En marche ! Une petite prière", marmonne Brano en allumant le moteur. La voiture se met en branle. Je ressens chaque cahot sur la route qui nous éloigne du centre historique et de ses rues pastel. Notre visite est axée sur l'architecture brutaliste, un courant apparu dans les années 1950. Nous nous arrêtons face au bâtiment de la Radio slovaque, en forme de pyramide inversée, puis sillonnons le quartier de Petržalka, dont les tours ressemblent à une construction en Lego.

Bilan de notre circuit dans ma galerie photo : point d'églises romantiques ni de rues pittoresques, mais des statues revêches et des bâtiments sans grâce. Et pourtant, je ne me lasserai pas de les regarder une fois rentrée chez moi !

ANITA ISALSKA

Ci-contre : le musée d'Histoire naturelle, l'un des nombreux sites du MuseumsQuartier à Vienne. *Page de droite :* le Pont Charles à Prague.

Vous arriverez en gare de Berlin Hauptbahnhof au petit matin. Les transports en commun fonctionnent bien dans la capitale allemande, la plus peuplée de l'Union européenne. Profitez-en pour tout voir : les monuments de la Seconde Guerre mondiale et de la Guerre froide, la porte de Brandebourg, les marchés aux puces de la ville, les trésors de l'Île aux Musées et la vie nocturne débridée.

Le voyage continue vers Prague. La voie ferrée traverse un joli décor de forêts et de champs en longeant l'Elbe et la Vltava. Une fois sorti de la gare de Prague Hlvani, il suffit de marcher quelques minutes pour rejoindre Notre-Dame-de-Týn et le pont Charles, envahi de touristes. Il ne vous faudra pas chercher longtemps pour trouver une bonne pinte de bière (*pivo*).

À ce stade, vous aurez déjà amassé parmi vos souvenirs un trésor de petits canaux, de monuments baroques et d'œuvres d'art modernistes. Enrichissez-le encore en vous rendant à Vienne. Les palais et jardins ainsi que le MuseumsQuartier et ses 60 galeries installées dans les anciennes écuries impériales n'attendent que vous.

Un nouveau train, et vous voici bientôt à Bratislava, en Slovaquie. Les sites touristiques y sont moins nombreux, offrant une pause bienvenue au milieu de ce périple intense. Promenez-vous dans les rues colorées de la vieille ville, et prenez le temps de profiter des curiosités locales, notamment en admirant l'architecture brutaliste ou en dînant dans la soucoupe volante au sommet du pont Most SNP.

Après une semaine à arpenter rues pavées et musées labyrinthiques, Budapest conclura parfaitement votre aventure. Depuis des siècles, les voyageurs soulagent leurs pieds meurtris dans les eaux thermales de la capitale hongroise au cadre splendide. Admirez la vue sur la ville depuis les tourelles du Bastion des pêcheurs, ou sur le parlement de style néogothique depuis la place Batthyány… à moins que vous ne préfériez vous rendre dans l'imposante gare de Keleti. Après tout, qui a dit que le voyage devait se terminer ici ?

Page de droite : le canal de Groenburgwal à Amsterdam.

Itinéraire en 10 jours

>

Passez une journée à visiter les musées d'Amsterdam et à longer ses canaux à vélo. Après le dîner, prenez l'European Sleeper pour Berlin.

>>

Le 2e jour, votre train rejoint la capitale allemande à point nommé pour le petit déjeuner. Vous pourrez ensuite partir explorer les musées et les lieux historiques de la ville.

>>>

Après 2 nuits à Berlin, embarquez pour Prague (4 heures en train) tôt le matin afin d'arriver pour le déjeuner – qui se composera d'un jarret de porc, par exemple, ou d'un *smažený sýr* (fromage frit), arrosé d'une bière *Kozel*. Consacrez l'après-midi et la journée du lendemain à la visite de la vieille ville et profitez de la vie nocturne locale.

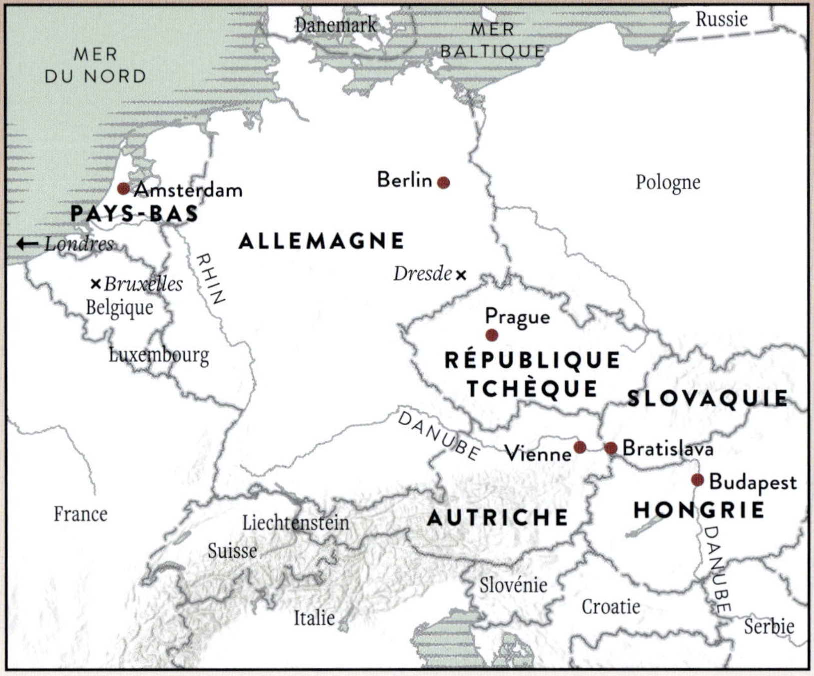

>>>>

Le 6e jour, mettez le cap sur Vienne (4 heures de train), où 1 jour et demi ne sera pas de trop pour remonter la Ringstrasse et découvrir les collections du MuseumsQuartier.

>>>>>

Le 8e jour, cap sur Bratislava (1 heure de train). Déambulez dans le centre, sillonnez la ville en Trabi ou visitez le château Devin. Le jour suivant, rejoignez Budapest (2 heures 30) et terminez votre périple européen aux Bains Széchenyi ou dans des bars-squats.

VOUS RESTEZ PLUS LONGTEMPS ?

Ajoutez une étape à Bruxelles au début de ce périple, avant Amsterdam. Si vous avez le temps, passez également une nuit à Dresde entre Berlin et Prague.

INFORMATIONS PRATIQUES

COMMENT S'Y RENDRE ET CIRCULER

Depuis la France, l'Eurostar permet de rejoindre facilement Bruxelles et Amsterdam. Un train direct quotidien ICE relie Paris à Berlin. Un train de nuit Nightjet relie Paris à Vienne. Le train de nuit European Sleeper relie Bruxelles à Prague via Amsterdam et Berlin.

QUAND PARTIR

L'été (juin-août) est la haute saison : la météo est alors favorable et la foule inévitable. Les touristes sont moins nombreux au printemps (mars-mai) et en automne (septembre-novembre). Si vous ne craignez pas les journées courtes et froides, venez en décembre pour profiter des marchés de Noël en sirotant un *Glühwein* (vin chaud aux épices). Réservez vos hébergements bien à l'avance pour les fêtes de fin d'année.

À SAVOIR

Le Pass Interrail Global permet, sans restriction d'âge, de voyager dans 33 pays européens. On peut opter pour les Pass continus (permettant de voyager sur 15 jours à 3 mois consécutifs) ou les Flexi Pass (on choisit un nombre de jours de voyage). Le pass suffit pour la plupart des trains locaux et régionaux, mais une réservation payante est souvent requise pour les trains internationaux, de nuit ou grande vitesse. Pensez à réserver le plus tôt possible !

Au-delà du Pass Interrail, réserver très à l'avance permet de profiter des meilleurs tarifs (jusqu'à 75% de réduction dans les trains de nuit !). Les moins de 26 ans voyagent à tarif réduit sur la plupart des trajets, et certains pays proposent des tarifs intéressants aux plus de 65 ans.

Plus d'informations sur les déplacements en train à travers l'Europe sur thetrainline.com ; pour le pass Interrail, consulter interrail.eu.

FINLANDE

La magie *de la* Laponie

Page de droite : des touristes sur des motoneiges en Laponie. *Ci-dessus :* un mode de transport plus traditionnel.

EN HIVER, LA LAPONIE RESSEMBLE À UNE BOULE À NEIGE grandeur nature. Les flocons recouvrent les forêts d'un blanc manteau, tacheté çà et là par la robe brune des rennes. Le Nord arctique de la Finlande incarne l'essence même de Noël – d'ailleurs, le Père Noël, le seul et unique, a son QG à Rovaniemi. Vous le trouverez dans une grotte scintillante, prêtant une oreille attentive aux souhaits de l'enfant qui sommeille en vous. Rennes volants, lutins confectionnant des pains d'épices, sapins de Noël dûment décorés sont aussi au rendez-vous...

La Laponie ne se résume pourtant pas à ces festivités. L'Arctique proprement dit se trouve à un jet de pierre (de boule de neige ?) de Rovaniemi. Et il suffit de s'aventurer un peu plus loin pour vivre des expériences enchanteresses : traverser la toundra sur un traîneau tiré par des huskies ou par des rennes, pêcher sous la glace d'un lac gelé par -20°C ou partir en raquettes en quête d'aurores boréales.

Bien sûr, il fait froid, mais quelques mètres de neige n'ont jamais empêché les Finlandais de sortir. Avec des vêtements

chauds et un thermos, vous serez paré pour skier sur la poudreuse des stations de Levi et Ylläs, délicieusement peu fréquentées, dévaler la plus longue piste de luge de Laponie à Saariselkä ou faire une balade à skis de fond dans le silence des forêts du parc national d'Urho Kekkonen, où se trouve la colline de Korvatunturi (486 m), qui serait la demeure spirituelle du Père Noël.

Pour un aperçu plus authentique de la Laponie, louez une cabane en rondins et découvrez les traditions du peuple

Souvenir de voyage

Dans le Grand Nord finlandais, près d'Utjoski, le jour prend congé en semant dans le ciel des touches de rose. La nuit tombe d'un coup, mais l'obscurité n'empêche pas les rennes de continuer à brouter leur lichen. Dans la tente lavvu, la lumière d'un feu éclaire les visages. Ce soir, nous mangerons un ragoût de renne arrosé de *glögi*, tandis que notre hôte sami nous régalera de récits et de chants *joik* rappelant les esprits d'ancêtres disparus.

KERRY WALKER

EN BREF

À TABLE !

Réchauffez-vous avec un *poronkäristys*, un sauté de renne, accompagné d'une purée de pommes de terre et de confiture d'airelles.

UNE BOISSON ?

Le glögi est un vin chaud parfumé d'épices, de jus de baies, de cannelle, de clous de girofle et de cardamome.

SE LOGER

Logez dans une cabane en rondins samie traditionnelle, un igloo ou un dôme à toit de verre pour observer les aurores boréales.

UNE EXPÉRIENCE

Vivez un vrai conte de Noël en traversant une forêt gelée à bord d'un traîneau tiré par des rennes.

Ci-dessus : aurores boréales dans les environs de Saariselkä, Finlande.

autochtone des Samis. Ces éleveurs de rennes sont présents dans la toundra et les collines de l'Arctique depuis des millénaires. Leur culture est bien présente dans les étendues sauvages du parc national de Pallas-Yllästunturi, à l'ouest du pays et dans les villages reculés du nord comme Utsjoki et Nuorgam, près de la frontière norvégienne. À Inari, capitale samie de la Finlande sur les berges du lac du même nom, vous pourrez visiter un élevage de rennes et le musée Siida pour en apprendre plus sur les coutumes locales.

INFORMATIONS PRATIQUES

COMMENT S'Y RENDRE ET CIRCULER

Depuis Helsinki, Rovaniemi, porte d'entrée de la Laponie finlandaise, est accessible en avion ou en train. Des vols Finnair desservent également Kittilä (d'où l'on rejoint Levi et Ylläs). Le réseau de transports sur place est peu développé : mieux vaut louer une voiture (avec pneus neige et chaînes).

QUAND PARTIR

La Laponie se visite toute l'année, mais elle est particulièrement enchanteresse l'hiver. Vols et hébergements sont très chers en décembre (Père Noël oblige), mais la période de novembre à avril est idéale pour profiter de la neige et des aurores boréales.

À SAVOIR

N'oubliez pas de vous munir de vêtements adaptés au froid glacial. Pour la haute saison, il est fortement recommandé de réserver bien à l'avance - plusieurs mois, pour une visite au Père Noël en décembre. *Plus d'informations sur le site visitfinland.com/fr*

Itinéraire en 1 semaine

>

Commencez par 2 jours à Rovaniemi, sur le cercle polaire, pour rencontrer le Père Noël et ses lutins. Prenez votre temps : la nature et la neige se trouvent aux portes du village. Vous pourrez en profiter en motoneige ou en traîneau.

>>

Passez la nuit dans un igloo à toit de verre à l'Apukka Resort, avant de prendre la route pour Ylläs, à 2 heures de voiture au nord. Cette adorable station, peu fréquentée, bénéficie d'un bon enneigement, de 7 pistes de ski, de chalets confortables et de la seule télécabine-sauna au monde.

>>>

Depuis Ylläs, comptez 3 heures pour atteindre Saariselkä, où vous trouverez la plus longue piste de luge de Laponie et pourrez faire des balades à skis de fond à l'écart de la foule dans le parc national d'Urho Kekkonen.

>>>>

Roulez 1 heure en direction du nord pour rejoindre Inari, siège du parlement sami et du musée Siida, très instructif. Pour approfondir votre découverte de la culture samie, empruntez une motoneige et visitez l'élevage de rennes de Petri Mattus.

VOUS RESTEZ PLUS LONGTEMPS ?

Continuez jusqu'à Nuorgam, le village le plus septentrional de Finlande, pour goûter au silence des grandes étendues sauvages.

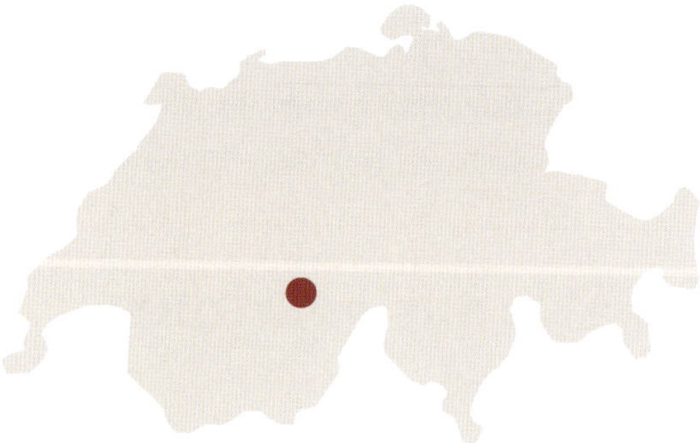

SUISSE

Les Alpes *vues de la* Jungfrau

Ci-dessus : la raclette, une spécialité locale, ici servie sur un croissant.

DISTILLANT MILLE NUANCES DE ROSE, les premières lueurs du jour glissent sur les sommets de la Jungfrau et de sa région comme dans une toile de maître. Les pics, les forêts et la fumée qui monte des chalets se découpent si parfaitement sur le ciel d'hiver qu'ils semblent irréels. À mesure que le téléphérique s'élève au-dessus de Grindelwald, le paysage vire au grandiose. Au loin brille la face nord de l'Eiger, sommet de légende pour les alpinistes. D'ici, la montagne paraît tellement proche qu'on craint presque que la télécabine ne la percute.

Parvenu au glacier de l'Eiger, troquez le téléphérique contre le train rouge du chemin de fer de la Jungfrau, qui franchit glace et roche depuis 1912. Destination le col du Jungfraujoch, où se trouve, à 3 454 m la gare la plus haute d'Europe. Là, l'observatoire du Sphinx offre une vue imprenable sur les Alpes suisses, semblables à une mer ondulée de sommets, et sur le glacier d'Aletsch, le plus long de la chaîne (23 km). La vue est de toute beauté, et encore plus lorsqu'on laisse derrière soi la foule pour se frayer un passage dans la neige jusqu'au refuge Mönchsjochhütte. Restez-y pour un bol de goulasch, voire pour

Souvenir de voyage

Le téléphérique s'élève au-dessus de Grindelwald, enveloppé d'un tourbillon de flocons qui bouchent la vue sur l'Eiger. À l'arrivée, plus de 2 heures de marche m'attendent. Traînant ma luge derrière moi, je me repère grâce au sommet du Faulhorn et sue à grosses gouttes, mais le jeu en vaut la chandelle : arrivée en haut, je n'aurai plus qu'à dévaler à travers la forêt les 15 km du "Big Pintenfritz", l'une des plus longues pistes de luge au monde.

KERRY WALKER

EN BREF

À TABLE !

Raclette ou fondue, offrez-vous un festin de fromage dans un chaleureux refuge de montagne.

UNE BOISSON ?

Le *Heuschnaps* est une liqueur distillée dans les fermes, à l'arôme sucré et floral, avec une touche de foin et d'herbes des alpages.

SE LOGER

Installez-vous dans une *Berghütte* (refuge de montagne) avec vue sur l'Eiger et les bouquetins.

UNE EXPÉRIENCE

Dévalez les pentes enneigées sur un *Velogemel*, une drôle de petite luge aux allures de vélo.

Ci-dessus : en route pour une partie de luge à Grindelwald, au pied de l'Eiger.

une nuit : vous côtoierez les alpinistes qui partiront à l'assaut des sommets aux aurores.

Surplombée par l'Eiger (l'Ogre), le Mönch (le Moine) et la Jungfrau (la Vierge), la région de la Jungfrau est tout bonnement spectaculaire. Dame Nature l'a pourvue de tous les atouts : montagnes vertigineuses, pics coiffés de glaciers, chutes d'eau (72, exactement) dégringolant dans la vallée de Lauterbrunnen, prairies fleuries où tintent les clarines, tout ici semble sorti d'un livre d'Heidi. Et les charmants villages de Wengen, Mürren et Grindelwald, perchés sur leurs falaises, complètent le tableau.

Difficile d'imaginer décor plus exaltant pour des équipées sportives. Randonnée de refuge en refuge, VTT, tyrolienne, parachutisme, escalade sur glace, randonnée sur glacier, ski hors piste, luge ou *Velogemel* (sorte de vélo de bois à patins, proche d'une luge, et typique des environs de Grindelwald) : la région de la Jungfrau, par tous les temps, promet des expériences intenses.

Ci-dessus : la First Cliff Walk, une passerelle panoramique près de Grindelwald, offre une vue imprenable.

INFORMATIONS PRATIQUES

COMMENT S'Y RENDRE ET CIRCULER

À 2 heures de train de Zurich, Interlaken est un important nœud ferroviaire, comptant de nombreuses correspondances vers la région de la Jungfrau. Si vous prévoyez de vous déplacer beaucoup, investissez dans un Jungfrau Travel Pass : vous bénéficierez de trajets illimités pendant 3 à 8 jours, en plus d'une réduction sur le trajet jusqu'au col de Jungfraujoch. En hiver, différents forfaits permettent d'accéder aux domaines skiables de la région.

QUAND PARTIR

Venez entre décembre et mars pour profiter des sports d'hiver (skis, luge, raquettes) ou en été (mi-juin à mi-septembre) pour la randonnée, le VTT et les sports d'aventure.

À SAVOIR

Emportez de bonnes chaussures de marche et des vêtements adaptés à la haute montagne. En haute saison, pensez à réserver vos activités et équipements.

Plus d'informations sur le site jungfrau.ch/fr-ch

Itinéraire en 1 semaine

>

Tous les trains passent par Interlaken, plaque tournante de la région de la Jungfrau. Le cadre exceptionnel et les activités de plein air méritent largement que vous y passiez la journée. Essayez-vous au rafting ou au saut à l'élastique, puis initiez-vous à la fabrication de chocolat au Funky Chocolate Club.

>>

Charmant village donnant sur l'Eiger, Grindelwald vous attend à 30 minutes en train. Restez-y 3 jours, le temps de profiter des possibilités de randonnée, des pistes de ski, des tyroliennes et du karting, sans oublier la piste de luge du "Big Pintenfritz". Montez à bord du téléphérique Eiger Express pour découvrir une vue renversante sur les Alpes suisses et le glacier d'Aletsch, un avant-goût du Jungfraujoch.

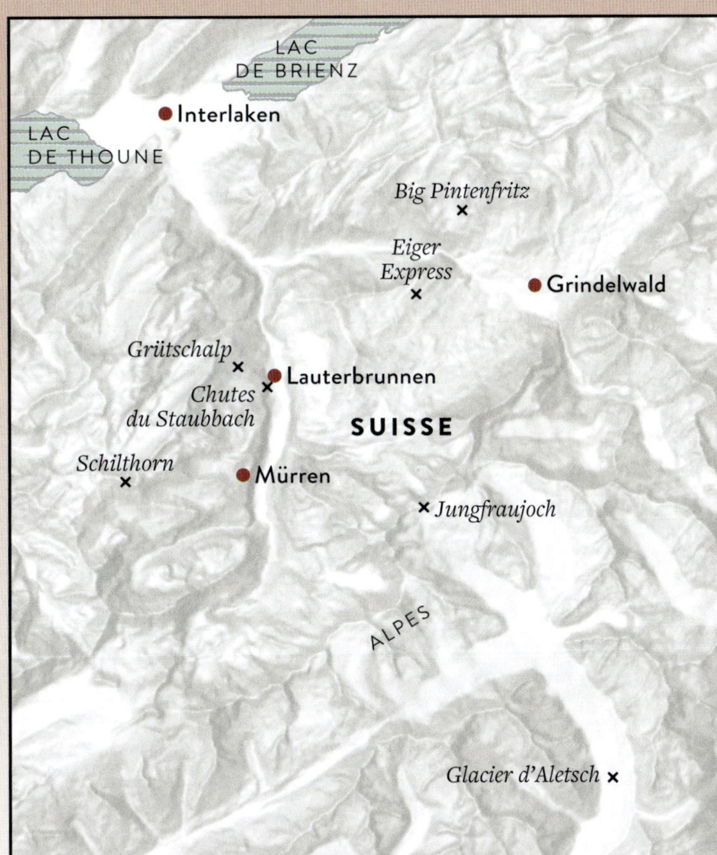

>>>

Depuis Grindelwald, prenez le train pour Lauterbrunnen (30 minutes) et passez la journée à admirer les cascades et les falaises. Enveloppées de brume, les chutes du Staubbach (297 m) furent célébrées par Lord Byron et Goethe. De Lauterbrunnen, un téléphérique traverse la vallée jusqu'à Grütschalp, où un train vous emmène en 20 minutes au beau village de Mürren.

VOUS RESTEZ PLUS LONGTEMPS ?

Accordez-vous une excursion d'une journée au Schilthorn (2 970 m) et à son restaurant panoramique, rendus célèbres par James Bond dans *Au service secret de Sa Majesté*.

CROATIE

Voir *les* merveilles *de* l'Adriatique

Page de droite : le centre historique de Dubrovnik vu depuis les remparts de la ville.
Ci-dessus : la vieille ville de Rovinj en Istrie.

LA CÔTE ADRIATIQUE ET SES INNOMBRABLES ÎLES – plus de 1 100 au total, éparpillées comme des perles sur les eaux bleues de la mer – sont emblématiques de la Croatie. Chaque île possède sa personnalité, ses traditions et son folklore. Sur certaines, on trouve des forêts verdoyantes, d'autres sont quasi désertes, mais toutes ont pour écrin un littoral ciselé de criques, de falaises et de baies, avec ici et là des plages de sable d'où contempler des couchers de soleil envoûtants.

On découvre sur ces îles des villages ruraux, des ports de pêche et de petites villes historiques où les églises romanes et les *palazzi* vénitiens côtoient des façades de l'époque des Habsbourg et des murailles médiévales. Le cadre naturel se compose d'oliviers, de vignobles, de lavande et d'étendues rocheuses, un paysage agricole qui n'a parfois pas changé depuis la Grèce antique. La nourriture est délicieuse, le vin local abondant, et l'histoire omniprésente avec plusieurs sites classés au Patrimoine mondial de l'Unesco et des

Souvenir de voyage

J'ai découvert pour la première fois le littoral croate et ses îles à la fin des années 1990. Depuis, j'y suis retourné très souvent, sans jamais m'en lasser. L'un de mes séjours à Zadar me reste particulièrement en mémoire : après avoir flâné dans la vieille ville, je me suis arrêté sur le front de mer, subjugué. Bercé par le son des vagues qui caressaient les marches de calcaire, j'ai contemplé le soleil couchant, qui découpait la silhouette des îles sur le ciel et l'eau devenus semblables à de l'or liquide.

RUDOLF ABRAHAM

EN BREF

À TABLE !
Goûtez un plat cuisiné à la *peka* (braisé sous une cloche entourée de charbons ardents).

UNE BOISSON ?
Laissez-vous tenter par les vins d'Istrie, parmi les meilleurs de Croatie, en particulier les malvoisies (*malvazija*).

SE LOGER
Séjournez dans des hôtels de charme. Certains sont flambant neufs, d'autres sont installés dans d'anciens palais médiévaux.

UNE EXPÉRIENCE
Offrez-vous une virée en kayak, un excellent moyen d'explorer les côtes rocheuses des îles.

collines rocheuses propices à de belles promenades. Les nombreux kilomètres de côtes permettent de se baigner ou de surfer dans l'une des eaux les plus claires d'Europe.

Parmi les îles au nord, Rab possède une vieille ville magnifique, tandis que Pag est connue pour son paysage lunaire et ses marais salants. Au centre de la Dalmatie, la région côtière du sud du pays, l'île de Brač est réputée pour sa plage, Zlatni Rat, et l'île de Hvar pour ses vieilles places pleines de charme et son chapelet d'îlots. Plus au sud, Vis est appréciée pour son vieux port, fondé par les Grecs antiques, et Korčula pour sa ville fortifiée. En Istrie, péninsule située au nord-ouest de la Croatie, Rovinj, imprégnée de culture italienne, déploie ses ruelles et ses façades colorées autour d'un campanile de style vénitien. Poreč abrite de remarquables mosaïques byzantines dans sa basilique euphrasienne, tandis que Pula peut se targuer de posséder l'un des plus grands amphithéâtres romains au monde. Au sud du pays, à Split, le palais de Dioclétien est si intimement intégré à la ville qu'on saisit à peine que l'on est en train de déambuler dans des vestiges de l'époque romaine. Quant à la ville fortifiée de Dubrovnik, son quartier médiéval, ses églises baroques et ses places coquettes lui valent le surnom de Perle de l'Adriatique.

Page de droite, en haut : cour du palais de Dioclétien à Split ; *en bas :* dégustation de vin au vignoble Benvenuti, en Istrie.

Itinéraire en 2 semaines

>

Passez 2 jours à Rovinj, et prenez le bus pour Poreč où vous pourrez visiter la basilique euphrasienne, puis pour Pula et ses ruines romaines.

>>

Poursuivez votre voyage en bus jusqu'à Rijeka. De là, rejoignez Rab puis Pag en catamaran. Prenez ensuite le bus pour Zadar. (Autre possibilité : prendre un catamaran de Pula à Zadar en faisant étape sur l'île de Lošinj). Flânez dans la vieille ville de Zadar, puis attrapez un bus pour Split. Prévoyez de rester 2 jours sur place pour explorer le palais de Dioclétien, mais aussi la ville voisine de Trogir, dont la cathédrale figure au Patrimoine mondial de l'Unesco.

>>>

Rejoignez en bateau les îles de Brač, Vis, Hvar et Korčula.

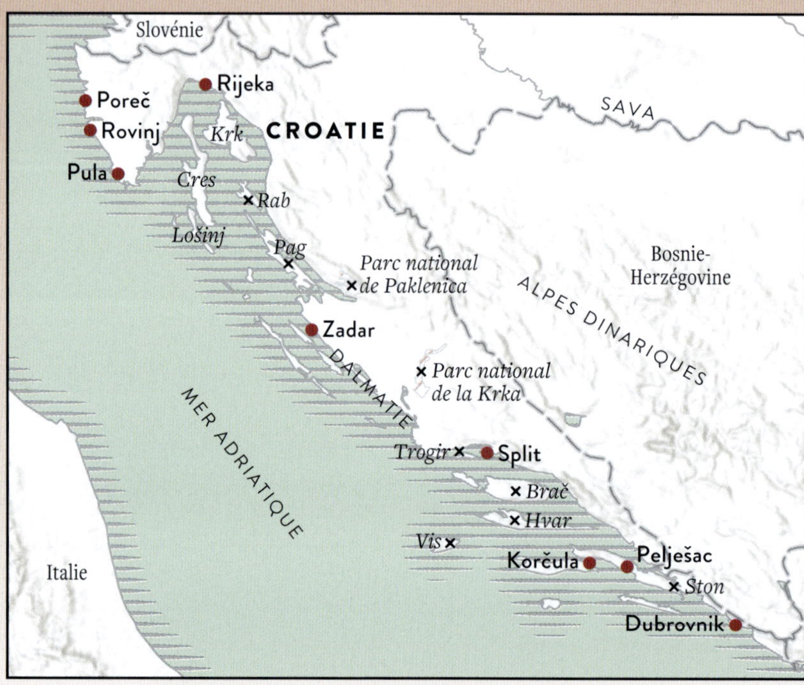

>>>>

De Korčula, sautez dans un bateau pour la péninsule de Pelješac, puis dans un bus pour Dubrovnik. Arrêtez-vous à Ston, célèbre pour ses remparts médiévaux remarquablement conservés– et ses huîtres. Prévoyez au moins 2 jours pour visiter Dubrovnik comme elle le mérite : montez sur les remparts en début de matinée, avant la foule et les grandes chaleurs.

VOUS RESTEZ PLUS LONGTEMPS ?

Partez explorer les parcs nationaux de Paklenica et de la Krka, au départ de Zadar, pour découvrir certains des plus beaux paysages de Croatie : gorges et montagnes spectaculaires pour le premier, splendides chutes d'eau pour le second.

INFORMATIONS PRATIQUES

COMMENT S'Y RENDRE ET CIRCULER

La côte croate compte plusieurs aéroports internationaux, comme à Zadar, Split et Dubrovnik (vols directs depuis la France). Les voyageurs arrivant à Zagreb peuvent rejoindre Rijeka et Split en train. Un réseau de bus sillonne le littoral, certains allant même jusque sur les îles. Les ferrys de la compagnie publique Jadrolinija desservent les principales îles depuis Rijeka, Zadar, Split et d'autres ports, et assurent la liaison entre certaines îles. Sur place, vous trouverez des bus et des vélos de location.

QUAND PARTIR

Le printemps et l'automne sont les meilleures saisons pour visiter la Croatie. Le littoral et les îles sont bondés en août (et les températures sont très élevées).

À SAVOIR

Emportez une gourde pour ne pas acheter d'eau en bouteille : les capacités de recyclage des îles sont limitées, et le plastique risque fort de finir en décharge.

Plus d'informations sur le site croatia.hr

SLOVÉNIE

Partir *sur les* sentiers *du* Juliana Trail

LE JULIANA TRAIL, C'EST UN PARCOURS de 270 km à travers les Alpes juliennes, en Slovénie, autour du mont Triglav. Le mont "à trois têtes" est le plus haut sommet du pays (2 864 m), celui que chaque Slovène, dit-on, est censé gravir au moins une fois dans sa vie. Pourtant, le Juliana Trail n'y grimpe jamais : il invite plutôt les randonneurs à explorer les reliefs qui l'environnent – une véritable ode à la lenteur et au voyage durable. Les paysages sont splendides : les crêtes et les cols offrent une vue impressionnante sur les montagnes alentour, sur les gorges et les vallées, les chutes d'eau, les pâtures, les vignobles... Les villages et petites villes qui parsèment l'itinéraire sont autant d'étapes toutes trouvées pour faire halte la nuit. Le Juliana Trail passe par quelques sites incontournables, comme le lac de Bled et le lac de Bohinj, mais il invite surtout les marcheurs à découvrir des vallées et plateaux moins fréquentés – et pourtant tout aussi beaux.

EN BREF

À TABLE !
Goûtez au meilleur de la cuisine slovène au restaurant Hiša Franko de Kobarid, triple étoilé Michelin.

UNE BOISSON ?
Les vins de la région de Goriška Brda sont exceptionnels.

À SAVOIR
Téléchargez les cartes du Juliana Trail pour les consulter hors ligne. Les départs de sentiers sont facilement accessibles en transports en commun. La randonnée se pratique de mai à octobre.

GRÈCE

Une croisière *dans* *les* îles Ioniennes

EN BREF

À TABLE !
Dégustez une *pastitsada*, bœuf ou coq mijoté au vin rouge et aux épices, servi avec des pâtes.

UNE BOISSON ?
La liqueur de kumquat, spécialité de Corfou, à la belle robe ambrée.

À SAVOIR
Des compagnies de ferrys comme Kerkyra Lines et Levante Ferries assurent la traversée durant la haute saison (avril-septembre). *Plus d'informations sur le site visitgreece.gr*

LE FERRY FILE SUR LA MER CALME, dessinant de douces rides sur la surface de l'eau. Des montagnes plantées de pins surplombent des criques en forme de coquillage. Un joyeux murmure s'élève des terrasses des *kafenios* et des tavernes du port bordé de maisons vénitiennes pastel, plus charmantes les unes que les autres. Au sommet d'une colline peuplée de chèvres, la cloche d'un monastère retentit, et le temps semble suspendu. La Grèce compte quelque 6 000 îles, mais l'archipel ionien, géographiquement plus proche du sud de l'Italie que d'Athènes, a un caractère bien à lui. Ici, les îles, longtemps sous domination vénitienne, gardent le souvenir des récits d'Homère (Ithaque, dont Ulysse était le roi, fait partie de l'archipel). Restez-y une semaine ou deux et voyagez d'île en île. Après Corfou et sa vieille ville fortifiée, rejoignez les oliveraies de Paxos, puis mettez le cap au sud pour rejoindre Leucade, la légendaire Ithaque et ses sentiers oubliés, Céphalonie et ses montagnes sauvages, ou Zante aux falaises escarpées.

TURQUIE

Odyssée égéenne

Page de droite : ferrys sur la Corne d'or à İstanbul. *Ci-dessus :* étal d'épices sur un marché.

DES MOUETTES S'ÉLÈVENT DANS LE CIEL tandis que l'appel à la prière monte depuis les mosquées d'İstanbul. Les vendeurs du Grand Bazar attirent le chaland, les ferrys quadrillent le Bosphore et les foules envahissent İstiklal Caddesi, l'artère principale de la ville. Les vestiges des grands empires du passé sont partout, et pourtant la sollicitation de tous les sens, dans l'ancienne capitale ottomane, maintient les visiteurs dans l'instant présent. On trouve bien sûr quelques havres de paix – les galeries supérieures de Sainte-Sophie (Aya Sofya), la fraîcheur de la citerne-basilique de l'empereur Justinien, les hammams, les toits où prendre un petit déjeuner – mais après quelques jours, il se peut que vous ressentiez le besoin de quitter la ville.

Disputé aux Alliés par Atatürk en 1915, le détroit des Dardanelles relie la mer de Marmara, au sud d'İstanbul, à la mer Égée, à l'ouest. Les circuits au départ du village de pêcheurs d'Eceabat, sur la péninsule de Gallipoli, et de Çanakkale, centre universitaire sur la rive asiatique, permettent de découvrir les plages où périrent 500 000 soldats australiens, néozélandais et turcs pendant la Première Guerre mondiale. Elles sont aujourd'hui un haut

Souvenir de voyage

J'ai visité la Turquie pour la première fois il y a 25 ans, à la fin d'une odyssée ferroviaire à travers l'Europe se concluant à İstanbul. Je me revois savourer un *çay* (thé) sur la terrasse de mon auberge de jeunesse, griffonnant dans mon carnet de voyage tout en observant les ferrys qui rejoignaient la rive asiatique. Je n'avais plus d'argent, mais j'aimais l'idée d'achever mon périple entre deux continents.

Ayant repéré sur la carte quelques sites prometteurs en mer de Marmara, j'ai attrapé un ferry pour les îles des Princes, qui servirent de lieu d'exil pour les héritiers ottomans trop turbulents. Il faisait très chaud, et je n'avais guère avec moi qu'une bouteille d'eau et quelques baklavas lorsque je suis arrivé de l'autre côté de l'île. Un vieil homme me fit monter dans son *fayton*, une carriole couverte tirée par des chevaux. Il ne souhaitait pas que je le rémunère : il semblait ravi de faire son entrée sur la place du village avec un *yabancı* (étranger) à bord. Ce fut ma toute première expérience de l'hospitalité turque.

JAMES BAINBRIDGE

EN BREF

À TABLE !
Adoptez les habitudes locales : mangez des mezze chauds ou froids achetés à un vendeur ambulant, notamment des légumes *zeytinyağlı* (sautés à l'huile d'olive) et des *dolma* (farcis au riz ou à la viande).

UNE BOISSON ?
Le *çay*, thé noir sucré servi dans des verres en forme de corolle, vous requinquera entre deux visites.

SE LOGER
Goûtez à l'hospitalité turque avec un généreux *kahvaltı* (petit déjeuner) dans une *pansiyon* (pension) familiale ; certaines sont de simples chambres d'hôtes, d'autres de véritables boutiques-hôtels.

UNE EXPÉRIENCE
Pour vous faire une idée de ce qu'était la côte égéenne à l'apogée d'Éphèse, visitez les sites antiques de Priène et Milet, deux cités portuaires aujourd'hui en ruine, et le grand temple d'Apollon de Didymes, à Didim.

ACHATS
Les amulettes en forme d'œil bleu que vous verrez dans tous les hôtels, et que les Turcs appellent *nazar boncuk* (mauvais œil), sont des talismans censés repousser les mauvais esprits.

ISLAMIC
INFORMATION

© FARRIS NOORZALI / SHUTTERSTOCK

“Les vestiges des grands empires du passé sont partout, et pourtant la sollicitation de tous les sens, dans l’ancienne capitale ottomane, maintient les visiteurs dans l’instant présent.”

Page de gauche : la salle de prière de la Mosquée bleue d’İstanbul.

lieu de mémoire. En poursuivant vers le sud, on découvre un littoral intact et un arrière-pays planté d'oliviers, avant de rejoindre Behramkale. Ce village coincé entre une colline et un port fut dans l'Antiquité la cité grecque d'Assos où Aristote, Alexandre le Grand et saint Paul firent étape. On y trouve encore un temple dédié à Athéna, d'où l'on peut voir le soleil se coucher sur l'île grecque toute proche de Lesbos. De l'autre côté de la baie d'Edremit, la vieille ville d'Ayvalık, évoque un pan plus récent de l'histoire de la région : les Grecs, qui l'habitaient majoritairement jusqu'à la guerre d'Indépendance turque, furent contraints dans les années 1920 d'échanger leurs maisons avec des familles musulmanes de Lesbos, qui elles-mêmes durent commencer une nouvelle vie à Ayvalık.

Acheter de l'huile d'olive dans les ruelles pavées, boire un raki anisé pour accompagner un plat de poisson en front de mer, visiter l'île de Cunda (ou Alibey) : l'expérience égéenne se décline de mille façons. Au cœur de l'antique Pergame, à l'intérieur des terres, la vie quotidienne se déroule entre salons de thé et bazar, à l'ombre d'une acropole haute comme le ciel et d'un théâtre à flanc de colline.

Le voyage dans le temps se poursuit dans le port d'Éphèse, jadis la quatrième ville de l'Empire romain et la capitale de l'Asie Mineure. Sur les pas de Cléopâtre et Marc Antoine, descendez la voie des Curètes, de la porte d'Hercule (IVe siècle), qui interdisait aux chars l'accès à la rue piétonne, jusqu'à la bibliothèque de Celsius, où étudièrent plusieurs générations de penseurs. Avec ses dalles et ses piliers de marbre, la voie des Curètes était l'İstiklal Caddesi de l'époque – sauf que les touristes s'y promenaient alors en toge.

Page de droite : les ruines romaines de la bibliothèque de Celsius, dans la cité portuaire antique d'Éphèse.

Itinéraire en 2 semaines

>

Prévoyez 1 semaine pour visiter les principaux monuments d'İstanbul, témoins des époques byzantine et ottomane. À eux seuls, Sainte-Sophie, le Grand Bazar, la Mosquée bleue et le palais de Topkapı vous occuperont au moins 2 jours. Remontez le Bosphore qui sépare l'Asie et l'Europe, faites des emplettes au marché aux épices, admirez la vue sur la Corne d'or depuis la tour de Galata et dégustez des mezze dans le quartier contemporain de Beyoğlu.

>>

Louez une voiture ou participez à un circuit organisé le long de la mer de Marmara pour découvrir les sites des bataille de la Première Guerre mondiale sur la péninsule de Gallipoli, à 4 heures d'İstanbul.

>>>

Au-delà des Dardanelles, comptez 2 heures vers le sud, le long de la côte égéenne, pour rejoindre Behramkale et son temple à Athéna (VIe siècle av. J.-C.). Consacrez 2 jours à ce village et 2 autres à Ayvalık et à sa vieille ville grecque. Passez la nuit à Bergama, où se trouvent une acropole classée au Patrimoine mondial et le sanctuaire d'Asclépios.

>>>>

Depuis Bergama, rejoignez le centre urbain d'Izmir puis poursuivez vers le sud pour atteindre la ville de Selçuk et le site antique d'Éphèse. Consacrez au moins 2 jours à Éphèse et aux autres sites des environs.

VOUS RESTEZ PLUS LONGTEMPS ?

À 3 heures de route au sud de Selçuk se trouve la ville balnéaire d'Akyaka, entre plage et montagne. Passez-y plusieurs jours à explorer les péninsules de Datça et Bozburun.

INFORMATIONS PRATIQUES

COMMENT S'Y RENDRE ET CIRCULER

Les vols réguliers desservent généralement l'aéroport international d'İstanbul, mais certains vols low cost atterrissent à Sabiha Gökçen, sur la rive asiatique de la ville. Des vols directs desservent Izmir et Bodrum-Milas depuis la France.

Les transports publics, taxis et circuits guidés ne manquent pas dans İstanbul ; pour découvrir les sites hors de la ville, mieux vaut louer une voiture ou participer à un circuit organisé. Le réseau routier est bien entretenu, et assez sûr si vous êtes prudent au volant. Le réseau de transport intercités est efficace, et comprend cars, *dolmuş* (minibus ruraux) et trains reliant İstanbul à Selçuk en passant par Izmir. Des ferrys rapides assurent la traversée de la mer de Marmara depuis İstanbul Yenikapı jusqu'à Bandırma – une autre manière de découvrir la région égéenne.

QUAND PARTIR

Privilégiez le printemps (avril-mai) et l'automne (septembre-octobre) pour éviter la foule estivale. Pendant le jeûne du ramadan, les services sont perturbés.

À SAVOIR

De nombreux tour-opérateurs proposent des circuits sur la côte égéenne depuis İstanbul. Ils passent souvent par la péninsule de Gallipoli et peuvent continuer jusqu'à Éphèse. *Plus d'informations sur le site goturkiye.com*

ITALIE

Sur les traces *de la* Renaissance *en* Toscane

DANS *L'ENFER*, LUCIFER ENTOURÉ de démons dévore les pécheurs en une scène grotesque ; dans *Le Triomphe de la Mort*, on croirait presque entendre les hurlements des damnés. Ces fresques merveilleuses et troublantes furent exécutées entre 1336 et 1341 par le peintre italien Buonamico Buffalmacco. Elles ornent le cloître du cimetière monumental de la Piazza dei Miracoli à Pise, construit, raconte-t-on, sur des morceaux de terre du Golgotha ramenés des croisades – de quoi accentuer l'ambiance mystérieuse des lieux. On est, avec l'art pisan, dans les prémices de la fièvre d'innovation artistique et intellectuelle qui caractérisera la Renaissance.

À 85 km à l'est de Pise, Florence, capitale de la Toscane, fut l'épicentre de cette effervescence. Du XVe au XVIIIe siècle, la puissante dynastie des Médicis y domina la vie politique. La famille contrôlait la *signoria* (le gouvernement de la ville) et détenait la banque la plus puissante d'Europe. Sous le patronage éclairé de Côme l'Ancien (1389-1464) et Laurent le Magnifique (1449-1492), les arts connurent un véritable âge d'or. Exprimant un intérêt renouvelé pour l'Antiquité

Page de gauche : l'étrange inclinaison de la tour de Pise est due à ses fondations instables. *Ci-contre :* la Piazza del Duomo et la cathédrale de Florence. *Ci-dessous :* une entrecôte à la florentine, traditionnellement grillée sur la braise.

EN BREF

À TABLE !

Dévorez une succulente *bistecca alla fiorentina* (entrecôte saignante cuite sur la braise) dans une trattoria florentine.

UNE BOISSON ?

Dégustez un café ou un Spritz au Vasari Caffè, adresse historique sous les portiques de la Piazza Grande d'Arezzo.

SE LOGER

Le *centro storico* (centre historique) de Florence est doté de plusieurs boutiques-hôtels très chics, installés dans des *palazzi* (palais) de la Renaissance.

UNE EXPÉRIENCE

Mêlez-vous aux Florentins pour une *passeggiata* (promenade de début de soirée) sur la Via de Tornabuoni, élégante artère commerçante bordée de demeures Renaissance. Terminez par un panini à la truffe arrosé de prosecco au Procacci 1885.

ACHATS

Ne repartez pas sans un *panforte*, ou pain de Sienne (gâteau compact aux fruits confits et aux noix), de chez Il Magnifico, une pâtisserie à l'ancienne dirigée par Lorenzo Rossi, élu meilleur artisan de la ville.

Souvenir de voyage

Si l'on m'avait affirmé qu'un escalier me ferait un jour fondre en larmes, j'aurais eu du mal à le croire. Un tableau de Botticelli à la Galerie des Offices de Florence, peut-être ; la contorsion des corps dans *L'Enlèvement des Sabines* sculpté par Gianbologna, sur la Piazza della Signoria, très certainement. Mais une simple volée de marches, jamais !

L'escalier en question, sculpté en 1542 par Michel-Ange pour la bibliothèque privée des Médicis, est habituellement fermé au public. J'étais donc ravie de pouvoir accéder à ce chef-d'œuvre méconnu. Le chemin qui y menait, sous les orangers du cloître paisible de la Basilica di San Lorenzo, me laissa sans voix. Puis j'aperçus cette envolée de pierre de grès gris foncé qui emplissait le vestibule, comme un sobre prélude à la Salle de Lecture. J'imaginai les quelque 11 000 manuscrits anciens attendant en haut de l'escalier, les décorations inspirées de Botticelli, Cimabue et d'autres maîtres, toutes incarnant l'ampleur du renouveau intellectuel de la Renaissance. C'est alors que l'émotion s'empara de moi, jusqu'aux larmes !

NICOLA WILLIAMS

“Des flots de visiteurs se pâment devant la plus grande collection au monde d’art de la Renaissance à la Galerie des Offices.”

Ci-contre : la Galerie des Offices à Florence regorge de chefs-d’œuvre. *Page de droite :* les arches médiévales du Ponte Vecchio enjambent l’Arno.

classique, des artistes toscans comme Michel-Ange, Botticelli et Domenico Ghirlandaio furent invités à Florence. Depuis, des flots de visiteurs marchent sur leurs pas pour admirer la coupole du Duomo due à l'architecte Brunelleschi, pour se pâmer devant la plus grande collection au monde d'art de la Renaissance à la Galerie des Offices, et s'émerveiller devant des fresques des XVe et XVIe siècles, à la fois chroniques sociales et œuvres d'art sacré. Le clou de ce programme est certainement le *David* de Michel-Ange : cet emblème de la Renaissance attire toujours d'interminables files de visiteurs devant la Galleria dell'Accademia, venus contempler sa plastique impeccable.

La vigueur artistique de l'époque s'étendit bien au-delà de Florence jusqu'à d'autres villes de Toscane. C'est Giorgio Vasari (1511-1574), architecte, peintre et historien de l'art, originaire d'Arezzo, qui popularisa le premier le terme italien de *Rinascimento* (Renaissance) pour décrire cette période exceptionnelle. Son ancienne demeure, devenue le Museo di Casa Vasari, permet de mieux le connaître : sa *Vie des artistes* (1550) est considérée par beaucoup comme la "Bible de la Renaissance italienne". C'est aussi depuis cette époque que le sol du Duomo de Sienne s'orne de splendides mosaïques ; profitez d'une visite guidée de la cathédrale pour les admirer depuis la Porta del Cielo (porte du Ciel). Émotion garantie !

Ci-dessus : la Piazza del Campo, au cœur de Sienne (Toscane).

INFORMATIONS PRATIQUES

COMMENT S'Y RENDRE ET CIRCULER

Des vols directs desservent, depuis la France, les aéroports de Florence et de Pise ; dans les deux cas, les transports en commun permettent de rallier le centre-ville. Des trains relient Florence aux grandes villes italiennes ; depuis Paris, il est possible de se rendre à Florence en changeant à Turin ou Milan. Pise, Sienne et Arezzo se visitent facilement en bus ou en train à la journée depuis la capitale toscane. En ville, flâner à pied est le meilleur moyen de se mêler à la vie locale.

QUAND PARTIR

Envisagez de visiter les villes toscanes en décembre ou janvier lorsqu'elles s'illuminent pour les fêtes : les hébergements sont alors moins coûteux et les touristes moins nombreux. Entre avril et octobre, les étals des marchés débordent de produits frais, les terrasses et les restaurants s'animent, mais tout est absolument bondé. En juillet et août, il fait extrêmement chaud, et l'affluence est telle qu'elle peut en devenir insupportable.

À SAVOIR

Réservez impérativement vos billets – des semaines à l'avance en haute saison – pour accéder aux principaux sites touristiques. Achetez-les uniquement sur les sites officiels !

Plus d'informations sur les sites firenzemusei.it et musefirenze.it (Florence), ainsi que turismo.pisa.it (Pise).

Itinéraire en 1 semaine

\>

Commencez par Florence et les chefs-d'œuvre de la Galerie des Offices, les fresques de la chapelle Brancacci et le Piazzale Michelangelo pour voir le soleil se coucher sur la ville.

\>>

Le 2e jour, visitez le Duomo, sans faire l'impasse sur les 463 marches menant au sommet de la coupole. Participez à une visite en petit groupe du chantier de restauration des mosaïques du baptistère.

\>>>

Le lendemain, admirez le *David* de Michel-Ange à la Galleria dell'Accademia, et comparez-le avec les représentations du même personnage signées Donatello au Museo del Bargello. Concluez la journée par la Piazza della Signoria, où trônent le Palazzo Vecchio des Médicis et la collection en plein air de statues Renaissance de la Loggia dei Lanzi.

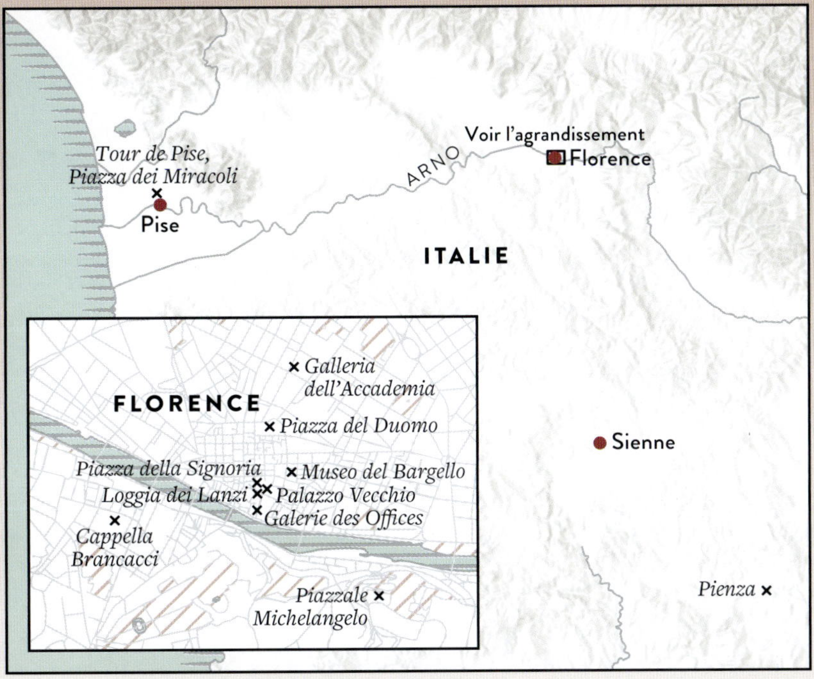

\>>>>

Consacrez la suite de la semaine à des excursions à la journée. Un court trajet en train vous emmènera à Pise, pour contempler la célèbre tour de Pise et la Piazza dei Miracoli depuis les anciens remparts de la ville. À Sienne, admirez les mosaïques reproduisant des scènes de l'Ancien Testament sur le sol de la cathédrale.

VOUS RESTEZ PLUS LONGTEMPS ?

Prolongez votre séjour à Florence. Malgré ses flots de touristes, la ville mérite qu'on prenne le temps de la découvrir pleinement. Si vous êtes à Sienne, poursuivez jusqu'à Pienza, conçue comme une cité idéale par les penseurs de la Renaissance et construite entre 1459 et 1462 par le pape Pie II.

ITALIE

Les Cinque Terre *façon* dolce vita

ICI, LES VIGNOBLES FRÔLENT LE CIEL. Comme un avant-goût de paradis, ils accompagnent les marcheurs qui ont la chance de sillonner ce paysage improbable. Des murets en pierre sèche empêchent la terre aride de glisser, défiant la gravité avec majesté. La douce lumière d'automne inonde les vendangeurs qui s'activent entre les vignes, tandis que le *trenino* (petit train) monorail à crémaillère remonte la colline, chargé de grappes de bosco, d'albarola et de vermentino. Leurs grains seront séchés, pressés et placés dans des tonneaux en bois de poirier et de cerisier pour donner naissance à un vin sucré réputé, le sciacchetrà. La *vendemmia* (les vendanges) de septembre est un moment privilégié pour découvrir la région si touristique des Cinque Terre. Passé le flot des foules estivales, le train longeant le littoral escarpé jusqu'aux cinq petits villages qui font la réputation de la région (Monterosso, Vernazza, Corniglia, Manarola et Riomaggiore) ressuscite une langueur disparue. Les sentiers de randonnée, dans les hauteurs, offrent mille occasions de rencontres avec les viticulteurs, gardiens de cette terre jadis vue comme sacrée. *Salute !*

EN BREF

À TABLE !
Goûtez aux anchois locaux au pied d'une tour médiévale à Torre Aurora, à Monterosso.

UNE BOISSON ?
Dégustez les vins avec un sommelier à Pié de Campu, à Manarola.

À SAVOIR
Oubliez la voiture : la région n'est accessible qu'en train, en bateau ou à pied. La vue depuis le sentier de l'Alta Via delle Cinque Terre, entre Porto Venere et Levanto, est inoubliable.

ITALIE

Flâner dans *la* Rome antique

EN BREF

À TABLE !
Régalez-vous d'une assiette de *cacio e pepe*, recette traditionnelle de pâtes au poivre et au pecorino.

UNE BOISSON ?
Le meilleur cappuccino de la ville se dégusterait au Sant'Eustachio Il Caffè.

À SAVOIR
Pour circuler dans le centre historique, privilégiez la marche : les distances sont courtes, et vous serez aux premières loges pour admirer la ville.

JETEZ UNE PIÈCE DANS LA FONTAINE DE TREVI, et vous serez assuré, dit-on, de revenir à Rome. Et tant mieux : cette ville, âme du monde antique, est trop belle, trop riche en chefs-d'œuvre pour que l'on découvre tous ses trésors en une seule visite. La capitale italienne fourmille de fantômes prêts à raconter leur histoire. Depuis le Capitole, la plus petite des sept collines de la cité, le regard plonge sur le Forum romain, où les empereurs défilaient triomphalement et où le petit peuple vaquait à ses occupations quotidiennes. Découvrez la maison que Jules César occupa en tant que *Pontifex Maximus*, et le temple édifié sur le lieu où il fut incinéré après son assassinat en 44 av. J.-C. Le Colisée fut construit au siècle suivant pour accueillir combats de gladiateurs et batailles navales. Appréciez l'acoustique exceptionnelle du Panthéon, ayez une pensée pour les 6 000 esclaves crucifiés avec Spartacus le long de la Via Appia… et n'oubliez pas de jeter la fameuse pièce !

ITALIE

La Sicile entre feu *et* eau

Page de droite : les pentes colorées de l'Etna. *Ci-dessus :* la vue sur le littoral depuis le théâtre antique de Taormine.

C'EST PARADOXALEMENT AUX CATACLYSMES qu'elle a connus au XVIIe siècle que Catane la Belle doit son charme actuel. La deuxième plus grande ville de Sicile, ensevelie sous la lave lors d'une éruption de l'Etna en 1669 (puis victime d'un tremblement de terre en 1693), fut alors reconstruite avec de la roche volcanique. Les *palazzi* (palais) et les églises sortis des cendres donnèrent naissance à un style architectural baroque flamboyant, associant les teintes claires du granit au gris soutenu de la pierre de lave qui avait détruit la cité. La Sicile est ainsi faite, fruit d'un fougueux mariage entre le feu qui l'a forgée et l'eau qui la cerne de toutes parts.

À travers les siècles, sa beauté méditerranéenne séduisit entre autres les Phéniciens, les Carthaginois, les Grecs et les Romains qui y laissèrent des vestiges de temples, de thermes et d'amphithéâtres. Depuis les toits de Catane, on profite d'une vue imprenable sur le cœur de la ville, classé au Patrimoine mondial de l'Unesco, sur la masse imposante de l'Etna et sur le bleu profond de la mer. Des paysages tout aussi envoûtants forment un digne écrin pour les spectacles qui se déroulent dans le théâtre antique de Taormine, petite ville suspendue entre ciel et mer sur la côte ionienne.

L'ascension de l'Etna (3 403 m), plus grand volcan actif d'Europe, est presque un passage obligé pour les touristes. Avec près d'un cinquième de la population sicilienne vivant dans ses environs, il rythme le quotidien de l'île, et ses pentes escarpées, que l'on gravit à pied ou en 4x4, racontent l'histoire de la Sicile. Les Arabes profitèrent de la fertilité du sol volcanique pour y faire pousser des agrumes. Plus tard, les populations médiévales entreposèrent dans ses cavernes la neige nécessaire à la fabrication de la *granita* (de la glace pilée aromatisée au sirop de fruit) et de nos jours, les vignobles assurent un revenu à de nombreux habitants.

Souvenir de voyage

Après une journée de randonnée sur l'isthme forgé par une éruption en 183 av. J.-C., l'idée d'un repas au Ristorante Il Cappero, sur la côte nord-est de l'île de Vulcano, était plus qu'alléchante. Le menu, composé de 10 plats célébrant les produits locaux, ne m'a pas déçue. Mais c'est surtout la vue unique sur les îles Éoliennes, toutes visibles depuis le restaurant, qui m'a laissé un souvenir impérissable.

NICOLA WILLIAMS

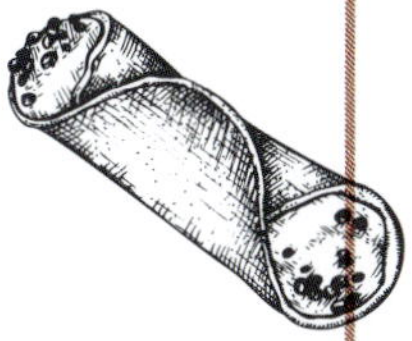

EN BREF

À TABLE !

La Sicile est le lieu entre tous où goûter les fameux *cannoli* (rouleaux de pâte frite garnis de crème à la ricotta).

UNE BOISSON ?

Dégustez un malvoisie de Salina avec des câpres produites sur cette île Éolienne.

SE LOGER

Passez la nuit au cœur d'un domaine viticole de l'Etna, dans une chambre d'hôtes installée dans une *masseria* (ferme traditionnelle).

UNE EXPÉRIENCE

Plongez dans les eaux d'Isola Bella, une toute petite île en contrebas de Taormine.

Ci-dessus : une rue d’Ortygie, centre historique de Syracuse.

Après avoir découvert l'Etna, laissez-vous tenter par le bleu intense de la mer Tyrrhénienne et les îles Éoliennes, au nord-est de la Sicile. La légende raconte qu'Éole, le dieu du vent, et Vulcain, le dieu du feu, participèrent à la création de l'archipel. En réalité, ces îles sont d'anciens volcans sous-marins, surgis des flots il y a 700 000 ans. Avec ses eaux cristallines, ses villages blanchis à la chaux et son malvoisie aussi doux que le miel, la Sicile dispose décidément d'atouts irrésistibles.

INFORMATIONS PRATIQUES

COMMENT S'Y RENDRE ET CIRCULER

De nombreux vols internationaux desservent Palerme et Catane, tandis que des ferrys (voitures et passagers) permettent d'accéder à Messine depuis plusieurs villes des côtes italiennes, notamment Villa San Giovanni, Reggio de Calabre, Gênes, Livourne et Naples. Sur l'île sicilienne même, on circule (parfois de façon chaotique) en bus, train, bateau, voiture et vélo.

QUAND PARTIR

En avril-juin et septembre-octobre, les températures sont agréables et les plages, routes et sites touristiques sont moins fréquentés. Les hébergements sur les îles au large de la Sicile et les grands hôtels de la côte ferment généralement de novembre à mars ; en ville, les prix des hébergements peuvent baisser de 30% à cette période.

À SAVOIR

En toute saison, emportez de quoi vous couvrir dans les églises, mais aussi un chapeau et des vêtements chauds si vous partez en randonnée sur l'Etna.
Plus d'informations sur le site visitsicily.info/fr

Itinéraire en 10 jours

\>
Commencez votre séjour à Catane, point de départ des excursions sur l'Etna. Passez le 2e jour dans les vignobles du volcan, puis partez vers le nord, suivant le littoral surnommé la "Riviera dei Ciclopi" : les falaises et les amas de roche noire témoignent des origines volcaniques de la côte. Assistez à un concert au Teatro Greco de Taormine, avec vue sur l'Etna.

\>>
Si vous disposez d'une voiture, roulez jusqu'aux Gole dell'Alcantara (50 minutes) pour une baignade ou une sortie en canyoning dans les eaux glaciales qui dévalent ces gorges de lave pétrifiée.

\>>>
Comptez 4 heures de bus pour atteindre Milazzo, puis 1 heure d'hydroptère jusqu'à Lipari, la plus grande des îles Éoliennes. Consacrez 5 jours à la visite de l'archipel – ne manquez pas son point culminant, sur l'île luxuriante de Salina. Profitez des plages de sable noir de Stromboli et grimpez jusqu'au sommet du volcan éponyme pour observer les éruptions nocturnes. Visitez également Vulcano, son cratère fumant et son littoral idéal pour la pratique du paddle.

VOUS RESTEZ PLUS LONGTEMPS ?

À Catane, prenez le bus pour Syracuse et ses vestiges grecs, au sud, ou profitez d'un agréable voyage en train sur le flanc ouest de l'Etna, avant d'arriver à Bronte, réputée pour ses pistaches : cet "or vert", qui pousse dans le sol volcanique, est récolté à la main tous les 2 ans.

ESPAGNE

La magie *des* villes andalouses

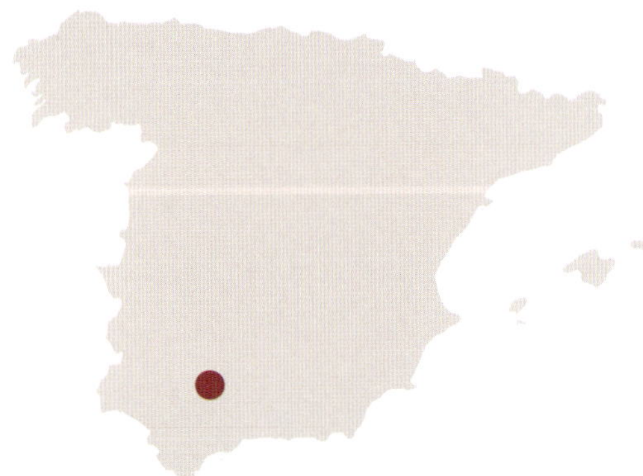

À L'EXTRÊME SUD DE L'ESPAGNE, l'Andalousie s'est forgée à la croisée des cultures. En visitant ses villes, où les vestiges du passé cohabitent avec des facettes résolument contemporaines, c'est l'histoire de l'Espagne que l'on découvre. Côté gastronomie, on pourrait aisément imaginer un itinéraire axé sur les spécialités de la région : une approche savoureuse du mélange d'influences qui ont fait l'histoire de l'Andalousie… Goûter les *tortillitas de camarones* (beignets de crevettes) à Cadix, le *salmorejo* (soupe froide) à Séville, le *flamenquín* (jambon serrano enveloppé dans de l'échine de porc puis frit) à Cordoue ou les *berenjenas con miel* (aubergines frites au miel) à Grenade.

SÉVILLE, LA CAPITALE DE l'Andalousie, fut fondée il y a 2 000 ans. Elle est toujours aussi enchanteresse avec ses bars à tapas, ses *barrios* (quartiers) animés, sa scène flamenco (l'une des plus importantes d'Espagne) et ses sites exceptionnels comme le Real Alcázar, magnifique palais mauresque, ou son immense cathédrale gothique. Non loin, Cordoue n'a rien à lui envier : sur les rives du Guadalquivir, sa

Page de gauche : un bar à tapas à Séville. *Ci-contre :* le village de Zahara de la Sierra, dans la province de Cadix. *Ci-dessous :* danseuses de flamenco à Séville.

EN BREF

À TABLE !

Tortillas, aubergines frites au miel ou jambon *ibérico* en chiffonnade : rien de tel que l'ambiance survoltée d'un bar à tapas pour savourer ces spécialités.

UNE BOISSON ?

Du *fino* frais à la douceur suave d'un bon pedro ximénez, les vins doux locaux incarnent l'art de boire à l'andalouse.

SE LOGER

Votre itinéraire croisera certainement des bâtiments historiques reconvertis en boutiques-hôtels bien conçus. Descendez-y au moins une nuit, vous ne le regretterez pas.

UNE EXPÉRIENCE

Les sports aquatiques ne manquent pas sur la côte andalouse : kitesurf à Cadix sur la Costa de la Luz, kayak près des falaises de Grenade sur la Costa Tropical, ou encore plongée en Méditerranée autour du Cabo de Gata.

ACHATS

En Andalousie, on cultive les oliviers depuis le temps des Romains. La région produit certaines des meilleures huiles du monde, notamment dans les provinces de Jaén, Grenade, Cordoue et Séville. La *picual* de Jaén, avec ses arômes fruités, est une variété mondialement réputée.

Souvenir de voyage

L'Alhambra de Grenade a toujours été l'un de mes endroits favoris en Andalousie. Je l'ai visitée d'innombrables fois, mais j'y trouve toujours une nouvelle histoire à découvrir, un recoin restauré à admirer ou une plante particulière déployant sa floraison dans les jardins. Un soir d'été, je me suis faufilée dans les Palacios Nazaríes (palais nasrides, XIVe siècle) pour une visite dans la fraîcheur nocturne. Débarrassé des foules de la journée, ce palais mauresque m'a révélé un tout autre visage, avec ses bassins brillant au clair de lune, ses arcades sculptées nimbées d'une lumière douce et le clapotis de la fontaine du Patio de los Leones. La nuit, on peut aussi explorer le Generalife, le palais et les jardins d'été de l'Alhambra. En sortant de la forteresse, j'aime m'enfoncer dans le Realejo pour me régaler de tapas dans des institutions du quartier, comme la Taberna La Tana, Rosario Varela, la Picoteca 3 Maneras et le Bar Candela.

ISABELLA NOBLE

© BILL PERRY / SHUTTERSTOCK

“Non loin, Cordoue n’a rien à envier à Séville : sur les rives du Guadalquivir, sa Mezquita, une mosquée-cathédrale aux belles arches rayées classée au Patrimoine mondial de l’Unesco, témoigne avec superbe du passé islamique et chrétien de l’Espagne.”

Page de gauche : la forêt d’arches bicolores et de colonnes de la Mezquita de Cordoue.

Mezquita, une mosquée-cathédrale aux belles arches rayées classée au Patrimoine mondial de l'Unesco, témoigne avec superbe du passé islamique et chrétien de l'Espagne.

Bordant la côte atlantique balayée par les vents, Cadix, ville portuaire fondée par les Phéniciens, a contribué à la naissance du flamenco. C'est aujourd'hui l'une des destinations gastronomiques les plus appréciées du pays – les parfums du *pescaíto frito* (poisson frit) et des fruits de mer flottent d'ailleurs dans l'air des *barrios* animés. Mais l'un des plus beaux moments d'un voyage en Andalousie reste la première découverte de l'Alhambra, le palais-forteresse qui domine Grenade, à l'est de la région : construit par les derniers souverains maures de la péninsule aux XIIIe et XIVe siècles, l'Alhambra est la forme la plus aboutie de ce style architectural mauresque sophistiqué et intemporel. Bien entendu, tous les amoureux de Grenade vous le diront, la ville a bien d'autres attraits, comme les tapas offertes avec chaque verre, ou encore l'enfant du pays, le grand poète Federico García Lorca (1898-1936).

Une excursion dans la campagne andalouse est un bon contrepoint aux plaisirs citadins. La province de Cadix possède certains des plus beaux paysages du sud de l'Espagne, avec ses sommets dominant des lacs de montagne, ses oliveraies et ses villages blanchis à la chaux, en particulier autour du Parque Natural Sierra de Grazalema. Le sentier de la Garganta Verde, une gorge luxuriante où retentit le cri des vautours fauves, est un incontournable. Plus à l'est, dans la province de Grenade, les pics des Alpujarras et de la Sierra Nevada, qui inspirent les artistes depuis des siècles, forment une toile de fond grandiose pour randonner sur les plus hauts sommets du pays, notamment le mont Mulhacén (3 478 m), point culminant d'Espagne continentale.

Page de droite : le Parque Natural Sierra de Grazalema est parcouru de beaux sentiers de randonnée.

Itinéraire en 2 semaines

\>
En 2 semaines, vous aurez le temps de visiter les villes et d'explorer l'arrière-pays. Commencez par 3 nuits à Séville, dont les *barrios*, les palais mauresques et les tapas devraient vous ouvrir l'appétit.

\>>
Mettez le cap au sud, vers la ville côtière de Cadix (1 heure 45 en train) et restez-y 2 nuits pour profiter du flamenco, des plages et des fruits de mer. Si vous avez le temps, arrêtez-vous à Jerez de la Frontera, réputée pour son flamenco et ses bodegas servant du vin de xérès aux arômes boisés.

\>>>
À Cadix, louez une voiture et roulez 1 heure 30 vers les montagnes du Parque Natural Sierra de Grazalema. Randonnée, cyclisme, escalade, sports d'aventure : les amateurs de plein air seront comblés.

\>>>>
Après une halte de 2 nuits dans le village de Grazalema, repartez au nord vers Cordoue (2 heures 30 en voiture). Passez-y 1 nuit pour découvrir la Mezquita, les patios débordant de fleurs et la vitalité de la scène gastronomique locale.

\>>>>>
Rejoignez Grenade (2 heures) par la Ruta del Califato, qui fut un axe commercial majeur au Moyen Âge. Prévoyez au moins 3 jours à Grenade pour visiter l'Alhambra et profiter des spécialités locales et du flamenco. Terminez par 2 jours de randonnée dans les Alpujarras, en dormant dans le village de Capileira (1 436 m d'altitude), à 1 heure 30 de Grenade.

VOUS RESTEZ PLUS LONGTEMPS ?

Explorez également Malaga et ses musées d'art, ou les beautés de la Costa de la Luz, autour de Cadix.

INFORMATIONS PRATIQUES

COMMENT S'Y RENDRE ET CIRCULER

L'aéroport de Séville est desservi depuis toute l'Europe, et le train relie la ville à Cadix, Cordoue et Grenade. Vous pouvez aussi atterrir à Malaga-Costa del Sol. Si vous prévoyez de vous rendre dans la Sierra de Grazalema, mieux vaut disposer d'un véhicule.

QUAND PARTIR

Les saisons les plus agréables pour visiter les villes d'Andalousie et partir en randonnée dans la Sierra de Grazalema sont le printemps (mars-mai) et l'automne (septembre-octobre). L'hiver a également ses charmes : les touristes sont alors moins nombreux, les logements moins chers et le soleil souvent présent.

Évitez juillet et août, lorsque la chaleur écrase l'intérieur des terres andalouses. Lors des férias de Séville, au début du mois d'avril, les hébergements sont hors de prix, mais l'ambiance est très festive.

À SAVOIR

Une visite guidée avec un spécialiste de la région reste le meilleur moyen de découvrir les villes andalouses, que vous ayez envie d'explorer des siècles d'histoire lors d'une balade en ville ou de faire la tournée des meilleurs bars à tapas avec un connaisseur.

Plus d'informations sur la région sur le site fr.andalucia.org

ESPAGNE

Les délices *du* Pays basque espagnol

LES SPÉCIALITÉS CULINAIRES RENOMMÉES du Pays basque (Euskadi) peuvent constituer le savoureux fil conducteur d'un voyage gourmet. À Saint-Sébastien, les restaurants étoilés au guide Michelin poussent comme des champignons, mais vous mangerez très bien partout : les ruelles de la vieille ville cachent de minuscules bars où l'on grignote des *pintxos*, ces délicieuses petites tapas. De Saint-Sébastien, un train vous mènera à un rythme tranquille jusqu'à Bilbao, à l'ouest, à travers des paysages magistraux. Pour vous ouvrir l'appétit, visitez le musée Guggenheim, merveille d'architecture due à Frank O. Gehry, avant de vous enfoncer dans l'épicentre gastronomique de la ville, le Casco Viejo (la vieille ville, ou Zazpi Kaleak en basque), dont les bars à *pintxos* servent du jambon *ibérico*, du fromage de brebis et d'autres délices. Au-delà de Bilbao, il y a encore beaucoup à voir et à savourer, des produits de la mer du village de Getaria à la cuisine des restaurants de Vitoria-Gasteiz, la capitale du Pays basque espagnol injustement méconnue. Plus au sud, Laguardia est une ville du XIIIe siècle, au milieu des vignobles réputés de La Rioja Alavesa.

EN BREF

À TABLE !
Très convivial, le bar Txepetxa à Saint-Sébastien est célèbre pour ses anchois, cuisinés de multiples façons.

UNE BOISSON ?
Les pintxos accompagnent très bien le *txakoli*, un vin légèrement pétillant.

À SAVOIR
Certaines adresses proposent des *pintxos* à la demande. Si vous ne savez pas quoi choisir, demandez *la especialidad de la casa* (la spécialité de la maison).

PORTUGAL

Les Açores, archipel *de l'*aventure

EN BREF

À TABLE !
Le cozido est un ragoût de viande et de légumes, cuit sous terre par la vapeur géothermique.

UNE EXPÉRIENCE
Prenez un guide pour gravir le mont Pico, point culminant du Portugal (2 351 m).

À SAVOIR
Des vols directs relient Paris, entre autres villes européennes, aux Açores. Des ferrys relient les îles entre elles. *Plus d'informations sur le site visitazores.com/fr*

AU CŒUR DE L'ATLANTIQUE, l'archipel portugais des Açores offre l'une des dernières échappées sauvages d'Europe. Il existe mille manières de profiter de ses paysages extraordinaires : regarder le soleil se lever entre les nuages du mont Pico, faire à VTT le tour du lac formé dans un cratère sur l'île de São Miguel, longer les caldeiras (sources d'eau chaude) et les fumerolles… Le parfum des azalées, des camélias et des hortensias embaume les jardins botaniques de Flores tandis que le spectacle des cachalots et des baleines à bosse qui émergent de l'eau au large de Faial est à couper le souffle. Longtemps méconnues, les neuf petites îles des Açores, éparpillées au large de l'Europe et de l'Afrique, attirent aujourd'hui un nombre croissant de visiteurs, avides d'activités de plein air (organisées, qui plus est, dans le respect de l'environnement). Où d'autre pourriez-vous, en une seule et même journée, marcher sur un volcan puis au milieu des vignes, pagayer à bord d'un kayak dans une caldeira bleu lagon et sillonner enfin des plantations de thé ?

PORTUGAL

Explorer *les* côtes *de l'*Algarve

Page de droite : la plage cachée dans la grotte de Benagil, sur la côte de l'Algarve. *Ci-dessus :* l'ancien poste des sauveteurs à Fuseta, dans le Parque Natural da Ria Formosa.

LES VAGUES SE BRISENT SUR LES FALAISES alors que l'océan Atlantique se perd à l'horizon. Derrière vous s'étend l'Algarve, petit morceau de Portugal, et au-delà, un continent tout entier. Vous êtes au Cabo de São Vicente, à l'extrémité sud-ouest de l'Europe. Non loin, une forteresse protège la ville de Sagres où, dit-on, le prince Henri le Navigateur aurait fondé une école de marins et de cartographes au XVe siècle. De nos jours, la région attire d'autres types d'explorateurs, qu'il s'agisse de surfeurs venus profiter des fameuses vagues portugaises ou d'amateurs de produits de la mer à la recherche de mets raffinés comme le *percebes* (pousse-pied), un crustacé qui prospère sur cette partie du littoral.

À une trentaine de kilomètres à l'est, la ville de Lagos fut le port de lancement d'expéditions majeures. En plongeant dans ses ruelles chargées d'histoire, à l'abri des remparts du XVIe siècle, vous découvrirez son riche patrimoine, dont une forteresse abritant une exposition sur l'époque des grandes découvertes portugaises. Les grandes plages de sable fin et

les falaises dorées qui longent le littoral au-delà de la ville rajoutent encore au charme du séjour.

Les côtes de l'Algarve servent d'écrin grandiose à toutes sortes d'aventures. Près de Carvoeiro, on peut explorer en kayak la grotte de Benagil, une étonnante formation géologique dissimulant une plage accessible uniquement par voie d'eau. Sur la terre ferme, des sentiers de randonnée bordent l'océan, tel le Percurso dos Sete Vales Suspensos ("itinéraire des Sept vallées suspendues"), reliant petites criques et promontoires vertigineux.

Souvenir de voyage

J'avais besoin de fuir l'agitation d'Albufeira. J'ai donc mis le cap à l'ouest, sans trop savoir où j'allais. En fin d'après-midi, après avoir dépassé Sagres, j'ai bifurqué sur une piste de terre. Quelques minutes plus tard (et quelques nids-de-poule plus loin), je débouchais sur une plage splendide encadrée de falaises et battue par les vagues – Praia do Telheiro. Seul sur le sable, j'ai assisté à un coucher de soleil magique, stupéfait de cette beauté si accessible et pourtant si bien dissimulée.

REGIS ST LOUIS

EN BREF

À TABLE !
Parmi les nombreux plats de fruits de mer, l'*amêijoas à bulhão pato* (palourdes, ail, citron et vin blanc) est un classique.

UNE BOISSON ?
L'Algarve compte d'excellents vins. Goûtez aux puissants rouges bio de Monte da Casteleja.

SE LOGER
Les *pousadas* sont des hébergements installés dans d'anciens palais, couvents et bâtiments historiques. L'Algarve en compte quatre.

UNE EXPÉRIENCE
Admirez d'incroyables couchers de soleil sur le promontoire de Ponta da Piedade, immédiatement au sud de Lagos.

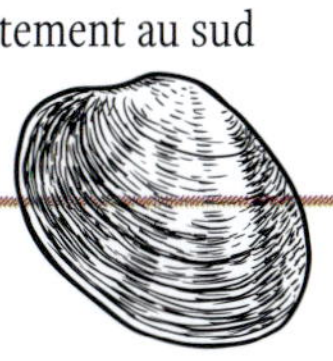

La nature a la vedette dans les environs de Faro : le Parque Natural da Ria Formosa et sa barrière d'îles attirent chaque année des dizaines de milliers d'oiseaux migrateurs. Vous y observerez sans doute aussi des dauphins et d'autres animaux marins. Des bateaux traversent le parc jusqu'aux plages enchanteresses de ses îles inhabitées. Plus à l'est, d'autres îles et d'autres plages : sur l'Ilha de Tavira, un petit train fait la navette vers la belle Praia do Barril. Si le soleil tape trop fort, réfugiez-vous dans la ville de Tavira, non loin, où les sites à visiter ne manquent pas, entre ruines préromaines et églises Renaissance, sans oublier des restaurants et des bars à vin – l'endroit est formidable pour trinquer après une journée d'aventure sur l'une des côtes les plus ensoleillées d'Europe.

Page de droite : les falaises dorées de Ponta da Piedade.

Itinéraire en 5 jours

\>
Commencez votre circuit à Sagres. Passez la journée dans la forteresse et sur la péninsule venteuse du Cabo de São Vicente. Le 2e jour, prenez le bus pour Lagos (2 heures). Explorez le centre historique, puis filez à la plage toute proche de Meia Praia.

\>>
Depuis Lagos, rejoignez Carvoeiro en bus (1 heure 15) : le 3e jour de visite sera dévolu à la randonnée (avec le Percurso dos Sete Vales Suspensos), à une sortie en kayak dans la grotte de Benagil ou à une séance de farniente sur le sable.

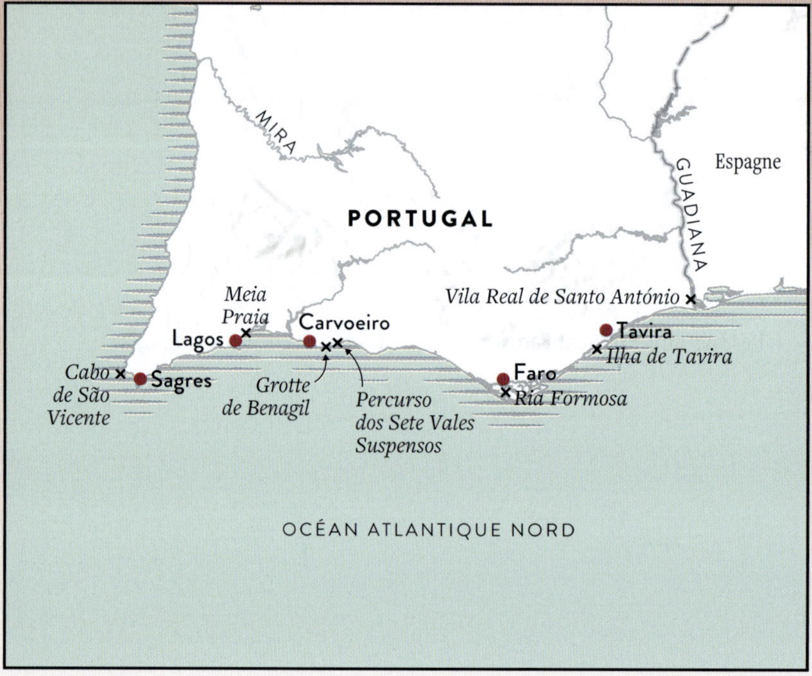

\>>>
Le 4e jour, prenez le bus pour Faro (2 heures) et ses musées chargés d'histoire, avant de profiter d'une balade en bateau le long de la Ria Formosa pour observer les oiseaux ou les dauphins.

\>>>>
Le 5e jour, gagnez Tavira en train (45 minutes), pour conclure votre séjour en beauté sur les plages d'Ilha de Tavira. Dînez le soir au bord du Rio Gilão.

VOUS RESTEZ PLUS LONGTEMPS ?

Poursuivez jusqu'à Vila Real de Santo António (à 30 minutes en train de Tavira) pour remonter le fleuve Guadiana en bateau.

INFORMATIONS PRATIQUES

COMMENT S'Y RENDRE ET CIRCULER

Des vols directs relient Faro à Paris et à d'autres villes françaises, ainsi qu'à de nombreuses villes d'Europe. Vous pouvez aussi atterrir à Lisbonne et rejoindre l'Algarve en train. Depuis Lagos, des trains mènent à la frontière espagnole. Le service de bus Vamus Algarve est également très pratique.

QUAND PARTIR

Forte de 300 jours d'ensoleillement, l'Algarve bénéficie d'un climat agréable toute l'année. Pour la baignade et les activités aquatiques, les mois d'été (juin à septembre) sont plus adaptés, mais c'est aussi la haute saison et les hôtels sont alors plus chers.

À SAVOIR

Pain, fromages, olives, viandes fumées, fruits, légumes : les *mercados* (marchés) offrent un bel éventail de la diversité culinaire de la région. Faites comme les Portugais et emportez votre pique-nique sur la plage.

© JONATHAN GREGSON / LONELY PLANET

Afrique *et* Moyen-Orient

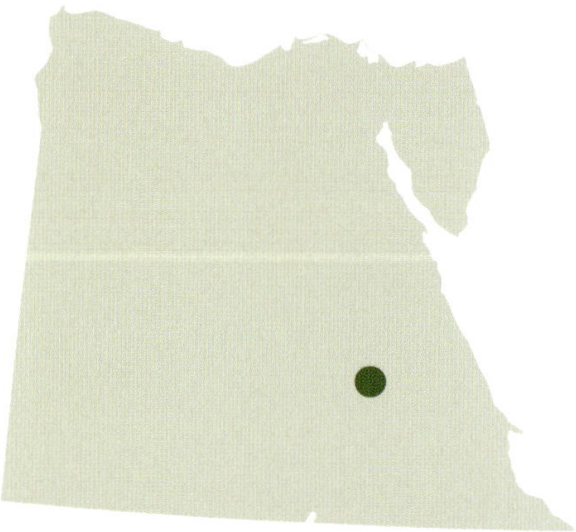

ÉGYPTE

Au fil du Nil *avec les* dieux

DESCENDRE LE NIL EN HAUTE-ÉGYPTE permet de ressentir tout le charme et la mélancolie de l'Égypte ancienne. Temples d'Abou Simbel taillés dans la roche, haut barrage d'Assouan et lac Nasser, sanctuaires de Kom Ombo ou d'Edfou, anciennes nécropoles et tombeaux de souverains à Louxor plus au nord… le voyage au fil de ce fleuve prend une dimension poétique avec laquelle peu de cours d'eau peuvent rivaliser.

L'Égypte est indissociable du Nil. Dans l'Égypte ancienne, le fleuve était considéré comme la force vitale des pharaons. Présent des dieux, il était au centre des mythes et des cultes voués à Isis, à Horus et au dieu crocodile, Sobek. Aujourd'hui comme autrefois, ses eaux sont essentielles aux cultures dans la vallée du Nil. Acheminées par de profonds canaux d'irrigation, elles forment des chapelets d'oasis où verdoient palmiers dattiers et hibiscus. Mais pour la plupart des voyageurs, plus que tout, le Nil ouvre la porte à une aventure merveilleuse.

Souvenir de voyage

Nous avançons vers Louxor, au nord, à une allure nonchalante. Les rives, que j'imaginais arides et désertes, sont au contraire frangées de palmiers et de roseaux verdoyants. Ici et là, des vestiges de temples dressent leur silhouette dans le soleil brûlant. La profusion des traces historiques donne l'impression de remonter le temps, et j'imagine aisément l'excitation qu'ont dû ressentir les premiers égyptologues.

MIKE MACEACHERAN

EN BREF

À TABLE !
Goûtez le *kochari*, plat national égyptien mêlant riz, pâtes, lentilles, sauce tomate à l'ail, pois chiches et oignons.

UNE BOISSON ?
Le *karkadé*, infusion d'hibiscus, est la boisson favorite des voyageurs.

SE LOGER
L'hôtel Old Cataract d'Assouan, où Agatha Christie écrivit en partie *Mort sur le Nil*, séduit les voyageurs depuis des décennies.

UNE EXPÉRIENCE
Admirez les somptueux spectacles son et lumière à Karnak ou au temple de Philae.

Page de gauche : felouques traditionnelles sur le Nil. *Ci-dessus :* le dédale des piliers du complexe religieux de Karnak.

Que ce soit à bord d'une felouque, bateau traditionnel égyptien à voile blanche, ou sur un bateau de croisière plus moderne avec piscine, en compagnie d'égyptologues prêts à dénouer chaque énigme historique et à révéler le sens du hiéroglyphe le plus ardu, vous voguerez au plus près des joncs, des buffles d'eau, des rives lapées par les eaux, des palmiers dattiers qui se balancent au vent et de lieux de légende. Fermez les yeux et écoutez le bruissement des voiles et le souffle du passé : vous entendrez peut-être l'écho des voyageurs de jadis au fil du fleuve…

Peut-être même aurez-vous pour vous seul, ou presque, certains de ces temples et tombeaux fabuleux : au gré des cahots de l'histoire moderne, l'Égypte n'est plus une destination prise d'assaut par les touristes comme dans le passé. La fréquentation a baissé, et les tarifs sont abordables.

Ci-dessus, de gauche à droite : le Ramesséum, temple à la mémoire de Ramsès II à Louxor ; moment de détente à l'ombre.

INFORMATIONS PRATIQUES

COMMENT S'Y RENDRE ET CIRCULER
Bien reliée par voie aérienne, ferroviaire et routière au Caire et à Louxor, principaux nœuds de transport égyptiens, la ville d'Assouan est le point de départ idéal pour descendre le Nil vers le nord. La plupart des croisières vont d'Assouan à Louxor, sans poursuivre jusqu'au Caire.

QUAND PARTIR
Évitez juillet et août (la chaleur peut être étouffante en été) et préférez les saisons plus fraîches, idéalement avril et octobre. Si l'Égypte antique vous passionne, prévoyez 1 ou 2 jours supplémentaires pour approfondir votre exploration.

À SAVOIR
Même si les principales zones touristiques sont considérées comme sûres pour les voyageurs, consultez les dernières recommandations émises par le ministère des Affaires étrangères. *Plus d'informations sur le site www.experienceegypt.eg/en*

Itinéraire en 1 semaine

\>

Passez 2 jours à Assouan pour profiter de l'époustouflant temple de Philae, situé sur une île. Admirez les lauriers-roses et les sycomores du jardin botanique situé sur l'île El Nabatat (Kitchener), et envolez-vous vers le sud pour admirer les monumentaux temples d'Abou Simbel (1 jour).

\>>

Descendez ensuite paisiblement le Nil en bateau vers le nord pendant 2 jours ; les villes du désert que vous traverserez vous permettront d'avoir un aperçu de l'Égypte d'aujourd'hui. À Kom Ombo, découvrez le calendrier de l'Égypte antique et les premiers pas de la chirurgie avant de retrouver la vie rurale puis d'atteindre Edfou, abritant le grand temple d'Horus.

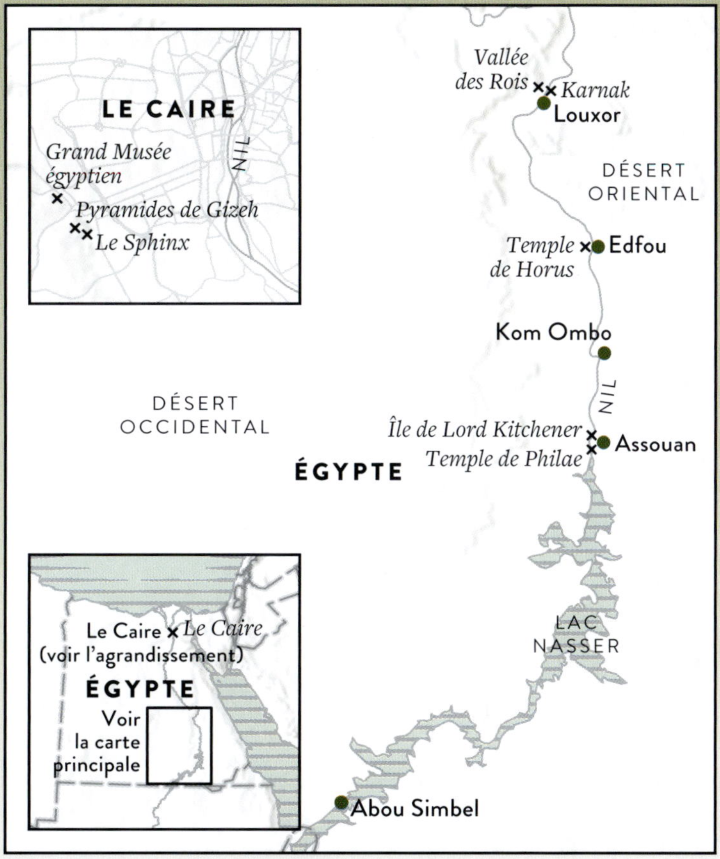

\>>>

Le Nil s'élargit ensuite et arrive à Louxor (jours 5 à 7). Véritable joyau, le temple de Karnak est le plus chargé d'histoire, tandis que vie moderne et ancien royaume des morts se côtoient dans la vallée des Rois.

VOUS RESTEZ PLUS LONGTEMPS ?

Prolongez votre séjour au Caire pour voir les pyramides, le Sphinx et le nouveau Grand Musée égyptien.

MAROC

Entre montagnes *et* médinas

LES ÉTOILES SCINTILLENT ENCORE AU-DESSUS DES MONTAGNES lorsque l'appel à la prière rompt la quiétude qui précède l'aube. En contrebas des vestiges d'une kasbah, sur le toit d'un village du haut Atlas marocain, on se sent à mille lieues de l'effervescence des souks urbains. Ici les allées étroites de la médina cèdent la place aux larges vallées et aux sommets qui règnent sur le centre du pays.

Au sein du géoparc Unesco du M'Goun, la vallée d'Aït Bouguemez a préservé son mode de vie rural traditionnel et constitue le départ de nombreuses randonnées. Il est notamment possible d'effectuer la traversée du massif du M'Goun jusqu'à Aït Ali n'Ito en 3 jours, en passant par des pâturages d'altitude, avec nuit en camping ou chez l'habitant.

Sur la route d'Imlil, un arrêt s'impose au souk du dimanche de Demnate pour acheter des épices ou de l'huile d'olive auprès des producteurs locaux et s'extasier devant le choix de babouches. Les marchés hebdomadaires des villages de

Page de droite : le col de Tizi n'Tichka dans les montagnes du haut Atlas.
Ci-dessus : thé à la menthe à Marrakech.

l'Atlas sont autant des lieux de commerce que de socialisation. Imlil accueille de nombreux randonneurs, notamment ceux venus faire l'ascension du djebel Toubkal (le toit du Maroc, à 4 167 m) en 2 jours. Les visiteurs cherchant le réconfort d'un hébergement raffiné et d'un bon verre après une journée de marche trouveront ici leur bonheur. Mais un peu plus loin dans les ruelles des villages alentour, comme Aroumd et Matat, le cliquettement des métiers à tisser et le claquement des sabots des ânes entre les maisons traditionnelles en pierre témoignent d'un rythme de vie à l'ancienne.

Souvenir de voyage

En gravissant le dernier tronçon menant au col de Tizi n'Toubkal, j'aperçois enfin le mont Toubkal (4 167 m), le plus haut d'Afrique du Nord, et les lumières de Marrakech à l'horizon. Après 6 jours de marche parmi les hameaux du haut Atlas, je franchis les derniers mètres rocailleux du sentier menant au sommet tandis qu'un lever de soleil inoubliable embrase les pics et les vallées.

STEPHEN LIOY

EN BREF

À TABLE !

Dégustez des tajines, savoureux plats mijotés incontournables dans tout le Maroc.

UNE BOISSON ?

Il est rare qu'un jour se passe sans que l'on vous offre un thé à la menthe bien sucré.

SE LOGER

Privilégiez les *riads* (demeures traditionnelles) restaurés dans les villes historiques et les accueillants gîtes d'étape autour des sentiers de randonnée.

UNE EXPÉRIENCE

Enfoncez-vous dans le Sahara jusqu'aux paysages fabuleux de Ouarzazate ou de l'oasis de Fint, proche.

Ci-dessus : Marrakech est une fête perpétuelle pour les yeux et les oreilles.

Reposez-vous et faites le plein de victuailles, puis mettez le cap à l'est en délaissant le principal itinéraire vers le Toubkal. Préférez une boucle de 7 jours jusqu'au point culminant du Maroc, avant de redescendre à Imlil par les impressionnantes cascades d'Irhoulidene. Puis, comme les caravanes d'antan, descendez de l'Atlas jusqu'à la plaine de Haouz et Marrakech, où vous retrouverez les larges boulevards de la ville nouvelle et les allées bourdonnantes de la Médina. Après quelques jours passés à marchander sur la place Jemaa el-Fna, puis à vous délasser dans les hammams, il sera temps, peut-être, de repartir à l'aventure.

INFORMATIONS PRATIQUES

COMMENT S'Y RENDRE ET CIRCULER

L'aéroport de Marrakech-Ménara est l'un des principaux points d'entrée dans le pays. De là, les rares transports publics traversant le haut Atlas passent souvent par Azilal ; les transports privés sont beaucoup plus rapides.

QUAND PARTIR

La meilleure période court de mars à juin, lorsque les tapis de fleurs sauvages en altitude font oublier les températures encore fraîches. La météo est idéale pour randonner en mai et juin, et la chaleur n'est pas encore étouffante dans les plaines et à Marrakech.

À SAVOIR

Officiellement, il n'est obligatoire de faire appel à un guide local que pour randonner autour du Toubkal. Toutefois, un guide permet de s'immerger davantage dans la culture locale, notamment dans les villages où l'on parle amazigh.
Plus d'informations sur le site visitmorocco.com/fr

Itinéraire en 2 semaines

>

De Marrakech, partez pour Aït Bouguemez, à une demi-journée en voiture, ou 2 jours via Azilal en transports en commun. Visitez le souk du dimanche à Tabant puis imprégnez-vous de l'ambiance pendant 1 ou 2 jours, ou marchez jusqu'au lac Izoughar à l'extrémité est de la vallée.

>>

Effectuez la traversée du M'Goun (57 km) sur 3 jours, avec nuit à Aït Ali n'Ito à l'arrivée, ou continuez directement jusqu'au village d'Imlil dans le haut Atlas (une demi-journée en voiture ou 2 jours via Demnate et Marrakech en transports publics).

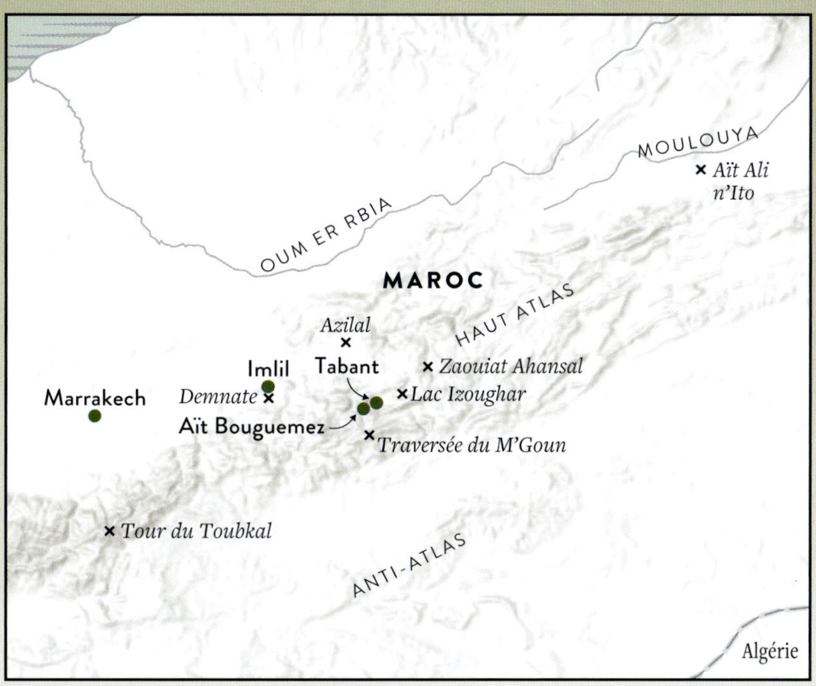

>>>

Après une journée de repos à Imlil, lancez-vous dans le tour de Toubkal, une boucle de 7 jours et 79 km autour du massif, qui part du village. Enfin, rentrez à Marrakech pour faire des emplettes dans la fourmilière de la médina et de ses souks.

VOUS RESTEZ PLUS LONGTEMPS ?

Effectuez un détour par Zaouiat Ahansal pour faire de la randonnée, de l'escalade, et admirer les plus impressionnants *ighirmin* (greniers collectifs) du pays, puis poussez jusqu'à Aït Bouguemez, la "vallée heureuse".

MADAGASCAR

Échappée sauvage

MADAGASCAR OFFRE UN PANORAMA DE L'ÉVOLUTION. Séparée jadis du continent africain par la tectonique des plaques, l'île est un jardin d'Éden où la faune et la flore ont connu un développement visible nulle part ailleurs. En parcourant ses parcs nationaux, vous aurez une idée de la manière dont les espèces ont évolué sur l'île. C'est ici le royaume des lémuriens, qui vous inspecteront de la tête aux pieds. Mettez le cap sur le parc national d'Isalo pour voir les lémurs catta à queue annelée bondir d'un bout à l'autre des canyons de manière théâtrale. Puis grimpez au milieu des forêts de la réserve spéciale d'Anjanaharibe-Sud au son des cris de l'indri. Attendez-vous à vivre des expériences incroyables, de la plus grande (comme apercevoir des baleines à bosse à Anakao, ou des tortues marines au large des plages de Nosy Be) à la plus petite : saurez-vous dénicher le Brookesia, le plus petit caméléon au monde, parmi les feuilles du parc national de la Montagne d'Ambre ?

EN BREF

À TABLE !
Goûtez au *romazava*, plat de viande de zébu et de brèdes (plantes herbacées) qui «explosent» dans la bouche.

UNE BOISSON ?
Goûtez le rhum arrangé aux épices.

À SAVOIR
Arrivez en avion à Antananarivo, la capitale, et réservez une voiture avec chauffeur. Voyagez entre juin et septembre pour éviter la saison des pluies et voir des baleines.

CAP-VERT

Sauter d'île en île *au* Cap-Vert

EN BREF

À TABLE !
Le *cachupa*, plat national, est un ragoût à base de viande, haricots et légumes.

UNE BOISSON ?
Le *grogue* (variété de rhum) sert à confectionner des cocktails tels que la Caïpirinha.

À SAVOIR
Plusieurs compagnies de ferry, notamment CV Interilhas, relient les îles proches et, moins souvent, celles qui sont plus éloignées. BestFly Cabo Verde propose des vols inter-îles.

AU CAP-VERT, CHAQUE ÎLE EST UN MONDE EN SOI. Sur Fogo, les signes de l'activité volcanique sont omniprésents : plages de sable noir, champs de lave entourant des villages abandonnés, riches terres arables nourrissant les meilleurs vignobles de l'archipel. Boa Vista évoque plutôt un étrange mélange entre le Sahara et les Caraïbes, avec les dunes du désert de Viana fouettées par le vent et une mer turquoise venant lécher des plages dorées, comme celle de Praia de Santa Mónica, probablement l'une des plus belles au monde. Issue des mêmes forces volcaniques, Santo Antão semble pourtant très éloignée des plaines surchauffées de Boa Vista, avec ses pics crénelés dominant canyons luxuriants et vallées tortueuses. On y trouve de superbes sentiers de randonnée ponctués de cascades, de villages perchés et de panoramas renversants. Les neuf autres îles habitées du Cap-Vert affichent chacune des paysages différents, et comptent des villes enchanteresses emplies de musique, telles que Mindelo. Les raisons de visiter l'archipel ne manquent pas !

AFRIQUE DU SUD

Du Cap *à la* Garden Route en voiture

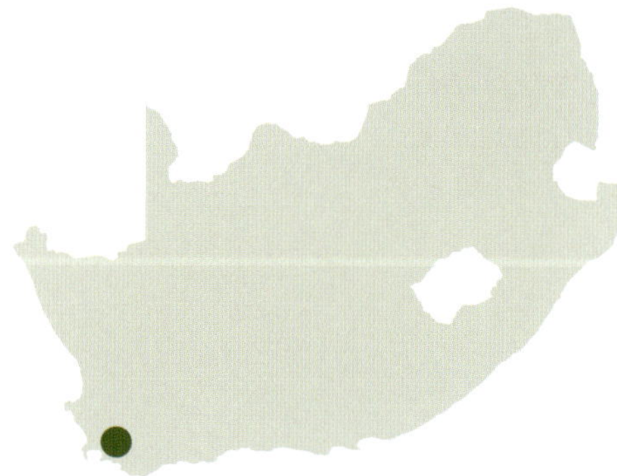

Page de droite : téléphérique de la Table Mountain, au Cap. *Ci-dessus :* manchots du Cap sur Boulders Beach, péninsule du Cap.

DEPUIS LES CABINES DU TÉLÉPHÉRIQUE qui grimpe à la Table Mountain, les passagers découvrent un vaste panorama embrassant les randonneurs et les cyclistes sur les pentes en contrebas, les surfeurs sur les plages au loin, et la ville du Cap, la “cité-mère” de l’Afrique du Sud. En plus de ses nombreuses activités plein air, Le Cap a développé ces dernières années des atouts sur les plans culinaire et artistique. À la pointe australe de l’Afrique, elle offre désormais un charme sophistiqué et surprenant, à découvrir notamment dans le fascinant quartier aux couleurs pastel de Bo-Kaap, où vit la communauté musulmane de la ville. Les voyageurs profitent souvent de leur venue pour explorer les vignobles alentour et suivre la célèbre Garden Route, qui sillonne les paysages variés s’étendant à l’est du Cap : plages, lagons et forêts jalonnent l’itinéraire jusqu’à la ville de Knysna.

Ce circuit classique entre ville et campagne suit les traces de la Compagnie néerlandaise des Indes occidentales, des Britanniques et des *trekboers* – ces agriculteurs nomades, descendants de colons européens – qui explorèrent les environs de la ville, ancienne station de ravitaillement des navires devenue colonie. Aujourd’hui, ce sont les touristes

Souvenir de voyage

Après l'avoir découvert dans les romans historiques de l'auteure sud-africaine Dalene Matthee, j'ai hâte d'explorer l'univers de la forêt de Knysna, où bûcherons et chercheurs d'or tâchaient d'éviter les éléphants sauvages. Au XIXe siècle, les colons transportaient par bateau, jusqu'au Cap alors en plein essor, le bois destiné à bâtir les maisons, les navires et les chemins de fer menant aux mines de diamants. Autour de la localité de Wilderness, dans le Garden Route National Park, je suis les traces de ces protagonistes parmi les arbres centenaires, les champignons étranges, les immenses fougères arborescentes et les cours d'eau couleur rouille. En trempant mes pieds dans un ruisseau, j'entends le cri d'un touraco louri, oiseau rare des environs, et mon aventure forestière s'achève au pied d'un immense Podocarpus falcatus de 880 ans (40 m)... portant le nom de la romancière.

JAMES BAINBRIDGE

EN BREF

À TABLE !
Essayez le *bobotie*, succulent plat de viande hachée aux raisins secs, surmonté d'une garniture à base d'œuf et servi avec du riz au safran. C'est une recette des Malais du Cap, ethnie musulmane originaire d'Asie du Sud-Est.

UNE BOISSON ?
Commandez un verre d'Amarula, une liqueur rappelant le Baileys, à base des fruits du marula, un arbre répandu dans les plaines d'Afrique.

SE LOGER
Plongez dans le bush africain en séjournant dans une réserve naturelle privée, telle que Sanbona, dans la vallée de Little Karoo, ou Gondwana sur la Garden Route.

UNE EXPÉRIENCE
Admirez la vue sur le Kirstenbosch National Botanical Garden, au Cap, depuis le circuit dans la canopée baptisé Boomslang ("serpent des arbres").

ACHATS
Dans le quartier de Woodstock, au Cap, ne manquez pas l'Old Biscuit Mill (artisanat et articles pour la maison) et les Neighbourgoods (marché de producteurs et de designers) le week-end.

“La célèbre Garden Route sillonne les paysages variés s’étendant à l’est du Cap : plages, lagons et forêts jalonnent l’itinéraire.”

Ci-contre : la spécialité du chef arrosée d’un verre de vin blanc. *Page de droite :* vignoble à Stellenbosch.

qui arrivent nombreux à Knysna (surtout en décembre) pour profiter de la ville, de sa marina insulaire et de la vue sur les falaises en grès de The Heads. Entre un petit déjeuner à la boulangerie artisanale Île de Païn et une croisière au crépuscule, direction les forêts d'Afromontane. Situées en bord de mer, entre les monts Outeniqua et Tsitsikamma, elles sont l'occasion de randonner et de pagayer sur les lagons tourbeux. Avec son climat parmi les plus doux au monde (après Hawaii) et sa kyrielle d'activités – circuit dans les arbres du Tsitsikamma Canopy Tour, ponts suspendus de Storms River et descente des gorges en kayak et matelas pneumatique –, la Garden Route a de quoi séduire. Les hébergements agréables ne manquent pas, de l'île de Thesen au calme des forêts, en passant par les options balnéaires comme la jolie Plettenberg Bay, Wilderness et sa longue plage ou encore Nature's Valley et Stormsrivier, plus rustiques.

La plupart des visiteurs retournent ensuite au Cap par la N2, mais la route montant au col d'Outeniqua pour rejoindre Oudtshoorn, région d'élevage d'autruches, offre un joli détour à travers le territoire semi-désertique de Little Karoo, où vergers et vignobles s'étalent entre les monts Swartberg et Langeberg. Achetez des pêches séchées au bord de la route et joignez-vous aux *akkies* (pickups) poussiéreux qui empruntent la Route 62 entre Oudtshoorn et la localité de Montagu, 240 km plus à l'ouest. Après une nuit à la ferme dans cette bourgade paisible, le col de Cogmanskloof, passage spectaculaire entre Little Karoo et la Breede River Valley, vous ramènera à la fertile région viticole du Cap.

Page de droite : sur la Garden Route, le long du littoral en direction de la Table Mountain.

Itinéraire en 2 semaines

>

Passez 1 semaine au Cap à explorer les marchés alimentaires et artisanaux, et à parcourir les sentiers de randonnée et les plages adossées aux montagnes de ce réjouissant lieu de métissage afro-européen.

>>

Quittez la scène nocturne et artistique trépidante du Cap pour de nouveaux plaisirs gastronomiques dans les Winelands, à 1 heure de voiture. Franschhoek et Stellenbosch constituent de jolis points de chute pour un circuit viticole de quelques jours. Puis traversez les champs et les montagnes de la région de l'Overberg jusqu'à la Garden Route et rejoignez Knysna et ses multiples activités (6 heures de route par la N2).

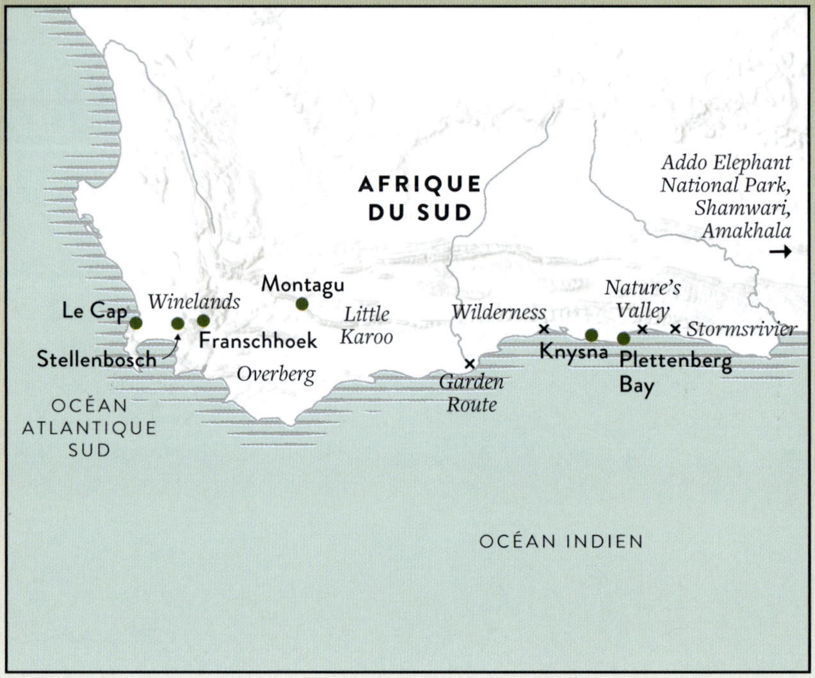

>>>

Wilderness, Plettenberg Bay, Nature's Valley et Stormsrivier sont situées entre littoral et forêts : au programme, randonnées, excursions en bateau, surf, voire plongée en cage avec les requins et saut à l'élastique. Après au moins un week-end prolongé, prenez la paisible route 62 traversant les massifs montagneux et les vergers de Little Karoo jusqu'à la ville alanguie de Montagu (5 heures de Knysna ou 3 heures de l'aéroport international du Cap).

VOUS RESTEZ PLUS LONGTEMPS ?

À 3 heures à l'est de la Garden Route, passez 2 nuits en tente ou en cottage dans l'Addo Elephant National Park, où plus de 600 éléphants arpentent la Sundays River Valley, ou visitez une réserve privée, comme Shamwari ou Amakhala.

INFORMATIONS PRATIQUES

COMMENT S'Y RENDRE ET CIRCULER

Des vols directs desservent l'aéroport du Cap, mais il revient parfois moins cher d'opter pour des vols avec escale. L'aéroport international OR Tambo de Johannesburg est plus pratique si vous souhaitez également visiter le Nord, par exemple le Kruger National Park, ou des pays limitrophes. Bien que les routes sud-africaines ne soient pas toujours en bon état, louer une voiture reste le plus pratique (conduite à gauche). Il est recommandé de se déplacer en voiture au Cap, où les services de VTC sont très répandus. Les bus MyCiTi desservent le centre-ville et des circuits guidés explorent la région, des Winelands à la pointe du Cap. Le Bazbus (montée/descente libres) propose 13 arrêts entre Le Cap et Gqeberha (Port Elizabeth), dont Stellenbosch et Knysna.

QUAND PARTIR

Pendant l'été austral, de novembre à février, le temps est chaud et sec (évitez toutefois décembre : les routes sont chargées, notamment la Garden Route).

À SAVOIR

Si vous voulez passer la nuit dans une réserve, organisez votre séjour longtemps à l'avance, car les safaris sont prisés des Sud-africains comme des touristes.

Plus d'informations sur les sites capetown.travel et southafrica.net

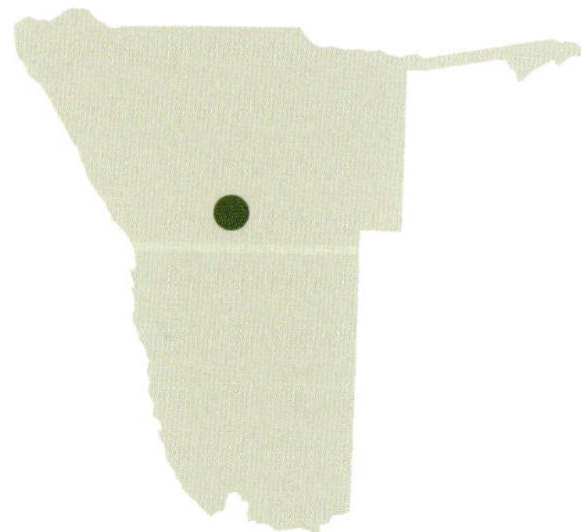

NAMIBIE

Road trip *en* Namibie

Page de droite : touristes sur les dunes géantes de Sossusvlei.
Ci-dessus : un éléphant sur une route de l'Etosha National Park.

LA NAMIBIE EST PEUT-ÊTRE L'ENDROIT LE PLUS SÛR D'AFRIQUE pour un road trip plein de surprises. Le pays compte de nombreux atouts pour garantir une aventure grisante en toute sécurité : faible densité de population, taux de criminalité bas, excellentes opportunités d'observer les animaux sauvages, paysages renversants et réseau routier bien développé.

Bien préparer votre séjour vous permettra d'apprécier le pays dans les meilleures conditions. Non seulement parce que la Namibie est vaste – 1,5 fois la France –, mais aussi parce qu'il y a beaucoup à voir.

La faune et la flore sauvages y abondent. L'Etosha National Park, au nord, est l'un des parcs africains comportant les plus grandes populations d'animaux, tandis que les montagnes arides du Damaraland abritent des espèces adaptées à la vie désertique : lions, éléphants, rhinocéros. De plus en plus

de réserves privées, telles qu'Erindi et Okonjima, associent conservation et frisson du safari. Mais la vie sauvage n'est qu'une facette de la Namibie. Le pays brille aussi par sa spectaculaire beauté naturelle, avec une succession de paysages à couper le souffle. Sur la côte, les vagues de l'Atlantique sud viennent s'écraser contre des dunes hautes de centaines de mètres et contre une partie du désert du Namib, le plus vieux au monde. Dans les terres, le Fish River Canyon, surnommé le "Grand Canyon d'Afrique", offre un contraste saisissant avec les vastes plaines du désert du Kalahari.

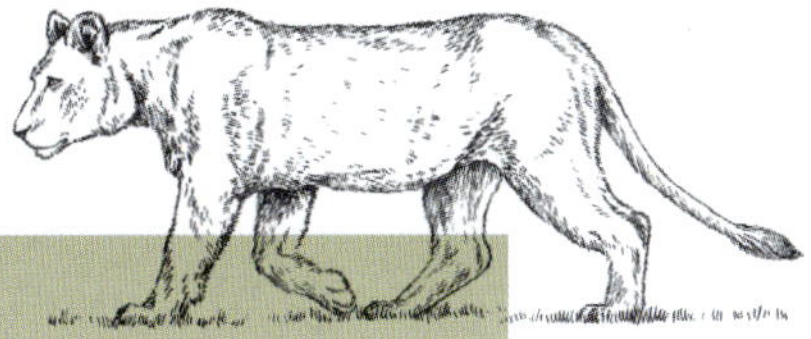

Souvenir de voyage

Lors de ma première visite à l'Etosha National Park, j'ai eu l'impression d'avoir atterri sur une autre planète. Des éléphants émergeant d'un nuage de poussière, des springboks massés autour des points d'eau et l'horizon qui se confond avec le ciel... Soudain, j'ai vu une lionne, mangeant sa proie parmi les oryx, les gnous et les girafes. Toutes les créatures, moi compris, n'avaient d'yeux que pour elle. L'Afrique dans toute sa splendeur.

ANTHONY HAM

EN BREF

À TABLE !
Essayez le gibier local : le savoureux koudou ou l'oryx.

UNE BOISSON ?
Buvez une bière Windhoek Lager face au coucher du soleil.

SE LOGER
Dormez sous la tente dans un luxueux camp sur la Skeleton Coast, à Sossusvlei ou aux abords de l'Etosha National Park.

UNE EXPÉRIENCE
Grimpez sur les dunes de Sossusvlei pour un lever du soleil inoubliable.

La visite du pays est aussi une aventure humaine. Elle commence par les San du Kalahari, l'une des plus anciennes civilisations de la planète, et se raconte à travers l'art rupestre millénaire de Twyfelfontein et des environs. À l'extrémité septentrionale du pays, les Himbas conservent pour leur part des modes de vie très traditionnels, à mille lieues du rythme effréné de Swakopmund, capitale des sports d'aventure du sud de l'Afrique, dopée à l'adrénaline.

Mais plus que tout, le souvenir que vous emporterez de votre visite en Namibie sera celui de ces moments passés sur ces routes désertes traversant déserts et montagnes, à guetter les animaux pouvant surgir à tout moment dans votre champ de vision...

Page de droite : camping sous les étoiles en Namibie.

Itinéraire en 2 semaines

\>

Récupérez un véhicule à Windhoek et mettez le cap au nord. Arrêtez-vous pour observer les animaux dans la réserve privée d'Erindi (2 jours) et dans la réserve d'Okonjima (1 jour), sur la route de l'Etosha National Park (3 jours), l'un des plus beaux parcs d'Afrique.

\>>

Ensuite, direction le sud-ouest et la côte sur les traces des rhinocéros et des éléphants dans les montagnes du Damaraland (2 jours) ; prévoyez une journée de plus à Twyfelfontein pour découvrir les gravures rupestres, classées par l'Unesco.

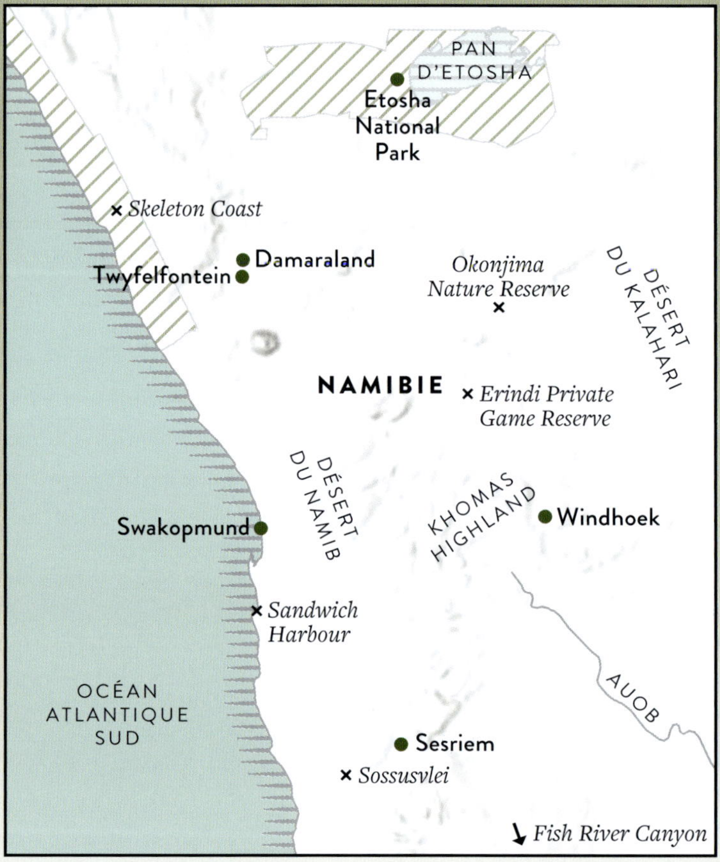

\>>>

Du Damaraland, comptez une longue journée de route jusqu'à la Skeleton Coast, littoral émaillé d'épaves de bateaux et abritant une grande colonie de phoques. La ville de Swakopmund propose toutes sortes d'excursions, notamment vers le superbe site de Sandwich Harbour, où le désert rencontre la mer.

\>>>>

Il faut rouler une demi-journée dans le désert du Namib pour rejoindre la ville de Sesriem. De là, partez pour 2 jours d'excursion dans les dunes de Sossusvlei et dans les vallées voisines, avant de rentrer à Windhoek.

VOUS RESTEZ PLUS LONGTEMPS ?

Prévoyez 3 jours supplémentaires pour rejoindre l'impressionnant canyon de la rivière Fish, vers le sud.

INFORMATIONS PRATIQUES

COMMENT S'Y RENDRE ET CIRCULER

Le seul aéroport international de Namibie est celui de Windhoek, la capitale, mais les vols sont peu nombreux (aucun vol direct depuis la France). Il est parfois plus avantageux d'arriver par Johannesburg, Le Cap (Afrique du Sud), Maun ou Kasane (Botswana), mieux desservis, puis de conduire jusqu'en Namibie. Le plus simple pour circuler est de louer un 4x4.

QUAND PARTIR

Il est possible de visiter la Namibie toute l'année, mais la saison sèche (juin à octobre) est la meilleure période : météo clémente (ciel dégagé, journées douces), conditions optimales sur la route et faune sauvage facile à observer.

À SAVOIR

Réservez votre 4x4 (et si possible votre hébergement, même si bon nombre de 4x4 sont équipés d'une tente sur le toit) via Drive Botswana (drivebotswana.com).

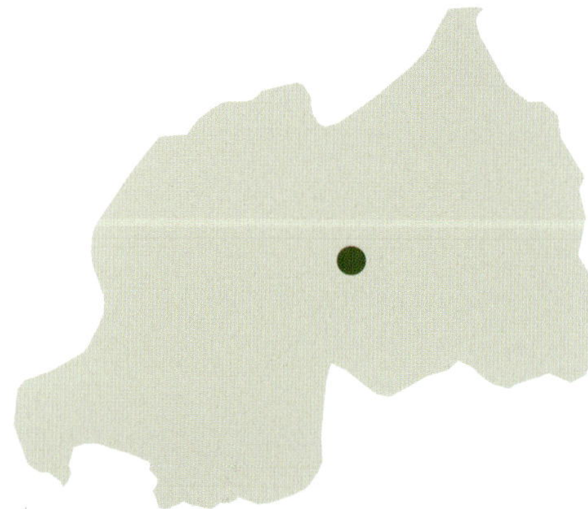

RWANDA

Le sanctuaire *des* gorilles *de* montagne

OBSERVER POUR LA PREMIÈRE FOIS des gorilles de montagne au cœur de la forêt pluviale, apercevoir des femelles allaitant leurs petits ou encore des jeunes faisant des pitreries, voilà une rencontre sauvage inoubliable.

Le parc national des Volcans, à la frontière nord-ouest du Rwanda, petit pays d'Afrique de l'Est, abrite 12 groupes de gorilles habitués aux visiteurs humains. Grâce aux incroyables efforts de conservation déployés, leur population est passée d'à peine 400 individus dans les années 1980 à plus de 1 000 aujourd'hui, répartis dans les forêts du nord du Rwanda, d'Ouganda et de République démocratique du Congo. Si certaines familles restent au bas des pentes des volcans, d'autres s'aventurent dans les brumes du mont Karisimbi. Il faut parfois trois à quatre heures pour les trouver : préparez-vous à une marche ardue au cœur d'une végétation dense de plantes grimpantes, de fougères et d'orties gigantesques. Lorsque vos pisteurs les auront trouvés, vous ne bénéficierez que d'une heure magique près de ces animaux énigmatiques, mais cela en vaut la peine. Comme chez leurs lointains cousins

Page de gauche : dans la canopée de la forêt pluviale de Nyungwe. *Ci-contre :* le centre de Kigali, la capitale du Rwanda. *Ci-dessous :* gorille dans le parc national des Volcans.

EN BREF

À TABLE !

Suivez un cours de cuisine traditionnelle au Nyamirambo Women's Center, dans l'un des plus anciens quartiers de Kigali. Au menu : *matoke* (bananes plantains vertes frites), *ibihaza* (citrouille aux haricots) et *dodo* (légume vert proche de l'épinard).

UNE BOISSON ?

L'*urwagwa* est une boisson alcoolisée à base de jus de banane fermenté et de sorgho. Fabriquez-la vous-même au Red Rocks Rwanda à Musanze, ou au Heaven Restaurant à Kigali.

SE LOGER

Offrez-vous une nuit dans l'un des lodges ultra-luxueux de Musanze. Wilderness Bisate, Singita Kwitonda, Virunga Lodge et One&Only Gorilla's Nest sont tous axés sur la conservation des gorilles et les projets communautaires.

UNE EXPÉRIENCE

Dans le parc national des Volcans, un trek facile permet de voir les singes dorés : attachants, ils voltigent dans les forêts de bambous, tels des acrobates survoltés.

ACHATS

Kigali fourmille de talents créatifs, à admirer au Inema Arts Centre, qui accueille 10 artistes contemporains en résidence. La danse, la musique, l'art et l'artisanat africains y sont à l'honneur.

Souvenir de voyage

On n'oublie jamais sa première rencontre avec un gorille… Un peu comme un premier amour ! Le mien s'appelait Kurira. Ce grand et beau dos argenté de 200 kg, au pelage noir de jais, avançait nonchalamment dans ma direction, sans avoir l'air de mesurer l'effet que cela me faisait – un mélange de joie et d'appréhension. Mon corps était tendu à se rompre. Alors que je reculais nerveusement dans les buissons, il s'est arrêté non loin de moi et s'est tranquillement accroupi pour regarder des baies sauvages comme s'il s'agissait d'un mets exquis. De ses doigts noueux, Kurira a délicatement cueilli un fruit, minuscule dans ses mains de la taille d'un battoir, et l'a porté à sa bouche, le savourant longuement avant de choisir le suivant. Fascinée par ses expressions si semblables aux nôtres, sa douceur, sa force et ses yeux bruns expressifs, j'étais complètement sous le charme.

SUE WATT

© VADIM N / SHUTTERSTOCK

“Grâce aux incroyables efforts de conservation déployés, la population des gorilles est passée d’à peine 400 individus dans les années 1980 à plus de 1 000 aujourd’hui, répartis dans les forêts du nord du Rwanda, d’Ouganda et de République démocratique du Congo.”

Ci-contre : parc national des Volcans.

humains, vous reconnaîtrez des attitudes familières : ici un adulte raisonnable, là un ado provocateur ou boudeur, là encore des petits s'amusant à se courir après ou à se balancer d'arbre en arbre.

Les gorilles ne sont pas les seuls primates à découvrir au Rwanda. Un grand nombre de singes vivent aussi dans la forêt pluviale du parc national de Nyungwe, au sud du pays. Entre ces deux aires protégées s'étend le lac Kivu, drapé d'un camaïeu de verts. Pour rejoindre Nyungwe, traversez ce lac à bord du luxueux bateau de croisière *Kivu Queen uBuranga*. En chemin, explorez des îles minuscules et écoutez les chants traditionnels des pêcheurs à la tombée du jour. Puis plongez dans la nature luxuriante du parc national de Nyungwe, où vivent 13 espèces de primates africains, notamment des chimpanzés et des colobes (que leurs longues barbes blanches font ressembler à de vieux hippies). Parmi les chants d'oiseaux et les cris de singes, traversez le pont suspendu d'Uwinka, qui culmine à 50 m au-dessus des ébéniers et des acajous. Ou empruntez le nouveau sentier de randonnée de Cyinzobe (3 jours, avec hébergement en cabanes de bois) pour contempler des cascades et de sublimes panoramas, avant d'arriver à Kigali, capitale dynamique du pays.

Kigali renferme d'innombrables galeries d'art, des marchés d'artisanat, d'excellents restaurants et bars, des gratte-ciel rutilants et des jardins soigneusement entretenus. Une visite s'impose au Mémorial du génocide de Kigali, un lieu étonnamment paisible agrémenté de roseraies où sont racontés avec tact les massacres qui ont dévasté le pays en 1994.

Ci-dessus : le parc national des Volcans, dans la chaîne des Virunga, est l'un des derniers sanctuaires des gorilles de montagne.

INFORMATIONS PRATIQUES

COMMENT S'Y RENDRE ET CIRCULER

RwandAir assure des vols entre Paris ou Bruxelles et l'aéroport international de Kigali, principale porte d'entrée du Rwanda. Les parcs nationaux sont facilement accessibles en voiture depuis la capitale. La plupart des visiteurs louent les services d'un chauffeur/guide (via un tour-opérateur), occasion également d'échanger sur la vie rwandaise.

QUAND PARTIR

Les périodes s'étendant de décembre à février et de juin à septembre sont idéales pour voir les gorilles, mais sachez qu'il peut pleuvoir à tout moment. En septembre, la cérémonie Kwita Izina, au cours de laquelle les bébés gorilles reçoivent un nom, attire des milliers de curieux.

À SAVOIR

Le dernier samedi matin de chaque mois, tous les Rwandais travaillent pour la communauté dans le cadre de l'Umuganda. Boutiques et musées sont alors fermés jusqu'à 11h.
Les permis pour pister les gorilles coûtent 1 500 $US (réduction pour les visiteurs des parcs nationaux de l'Akagera et de Nyungwe) ; il faut avoir plus de 15 ans et pouvoir marcher plusieurs heures. Réservez longtemps à l'avance, de préférence via un tour-opérateur (ou encore sur visitrwandabookings.rdb.rw).
Plus d'informations sur le site visitrwanda.com

Itinéraire en 2 semaines

\>

L'excellent réseau routier du Rwanda est organisé en étoile à partir de sa capitale, Kigali. La ville, sûre et d'une propreté impeccable, mérite 2 jours d'exploration à un rythme paisible.

\>>

Le 3e matin, parcourez les 2 heures de route jusqu'à Musanze (Ruhengeri) pour rejoindre les gorilles de montagne. Ici, et autour du village voisin de Kinigi, qui abrite le siège du parc national des Volcans, vous trouverez d'excellents lodges, restaurants et galeries d'art. Nombre de visiteurs vont voir les gorilles deux fois si leur budget le leur permet (le permis est coûteux ; l'argent finance des projets de conservation ou pour la communauté). Autres possibilités : faire du vélo, de la randonnée ou du canoë. Prévoyez au moins 3 jours.

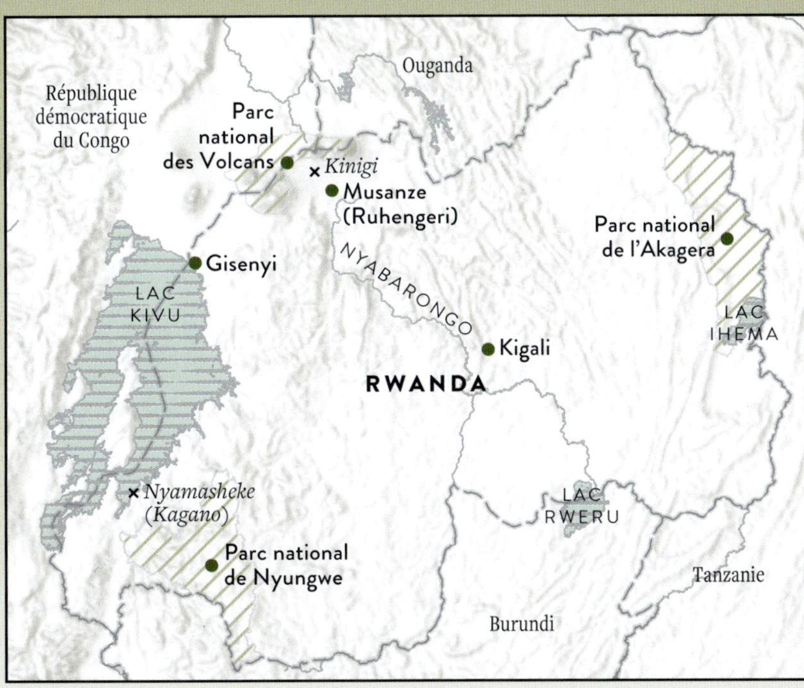

\>>>

Le 6e jour, roulez 2 heures jusqu'à Gisenyi, sur les rives du lac Kivu. Après 2 jours de détente sur le *Kivu Queen uBuranga*, débarquez à Nyamasheke (Kagano) pour rallier le parc de Nyungwe (30 minutes en voiture). Immergez-vous pendant 5 jours dans la forêt pluviale luxuriante, observez les singes et les chimpanzés et randonnez 3 jours avant de rentrer à Kigali par la route.

VOUS RESTEZ PLUS LONGTEMPS ?

Cap à l'est sur le parc national de l'Akagera, à 2 heures de Kigali, qui abrite les «Big Five». Avec ses lacs, ses collines et ses savanes, c'est l'un des plus beaux parcs d'Afrique.

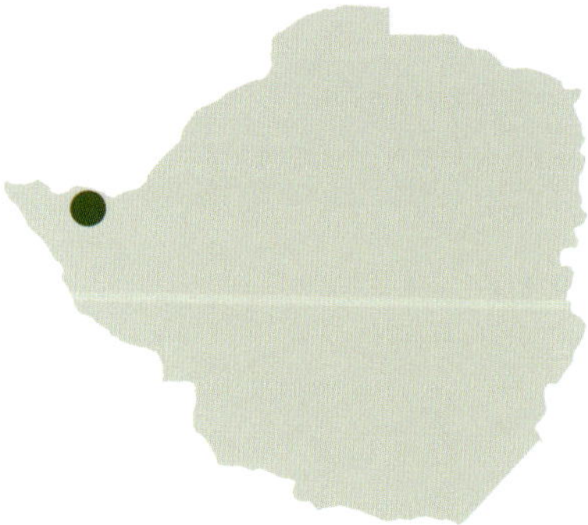

ZIMBABWE

Autour *des* chutes Victoria, *une* nature sauvage

Page de droite : des éléphants et des babouins traversant la savane.
Ci-dessus : observation des animaux, en canoë dans le Mana Pools National Park.

DESTINATION AFRICAINE MÉCONNUE, bien moins fréquentée que l'Afrique du Sud ou la Tanzanie, le Zimbabwe abrite pourtant des milliers d'éléphants et une kyrielle de prédateurs, parmi lesquels des lions, guépards et lycaons. Ajoutez à cela les chutes Victoria, les plus grandes au monde, des projets de conservation initiés par les communautés, d'excellents camps et lodges et des guides de haut vol, et vous obtenez la promesse d'un safari d'exception. Préparez-vous à un voyage magique, loin des foules de touristes !

Couvrant 14 650 km², le Hwange National Park est le plus grand parc national du pays. Ses forêts de tecks et de mopanes et ses plaines parsemées de palmiers forment l'habitat des célèbres Big Five : lions, buffles, léopards, éléphants et rhinocéros. Parcourez le parc en 4x4 ou à pied et vous apercevrez une centaine d'espèces de mammifères, notamment des myriades d'antilopes, des gnous et des zèbres. Ou attendez silencieusement près de l'un des nombreux points d'eau pour assister au spectacle fascinant des troupeaux d'éléphants venant s'abreuver en grondant de plaisir. En dehors des parcs, faites le tour des marchés artisanaux communautaires et

découvrez les écoles et les projets menés par des femmes, et soutenus par les lodges locaux.

Classé sur la liste du Patrimoine mondial de l'Unesco, le Mana Pools National Park doit sa beauté à ses forêts de *Faidherbia albida* et aux eaux du Zambèze qui le traverse. On peut faire du kayak sur le fleuve (gardez un œil, toutefois, sur les hippopotames et les crocodiles) ou partir en voiture ou à pied à la recherche des lycaons ou de Boswell et Fred Astaire, deux éléphants mâles qui – chose rare – ont pour habitude de se dresser sur leurs pattes arrière pour attraper les feuilles en haut des arbres.

Souvenir de voyage

En 2022, j'ai suivi le transfert de deux rhinocéros blancs, Thuza et Kusasa. Il fallait effectuer un trajet exténuant de 17 heures à travers le Zimbabwe jusqu'au nouvel Imvelo Ngamo Wildlife Sanctuary, à Hwange. L'enthousiasme et la fierté se lisaient sur tous les visages : la communauté avait donné des terres pour accueillir les rhinocéros, qui avaient disparu de la région. La joie silencieuse des villageois, tandis que les rhinocéros exploraient leur nouvel environnement, m'a donné les larmes aux yeux.

SUE WATT

EN BREF

À TABLE !

Dégustez un succulent *high tea* (collation composée de thé et de petits gâteaux prise l'après-midi) au majestueux Victoria Falls Hotel.

UNE BOISSON ?

Sirotez un gin-tonic ou une bière Zambezi tout en observant les éléphants venus boire à un point d'eau.

SE LOGER

Réveillez-vous parmi les rhinocéros au Camelthorn Lodge, au cœur du sanctuaire de Hwange.

UNE EXPÉRIENCE

Laissez-vous captiver par *Simunye*, un spectacle mêlant marionnettes, danse et musique, au Victoria Falls Theatre.

Ci-dessus : les chutes Victoria, à la frontière entre le Zimbabwe et la Zambie.

Un vol en hélicoptère est le meilleur moyen de prendre toute la mesure des époustouflantes chutes Victoria. Mais les accros à l'adrénaline auront de nombreuses autres occasions de s'occuper dans les environs de ces chutes larges de 1,6 km et du puissant fleuve Zambèze. Au programme : saut à l'élastique, tyrolienne, saut pendulaire et ULM. Pour une expérience plus calme (mais humide), suivez le sentier jalonné de points de vue en guettant les arcs-en-ciel au milieu du déferlement d'eau.

INFORMATIONS PRATIQUES

COMMENT S'Y RENDRE ET CIRCULER

Rejoignez l'aéroport international de Victoria Falls. Des tour-opérateurs comme Safari Logistics, Wilderness et Mack Air proposent de rallier les différents parcs nationaux du pays en petit avion.

QUAND PARTIR

La saison sèche, idéale pour voir les animaux, court de juillet à octobre. Entre novembre et avril, la pluie rend les routes difficilement praticables et nombre de lodges ferment. Observez les chutes Victoria entre juin et septembre, avant que leur débit ne ralentisse.

À SAVOIR

Il est possible d'organiser un safari de manière indépendante, mais il est bien plus simple (et pas nécessairement plus coûteux) de confier sa préparation à un tour-opérateur spécialisé. Emportez traitement antipaludéen, jumelles, vêtements légers mais aussi couches plus chaudes. Près des chutes, protégez téléphones et appareils photos des particules d'eau en suspension.

Plus d'informations sur le site zimbabwetourism.net

Itinéraire en 12 jours

>

De l'aéroport international de Victoria Falls, rejoignez Hwange par la route (4 heures) ou par les airs (1 heure en avion de brousse). Prévoyez 3 à 4 jours pour voir les animaux, visiter le sanctuaire des rhinocéros et les villages alentour, et boire un verre au crépuscule dans la brousse – le tout organisé par votre lodge.

>>

Un petit avion vous emmène ensuite à Mana Pools (2 à 3 heures). Comptez 4 jours sur place. Effectuer le safari à pied permet d'être pleinement attentif aux sons de la brousse. La plupart des lodges proposent aussi kayak, observation des oiseaux, sorties en bateau et safaris motorisés.

>>>

Le vol retour jusqu'aux chutes Victoria (2 heures) suit le cours du Zambèze et l'immense Lake Kariba. Comptez quelques jours pour voir les chutes, prévoir des activités ou explorer tranquillement les boutiques, marchés de curiosités et restaurants de la ville de Victoria Falls.

VOUS RESTEZ PLUS LONGTEMPS ?

Après Mana Pools, passez 2 nuits sur un bateau de croisière sur le Lake Kariba, particulièrement somptueux au lever et au coucher du soleil.

BOTSWANA

Safari en bateau *sur le* delta de l'Okavango

ON AIMERAIT QUE CELA NE S'ARRÊTE JAMAIS. En glissant sur les canaux du delta de l'Okavango à bord d'une pirogue creusée dans un tronc d'arbre, les seuls sons que l'on entend sont ceux de la pagaie en bois poussant l'eau, le cri perçant d'un aigle pêcheur… ou le silence qui s'abat soudain à l'approche d'un prédateur. Voilà un mode de transport durable, traditionnel et enchanteur. Au gré des courants, en évitant les hippopotames, vous pourrez observer un éléphant venu nager ou boire près des roseaux, ou ces oiseaux aquatiques appelés becs-en-ciseaux, qui font à peine apparaître une ride à la surface en attrapant des insectes. Avec un peu de chance, vous entendrez rugir un lion au loin. Des moments magiques, grâce auxquels le plus grand delta intérieur au monde ressemble à un paradis terrestre. À l'issue de votre aventure, vous reviendrez à votre point de départ : un campement de tentes installé sur une île accessible uniquement en bateau.

EN BREF

À TABLE !
Pique-niquez de *biltong* (viande séchée) au coucher du soleil.

UNE BOISSON ?
Essayez le *bojalwa*, bière de sorgho, ou le *madila*, lait fermenté épaissi.

À SAVOIR
Organisez votre visite entre mai et septembre, quand le niveau de l'eau permet de circuler en bateau. *Renseignez-vous sur botswanatourism.co.bw.*

KENYA ET TANZANIE

Assister *à la* grande migration

EN BREF

À TABLE !
Réservez un petit déjeuner de brousse, plusieurs plats servis dans la savane.

UNE BOISSON ?
Rafraîchissez-vous d'une bière Tusker (Kenya) ou Serengeti (Tanzanie).

À SAVOIR
Renseignez-vous pour savoir où trouver la migration selon le moment de l'année. Réservez votre safari plusieurs mois à l'avance sur www.tanzaniatourism.go.tz.

IMAGINEZ-VOUS DANS LA SAVANE du Serengeti National Park, en Tanzanie, ou de la Masai Mara National Reserve au Kenya. Devant vous, des animaux à perte de vue. Près de 2 millions de gnous et de zèbres se meuvent à l'unisson, si bien que la terre elle-même paraît onduler. Parfois, les zèbres sont si nombreux que le paysage entier se brouille dans un déchaînement de rayures. Retenez votre souffle lorsque les troupeaux traversent des rivières, à la merci des crocodiles... La grande migration est l'un des derniers spectacles naturels vraiment sauvages. Obéissant à un instinct millénaire, les troupeaux suivent les pluies et les prairies dans leur inlassable quête de survie, traqués par les prédateurs. Partir en safari en Afrique orientale, c'est aussi s'inscrire dans une longue tradition de voyage : dormir sous la tente en écoutant les lions rugir dans la nuit, observer les familles d'éléphants passant au loin comme des ombres, tandis que la boule de feu du soleil disparaît derrière la silhouette d'un acacia...

OMAN

Dans l'immensité *du* Quart vide

QUEL LIEU POURRAIT MIEUX que le désert d'Oman illustrer l'Arabie mythique ? Les dunes ondulantes, les caravanes de chameaux et les forts à l'architecture ingénieuse réveillent les échos du passé, et les fantômes d'Ibn Battûta, de Wilfred Thesiger et d'autres explorateurs hantent encore le paysage. Dans ce pays où le tourisme est balbutiant, la mer de sable a des airs de territoire inexploré. En embarquant dans un 4x4 pour le Rub al-Khali (le "Quart vide"), vous vous sentirez l'âme d'un aventurier. La région des Wahiba Sands, à 3 heures au sud de la capitale Mascate, permet d'appréhender la vie dans le désert. Cet endroit touche immédiatement le voyageur : un dédale de dunes à escalader et à redescendre en surf, des ciels criblés d'étoiles et des chameaux pour seule compagnie. Au sud-ouest, la mystique cité perdue d'Ubar, l'Atlantides des Sables, convoque encore aujourd'hui un imaginaire sans limites.

EN BREF

À TABLE !
Appréciez un *shuwa*, plat de chevreau aux épices douces accompagné de riz.

UNE BOISSON ?
Sirotez un thé à la menthe ou un café à la cardamome au sommet d'une dune.

À SAVOIR
Mieux vaut éviter la chaleur torride de juin à août ; préférez la période de novembre à février, la plus fraîche.

© PETER STUCKINGS / GETTY IMAGES

Asie

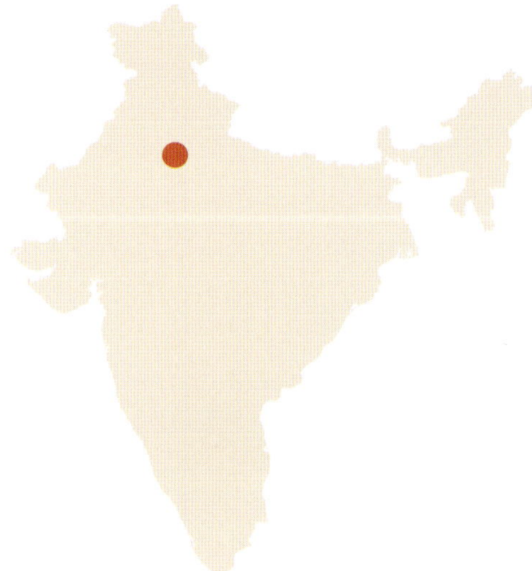

INDE

Forts *et* palais *du* Rajasthan

ON NE PEUT IMAGINER DEMEURES PLUS FASTUEUSES que les forts et palais de l'Inde. Bien que les royaumes des plaines du nord aient été marqués par des luttes incessantes, les monuments qu'ils ont laissés racontent aussi une histoire tout autre, dominée par la beauté, l'amour et les peines de cœur.

Dès votre arrivée à Delhi, entre les klaxons et l'agitation des bazars où l'on trouve de tout – de la poudre colorée aux boîtes à repas en métal –, vous découvrirez des forteresses, des palais et des tombeaux témoignant de huit grands empires passés. Leur nombre pouvant déconcerter, mieux vaut se concentrer sur les sites plus importants : le Fort Rouge et la mosquée Jama Masjid, le tombeau de l'empereur moghol Humayun, les vestiges britanniques de New Delhi et les ruines de Qutb Minar. Les Rajputs, les plus féroces rivaux et alliés occasionnels des Moghols, contrôlaient le territoire situé à l'ouest de Delhi, un patchwork d'États princiers formant le Rajasthan actuel. Dans ces clans de guerriers d'une fierté indéfectible, on préférait la mort au déshonneur. Explorer les capitales royales du

© MATT MUNRO / LONELY PLANET

Page de gauche : la porte des Paons du City Palace de Jaipur. *Ci-contre :* l'hôtel Lake Palace sur le Lake Pichola à Udaipur. *Ci-dessous :* dégustation de *chai* au Bengale-Occidental. *Double page précédente :* un train traverse le Nine Arches Bridge au Sri Lanka.

EN BREF

À TABLE !

Le *dal bhati churma* est un classique de la cuisine du Rajasthan. Il s'agit de petits pains à la farine de blé badigeonnés de beurre clarifié que l'on trempe dans une sauce épicée à base de lentilles.

UNE BOISSON ?

Le kulhad chai est un thé au lait sucré à la cardamome et au gingembre. Il est servi dans une tasse en terre cuite non émaillée, 100% naturelle.

SE LOGER

Offrez-vous une nuit de maharaja dans l'un des nombreux et somptueux palaces du Rajasthan : le Rambagh Palace à Jaipur, le Umaid Bhawan Palace à Jodhpur ou encore le Lake Palace à Udaipur.

UNE EXPÉRIENCE

En réservant un safari à dos de chameau à Jaisalmer, avec une nuit sur place, vous éviterez les foules sur les dunes de Sam et Khuri. Vous pourrez ainsi profiter du désert, dormir parmi les dunes et admirer les étoiles sans pollution lumineuse.

ACHATS

Marchandez des peintures miniatures représentant la faune, les divinités et la vie princière. À Bundi, vous pourrez même faire réaliser votre portrait dans un décor des plus royaux.

Souvenir de voyage

La magie de l'Inde médiévale est particulièrement forte à Jaisalmer. Lors de ma première visite, j'ai eu l'impression de déambuler dans un décor de film. Je sortais d'un train de nuit : j'ai franchi une série de portes immenses pour entrer dans une ville fortifiée qui semblait avoir été sculptée dans la pierre dorée du désert. Tandis que je marchais dans les ruelles, à la recherche d'un endroit où loger, chaque recoin semblait dévoiler une nouvelle merveille. La façade finement sculptée d'une maison *haveli*, une cour aux pavés jaunes polis par 800 années de passage, la superbe tour ornée de divinités d'un temple jaïn... Les ruelles mènent toutes aux remparts de la ville, d'où la vue porte loin. Depuis ma première visite, Jaisalmer a changé, bien sûr ; mais admirer le lever du soleil du haut des murs crénelés de la forteresse, une tasse de *masala chai* (thé épicé) à la main, reste l'un de mes plus grands plaisirs en Inde du Nord.

JOE BINDLOSS

"Les palais sont couverts de dorures et de peintures représentant des scènes idylliques, et les cours intérieures abritent une profusion de jardins et de fontaines."

Ci-contre : l'intérieur du City Palace d'Udaipur. *Page de droite :* le Hawa Mahal ("palais des Vents") à Jaipur, peint en rose.

Rajasthan est une expérience intense. Les palais sont couverts de dorures et de peintures représentant des scènes idylliques, et les cours intérieures abritent une profusion de jardins et de fontaines. Mais au milieu de cette opulence, vous croiserez aussi le souvenir des suicides rituels des épouses, s'immolant sur le bûcher de leur mari, ou encore du *jauhar*, suicide rituel collectif que les habitants de villes entières préféraient commettre plutôt que de se soumettre à l'occupant.

Le circuit classique commence à Jaipur, avec les forteresses et édifices roses érigés par les souverains du clan Rajput des Kachhwaha. Au sud de Jaipur, à Bundi, des fleurs peintes, des scènes royales et des représentations de dieux hindous ornent chaque centimètre carré de mur et de plafond du palais royal, tandis que, plus au sud encore, des tours de la victoire finement sculptées se dressent au-dessus de Chittorgarh, la plus grande forteresse du VIIe siècle. Le romantisme monte d'un cran encore à Udaipur : des palais blancs comme neige se reflètent sur les eaux scintillantes du Lake Pichola. Le blanc fait place au bleu brahmane à Jodhpur, où l'enceinte fortifiée de Mehrangarh forme un décor magique. Plus loin dans le désert du Thar, les murs de grès doré de Jaisalmer complètent la palette des couleurs.

Dernier sommet du Triangle d'or de l'Inde, après Delhi et Jaipur, Agra sera le dernier haut lieu de ce voyage – entre Jaipur et Agra, vous pourrez faire halte à Ranthambore afin de découvrir sa forteresse et son parc national réputé pour l'observation des tigres. À Agra, optez pour une visite matinale du Taj Mahal, le fameux mausolée construit par l'empereur Shah Jahan en mémoire de sa troisième épouse. Shah Jahan lui-même disait qu'il "faisait verser des larmes au Soleil et à la Lune". Aucun autre édifice n'incarne aussi parfaitement cette rencontre de la tragédie et de la beauté.

Page de droite : rickshaw devant le Fort Rouge de Delhi

Itinéraire en 2 semaines

\>

Commencez par 3 jours à flâner dans les bazars labyrinthiques de Delhi, et à visiter les forts, mosquées et tombeaux moghols. Près de 5 heures de train vous conduiront dans la ville rose de Jaipur, où vous pourrez arpenter le City Palace, le Hawa Mahal, l'Amber Palace et l'extraordinaire observatoire que le roi Jai Singh II fit construire.

\>>

À 4 heures de bus vers le sud, le palais de Bundi, avec ses peintures et ses puits, mérite une journée de visite, tout comme la tour de la victoire de Chittorgarh. Consacrez 2 jours aux palais d'Udaipur, à 2 heures de train, et savourez un dîner avec vue sur le Lake Pichola.

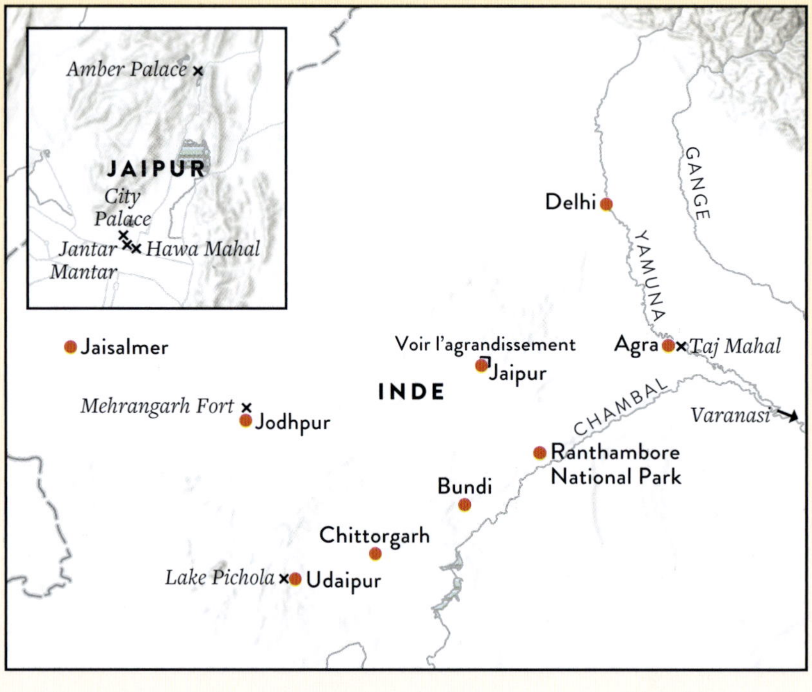

VOUS RESTEZ PLUS LONGTEMPS ? Prolongez votre voyage à l'est d'Agra jusqu'à la ville sacrée de Varanasi pour vous mêler aux pèlerins hindous au bord du Gange.

\>>>

Le bus de nuit est un bon moyen de se rendre à Jodhpur, où vous pourrez vous perdre avec bonheur dans le dédale de ruelles bleues qui entourent le Mehrangarh Fort.

\>>>>

Prenez le train jusqu'à la ville dorée de Jaisalmer (5 à 7 heures), et comptez 2 jours pour faire un safari à dos de chameau dans les dunes. Prévoyez 1 jour pour rejoindre le Ranthambore National Park en bus et en train, et 6 heures de plus pour rejoindre le fort d'Agra et le nostalgique Taj Mahal.

INFORMATIONS PRATIQUES

COMMENT S'Y RENDRE ET CIRCULER

Atterrir à l'aéroport international Indira Gandhi de Delhi permet d'explorer facilement les villes fortifiées de l'Inde du Nord. Vous pourrez circuler entre elles en train ou en bus. Réservez en ligne à l'aide d'applications comme Make My Trip, Yatra, Redbus ou 12GoAsia. Si vous êtes pressé, il existe des liaisons aériennes entre Jaipur et Delhi, Udaipur, Jodhpur, Jaisalmer et Agra.

QUAND PARTIR

La période idéale s'étend d'octobre à mars. Vous éviterez ainsi la mousson de juin à septembre et la chaleur accablante des mois d'avril et mai. Nuits fraîches dans le désert de décembre à février. Réservez les hôtels et le transport bien à l'avance pour la période de Noël et du Nouvel An.

À SAVOIR

Les conditions d'hygiène peuvent être mauvaises et impliquent quelques précautions. Emportez un savon antibactérien ou du gel pour les mains. Privilégiez les restaurants très fréquentés où l'on sert des plats cuisinés à la commande et ne buvez que de l'eau minérale, jamais d'eau du robinet (y compris pour vous brosser les dents). La vie en Inde peut être bruyante ; prévoyez des bouchons d'oreilles.
Plus d'informations sur le site incredibleindia.gov.in/en

INDE

Prendre son temps *au* Kerala

DE LA QUIÉTUDE DES BACKWATERS aux nuances de vert des plantations de thé, en passant par la cuisine aux saveurs de noix de coco, le Kerala est un régal pour les sens. Sur la côte ouest de l'Inde du Sud, le rythme de vie est plus lent, en partie grâce à la centaine de voies navigables intérieures (bordées à l'est par la chaîne des Ghats occidentaux). Une multitude d'activités vous attendent le long des 580 km de littoral. Vous pourrez pratiquer le surf dans la ville sainte de Varkala, vous évader sur les étendues infinies de sable doré du nord, observer les rituels envoûtants du *theyyam* (un art mêlant danse, théâtre et musique) dans les villes côtières de Kannur et Bekal... Quant à Kochi (Cochin), la capitale culturelle, elle incarne tout ce qui fait la spécificité du Kerala. Les pratiques régionales traditionnelles, comme la danse *kathakali* et les soins ayurvédiques, côtoient une scène créative contemporaine en plein essor. Et si vous souhaitez échapper à la chaleur, cap sur les Ghats occidentaux : partez à la recherche d'éléphants sauvages dans la forêt de Wayanad, faites un trek dans la réserve de tigres de Periyar ou plongez dans la brume des plantations de thé à Munnar.

EN BREF

À TABLE !
Le sadhya est un festin végétarien servi lors du festival des moissons.

UNE BOISSON ?
Goûtez au café filtre indien, le *kaapi*. Sa préparation diffère selon les régions.

À SAVOIR
La période idéale s'étend d'octobre à mars ; la haute saison de décembre à février. Si vous souhaitez voyager en train, pensez à réserver.

BHOUTAN

Montagnes *et* monastères paisibles

EN BREF

À TABLE !
L'*ema datshi* est un ragoût à base de piment et de fromage de yak.

UNE BOISSON ?
L'*ara*, un alcool obtenu à base de céréales, vous réchauffera sur les sentiers de montagne.

À SAVOIR
Contactez un tour-opérateur bhoutanais pour obtenir un visa, planifier un itinéraire et payer la taxe touristique journalière (actuellement de 100 $US par jour).

C'EST LE DERNIER ROYAUME BOUDDHISTE de l'Himalaya. Et bien qu'il faille, pour y entrer, s'acquitter d'une taxe touristique qui constitue un budget en soi, le Bhoutan est le voyage d'une vie. S'y rendre, c'est sortir des sentiers battus pour découvrir des vallées intactes sculptées par les glaciers, bercé par le tintement des cloches et le murmure des mantras. Le pays a inscrit dans sa constitution le concept de Bonheur National Brut, qui vise à maintenir un équilibre entre développement économique, préservation de la culture et de l'environnement et bien-être des habitants. La journée, on parcourt les sentiers dans l'air pur de l'Himalaya, entre sommets et cours peintes des *dzongs* (forteresses-monastères). La nuit, on dort enveloppé de silence sous un ciel étoilé. On goûte des plats étonnants à base de fromage de yak et de pousses de fougères. À vous de choisir la manière dont vous voulez explorer ce paradis : grimper au monastère de Taktshang, siroter un café avec des moines bouddhistes dans la capitale cosmopolite, rejoindre l'intemporel *dzong* de Punakha... Autant d'expériences véritablement marquantes !

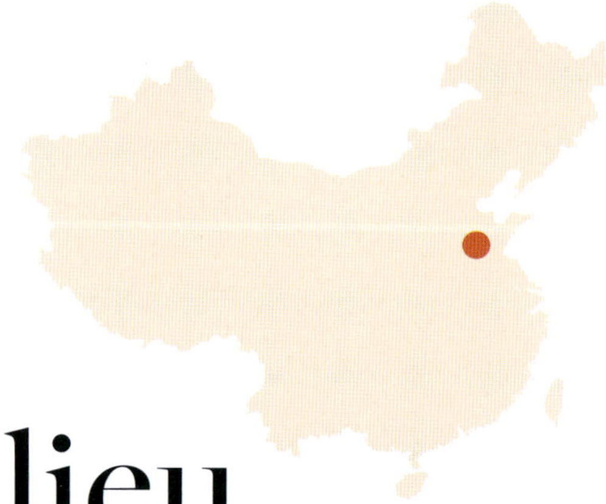

CHINE

Le Triangle d'or *de* l'Empire du Milieu

Page de droite : la vieille ville de Qibao à Shanghai, à la tombée du jour. *Ci-dessus :* danseurs traditionnels chinois au Palais d'été de Beijing.

LE TRIANGLE D'OR DES VILLES CHINOISES – Beijing, Xi'an, Shanghai – offre un aperçu fascinant du pays. Au programme : cinq mille ans d'histoire, la mythique route de la soie, un paysage urbain futuriste et des trains à grande vitesse. Commencer par Beijing (Pékin) est essentiel pour appréhender le passé millénaire du pays, ses dimensions et sa grandeur impériale. Vous vous sentirez sans doute minuscule sur la vaste place Tian'anmen comme dans les cours et les salles imposantes de la Cité interdite, où résidait autrefois l'empereur. Le quadrillage tentaculaire de la capitale peut être déconcertant, mais vous découvrirez aussi le dédale des *hutong*, lacis de ruelles caractéristiques du Beijing traditionnel qui abritaient autrefois les travailleurs impériaux. Accueillant aujourd'hui cafés et boutiques, leurs cours ont un charme d'antan.

Au sud-ouest de Beijing, la ville de Xi'an est une autre étape incontournable. D'une part, dans ses environs se trouve la célèbre Armée des soldats de terre cuite : le premier empereur, Qin Shi Huang, fit sculpter des milliers de soldats, chevaux et chars grandeur nature pour l'accompagner dans l'au-delà. Aujourd'hui, on peut les contempler dans un entrepôt gigantesque à l'extérieur de la ville. D'autre part, cette ville érigée dans les années 500 de notre

Souvenir de voyage

En ce mois de janvier, je travaillais à Beijing quand j'ai reçu la visite d'une amie anglaise. Elle avait envie d'aller voir la Grande Muraille, et nous avons réservé une excursion d'une journée avec un chauffeur, vers la section de Mutianyu. Par un matin glacial, le thermomètre étant descendu sous le zéro, nous sommes parties avant le lever du jour, pour éviter la circulation matinale. L'hiver était bien installé, et lorsque nous sommes arrivées à Mutianyu, nous avons trouvé la muraille et les montagnes couverts de neige. Vu la température glaciale, peu de touristes avaient fait le déplacement ce jour-là et nous avions les lieux quasiment tout à nous. Nous avons progressé avec précaution jusqu'au sommet, en évitant les plaques de verglas et en prenant des selfies surréalistes du site désert.

MEGAN EAVES

EN BREF

À TABLE !
À Beijing, goûtez le canard pékinois croustillant ; à Xi'an, testez les nouilles épicées *biangbiang mian* ; à Shanghai, savourez les célèbres soupes de raviolis *xiaolongbao*.

UNE BOISSON ?
Passez l'après-midi dans un salon de thé traditionnel. Choisissez votre thé : on vous resservira de l'eau chaude à volonté. Des en-cas sont proposés en accompagnement.

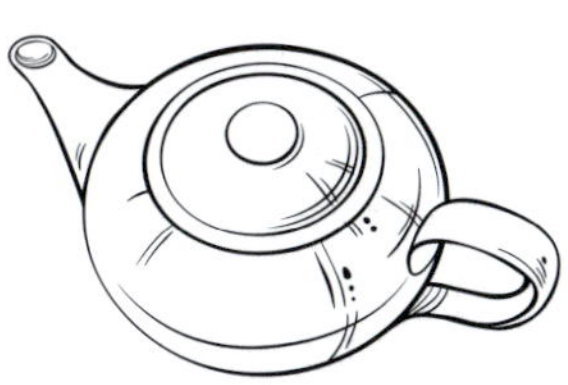

SE LOGER
Passez la nuit dans une maison de *hutong* à Beijing ; à Shanghai, optez pour un séjour dans un hôtel historique le long du Bund, comme le Fairmont Peace Hotel, emblématique de la ville depuis 1929.

UNE EXPÉRIENCE
Promenez-vous parmi les pavillons ombragés du Palais d'été de Beijing, où l'empereur et sa cour se retiraient pour se rafraîchir en été.

ACHATS
Parcourez le labyrinthe de ruelles du quartier musulman de Xi'an pour acheter souvenirs, en-cas et épices. À Shanghai, rendez-vous dans le quartier de l'ancienne concession française pour découvrir les dernières tendances de la mode.

"Le quadrillage tentaculaire de la capitale peut être déconcertant, mais vous découvrirez aussi le dédale des *hutong*, lacis de ruelles caractéristiques du Beijing traditionnel qui abritaient autrefois les travailleurs impériaux."

Ci-contre : Nanluoguxiang, rue piétonne commerçante du centre de Beijing.

ère sous le nom de Chang'an allait revêtir une grande importance. Dans les années 700, elle constituait l'extrémité orientale de la route de la soie, véritable carrefour de cultures comme en témoigne encore aujourd'hui le quartier musulman de la ville. Chang'an avait un statut tel que, lorsque le 50e empereur du Japon monta sur le trône, il calqua sur elle le plan de sa nouvelle capitale Heian-kyo (aujourd'hui Kyoto). Dans les années 1370, Chang'an fut dotée d'une muraille comprenant 18 portes. Longue de 14 km, c'est aujourd'hui l'une des mieux conservées du pays ; on peut la parcourir à pied ou à vélo.

À Shanghai, les constructions ultracontemporaines côtoient des quartiers traditionnels. Les lumières clignotantes et l'architecture futuriste des gratte-ciel de Pudong contrastent avec les édifices du Bund dus aux Britanniques, de l'autre côté du fleuve. L'art contemporain est à l'honneur dans les musées Long et Rockbund, des merveilles architecturales, mais si vous vous faufilez dans les petites rues entourant le jardin Yu – qui font partie de la vieille ville de Shanghai peu à peu grignotée – vous serez transporté dans un autre siècle. Et, pour aller plus loin dans ce voyage dans le temps, un tout nouveau train à grande vitesse vous emmènera dans les villes voisines de Hangzhou et Suzhou, dont les jardins raffinés et les lacs et canaux bordés de pavillons, célébrés par les poètes, évoquent des aquarelles classiques.

Page de droite : la spectaculaire skyline de Shanghai.

Itinéraire en 2 semaines

\>

Passez 2 jours à Beijing pour visiter la place Tian'anmen, la Cité interdite et le Temple du Ciel. Perdez-vous dans les *hutong* et faites une balade gourmande.

\>>

Consacrez 1 jour à une portion de la Grande Muraille, comme Mutianyu. Rendez-vous à Xi'an en train à grande vitesse (4 à 5 heures) et admirez l'étonnante Armée de soldats en terre cuite. Longez à pied ou à vélo les anciens remparts, visitez la pagode de l'Oie sauvage, faites du shopping et mangez dans le quartier musulman. Gardez une journée pour découvrir la montagne sacrée de Hua Shan. Le dernier après-midi, embarquez à bord d'un train de nuit pour Shanghai (14 heures).

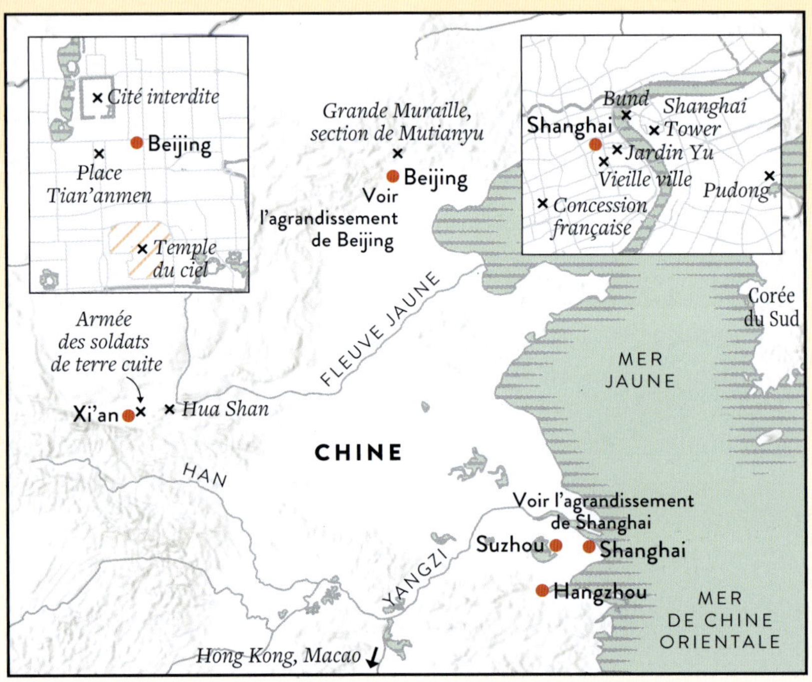

\>>>

Visitez la vieille ville, faites du shopping dans le quartier du jardin Yu et montez sur la Shanghai Tower, le plus haut édifice de Chine. Le soir, promenez-vous sur le Bund, et admirez les gratte-ciel de Pudong.

\>>>>

Découvrez la concession française et la scène artistique pendant 2 jours, puis passez vos deux dernières journées à Hangzhou et Suzhou, rapidement accessibles en train. À Suzhou, visitez les jardins chinois classiques ; à Hangzhou, promenez-vous autour du lac de l'Ouest, pour comprendre pourquoi Marco Polo voyait en ce lieu un "paradis terrestre".

VOUS RESTEZ PLUS LONGTEMPS ?

Prenez le train ou l'avion pour Hong Kong et Macao.

INFORMATIONS PRATIQUES

COMMENT S'Y RENDRE ET CIRCULER

Des vols internationaux rallient la plupart des grandes villes chinoises – Beijing est le meilleur point de départ pour ce voyage. Les trains à grande vitesse et de nuit offrent le meilleur rapport qualité-prix et la meilleure ambiance, mais des vols intérieurs sont également disponibles.

QUAND PARTIR

Le printemps et l'automne sont les meilleures périodes pour visiter la Chine, afin d'éviter la chaleur étouffante de l'été et les hivers glacials. Évitez les semaines de vacances nationales, telles que la fête du Printemps, le 1er octobre et le 1er mai, où l'affluence peut être impressionnante.

À SAVOIR

N'oubliez pas d'acheter vos billets de train à l'avance (possibilité de le faire en ligne). Prévoyez des masques de protection, encore exigés dans de nombreux lieux publics. Si vous souhaitez accéder à des sites Internet internationaux tels que Google et la plupart des réseaux sociaux, vous devrez télécharger un réseau privé virtuel (VPN) avant votre arrivée en Chine. Gardez toujours votre passeport sur vous : on vous le demandera probablement à l'entrée de certains sites et musées.
Plus d'informations sur le site otchine.com

JAPON

Temples *et* cerisiers en fleur *au* Kansai

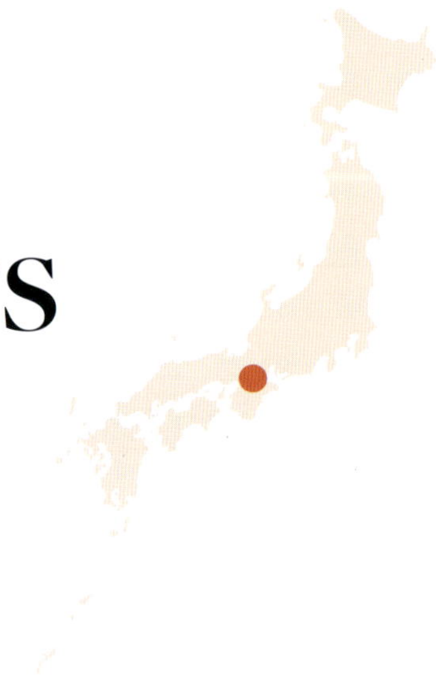

C'EST LE PRINTEMPS DANS LA RÉGION DU KANSAI, au Japon, et les cerisiers sont en fleur. C'est l'un des visages du Japon les plus traditionnels et les plus appréciés, représenté dans l'art et la musique depuis l'Antiquité. Aujourd'hui encore, les visiteurs affluent dans le Kansai pour les réjouissances du *hanami* – la contemplation de la floraison. Les gens étendent des couvertures sous les arbres pour pique-niquer, boire du saké et respirer le délicat parfum des fleurs tout en profitant des rayons du soleil printanier.

Kyoto est au cœur de ces festivités printanières. La ville historique la mieux préservée du pays abrite des temples, des jardins et des sanctuaires shintoïstes, des maisons de thé dissimulées derrière des portes coulissantes et des confiseries artisanales. Vous pourrez y croiser des *maiko*, des apprenties geishas, déambulant dans les ruelles sinueuses. Les activités ici sont simples et douces : marcher le long du canal bordé de cerisiers sur le sentier des Philosophes, se baigner dans les *sento* (bains publics), admirer les jardins ou suivre un cours de cuisine.

Souvenir de voyage

Je tenais un biscuit pour cerf dans une main, mon fils de 4 mois dans l'autre bras. C'était son premier voyage à l'étranger et nous étions à Nara, où les cerfs sont considérés comme sacrés et autorisés à errer à leur guise. L'un d'eux s'est penché sur le biscuit, mais a finalement décidé de s'intéresser (gentiment) à la chaussette de mon fils – qui a eu l'air de trouver la rencontre somme toute plutôt amusante !

EMILY MATCHAR

EN BREF

À TABLE !
Repas traditionnel composé de plusieurs plats savamment agencés, le *kaiseki* est une véritable œuvre d'art.

UNE BOISSON ?
Visitez l'une des nombreuses brasseries familiales de saké de Kyoto et dégustez leurs spécialités.

SE LOGER
Dormez dans un *ryokan*, une auberge traditionnelle japonaise, avec tatami en guise de lit et bains communs.

UNE EXPÉRIENCE
Participez à une cérémonie du thé, un rituel alliant gastronomie, art et spiritualité.

Page de gauche : un stand du marché de Nishiki à Kyoto. *Ci-dessus :* promenade parmi les géants dans la bambouseraie d'Arashiyama.

À cette saison, les visiteurs se rendent au marché de Nishiki pour préparer des pique-niques composés de salades d'algues, d'*onigiri* (boules de riz fourrées) ou de poisson séché, qu'ils emportent ensuite au parc Maruyama. À la tombée de la nuit, le légendaire cerisier pleureur du parc est illuminé jusqu'à minuit.

Juste à la lisière de la ville, Arashiyama abrite des temples, des sanctuaires et une célèbre bambouseraie que le vent fait siffler. Plus au sud, Nara fut la capitale du Japon au VIIIe siècle. Elle recèle de très beaux temples et sanctuaires (la ville compte 8 sites inscrits au Patrimoine mondial) et un célèbre Grand Bouddha - mais les cerfs sika qui se promènent librement dans la ville sont peut-être son attraction la plus photographiée. Des vendeurs proposent des "biscuits pour cerfs", mais ces cervidés sont réputés pour grignoter aussi les manches de chemise.

À moins d'une heure de train à l'ouest de Nara, Osaka vous replonge dans le XXIe siècle avec ses lumières éblouissantes, ses karaokés ouverts 24 heures sur 24, sa multitude de magasins et ses milliers de vendeurs ambulants proposant des boulettes au poulpe et des brochettes. Vous pourrez aussi découvrir des parcs d'attractions et des aquariums ou encore jouer dans des salles de *pachinko* (jeux d'arcade).

Ci-dessus : tour en barque aux abords du château d'Himeji durant la floraison des cerisiers.

INFORMATIONS PRATIQUES

COMMENT S'Y RENDRE ET CIRCULER

Depuis Tokyo, vous pouvez vous rendre à Kyoto en Shinkansen (train à grande vitesse) en 2 heures 30 environ. Depuis Osaka, où se trouve le grand aéroport international le plus proche, Kyoto est à seulement 15 minutes en Shinkansen. Kyoto et Osaka sont toutes deux bien desservies par les trains, les bus et les trams.

QUAND PARTIR

La saison des cerisiers en fleur s'étend généralement de la dernière semaine de mars aux deux premières semaines d'avril, mais elle varie d'une année à l'autre. Essayez de visiter la région vers le début de la floraison, au cas où le mauvais temps, abîmant les fleurs, mettrait fin au spectacle plus tôt que d'habitude.

À SAVOIR

Cette période de l'année connaît une grande affluence au Japon. Réservez les hébergements longtemps à l'avance. Les meilleurs sites pour profiter du *hanami* peuvent être pris d'assaut par les touristes ; il faut donc s'y rendre tôt.
Plus d'informations sur le site kyoto.travel/en

Itinéraire en 5 jours

\>

Il y a largement de quoi occuper 5 jours à Kyoto. Explorez les quartiers de Higashiyama et Gion le 1er jour, puis visitez les boutiques traditionnelles et les temples de Kiyomizu-dera, Kodai-ji et Kennin-ji. Dégustez un *kaiseki* au célèbre restaurant Kikunoi.

\>>

Le lendemain matin, prenez le train pour Arashiyama et visitez de bonne heure sa célèbre bambouseraie, puis marchez jusqu'au temple Tenryu-ji. Au déjeuner, goûtez aux tempuras à la mode de Kyoto au Tempura Endo Yasaka, établi depuis plus d'un siècle.

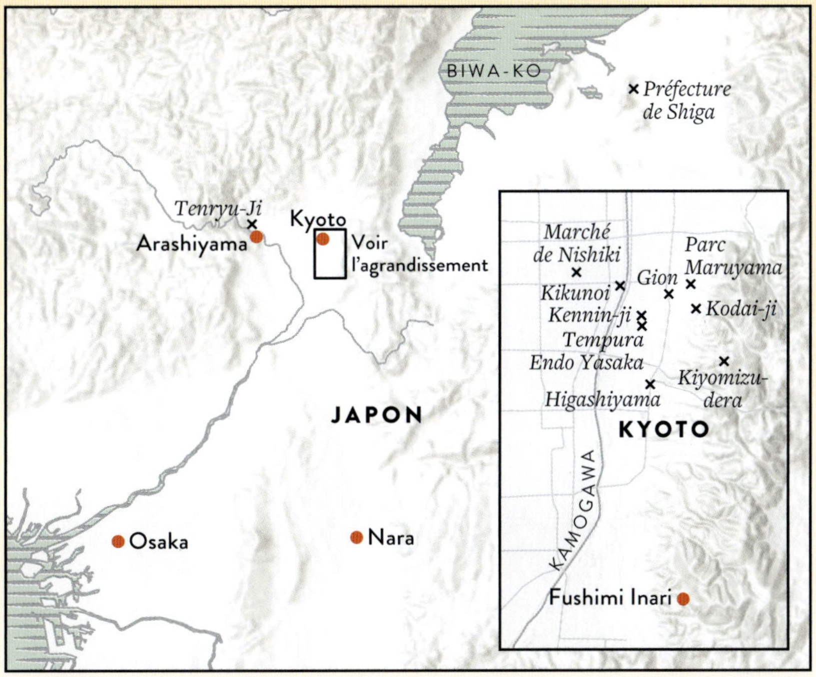

\>>>

Le 3e jour, franchissez les *tori* (portes) orange vif du sanctuaire de Fushimi Inari, avant de prendre le train jusqu'à Nara, à 30 minutes au sud, pour admirer ses temples et nourrir les cerfs.

\>>>>

Le 4e jour, prenez le train jusqu'à Osaka (45 minutes). Goûtez à la cuisine de rue, faites du shopping, jouez au *pachinko* et découvrez les bars de la ville. Le dernier jour, prenez un pique-nique au marché de Nishiki puis marchez 15 minutes vers l'est pour admirer les cerisiers en fleur (*hanami*) au parc Maruyama. Terminez par un bain public (*sento*).

VOUS RESTEZ PLUS LONGTEMPS ? Faites une promenade, à pied ou à vélo, dans la bucolique préfecture de Shiga, au nord de Kyoto.

JAPON

Skier *sur* l'île d'Hokkaido

LA POUDREUSE JAPONAISE EST CONSIDÉRÉE par les skieurs et snowboarders comme la meilleure au monde. Sur l'île la plus septentrionale du Japon, Hokkaido, la vapeur s'élève de la mer pour se mêler aux courants d'air sibériens, créant des nuages qui recouvrent les montagnes volcaniques d'environ 6 mètres de neige douce et sèche par an. À Niseko, cœur de l'industrie japonaise des sports d'hiver, on peut dévaler le flanc du mont Annupuri, skier dans l'arrière-pays volcanique et se balader en raquettes dans les forêts de pin. L'après-ski est tout aussi plaisant : bols de ramen (soupe de nouilles) et *yakitori* (brochettes) fumants, suivis de longs bains dans les célèbres *onsen* de la région : ces sources d'eau chaude produisent de la vapeur dans l'air glacial. En février, durant la fête de la Neige à Sapporo, des centaines de sculptures de neige et de glace scintillent sous les lumières de la ville. Admirez-les en dégustant des patates douces rôties, emblématiques de la street food japonaise. Une journée parfaite sous la neige d'Hokkaido.

EN BREF

À TABLE !
Des ramens au miso, nouilles épaisses dans un bouillon salé.

UNE BOISSON ?
Dégustez des whiskys japonais tourbés lors d'une visite de distillerie.

À SAVOIR
La meilleure saison pour profiter de la neige à Niseko s'étend de mi-décembre à mars. Le Nouvel An chinois entraîne une plus grande affluence et une flambée des prix.

SINGAPOUR ET MALAISIE

Une virée culinaire *en* Asie du Sud-Est

EN BREF

À TABLE !
Les *mamaks*, stands de cuisine de rue, mêlent les saveurs de l'Inde, de la Chine et de la péninsule malaise.

UNE BOISSON ?
Typique de la Malaisie, le *teh tarik* est un thé au lait concentré sucré.

À SAVOIR
Explorez la péninsule en train : ceux de la compagnie Keretapi Tanah Melayu Berhad (KTMB) circulent de Singapour jusqu'à la frontière thaïlandaise.

EN VOYAGE, LES PAPILLES gustatives sont parfois de très bons guides. À Singapour et en Malaisie, chaque stand de cuisine de rue est propice à un festin. Parcourir la péninsule malaise, creuset de trois grandes cultures culinaires, est l'une des meilleures expériences gastronomiques d'Asie. À Singapour, vous pourrez déguster des soupes et des plats malais sautés au wok dans les hawker centres (halles culinaires), des dim sum dans les restaurants chinois et des mets parfumés à la cardamome, au cumin et à la coriandre dans les cantines indiennes. En train ou en bus, rejoignez la Malaisie pour partir à la découverte de son triangle d'or culinaire – Kuala Lumpur, Malacca et Penang. Vous découvrirez ainsi toute une gamme de recettes, du *char kway teow* (fruits de mer grillés aux nouilles) au *roti canai* (pain indien avec une sauce au curry). Ne vous privez pas de quelques détours pour goûter les petits déjeuners dans les *kopitiam* (cafés) de Klang, les fruits de mer cuits à la vapeur dans des feuilles de bananier dans le Kemaman, les nouilles au poulet et aux pousses de soja d'Ipoh, sans oublier d'essayer les *warong* (cafés familiaux) du Selangor.

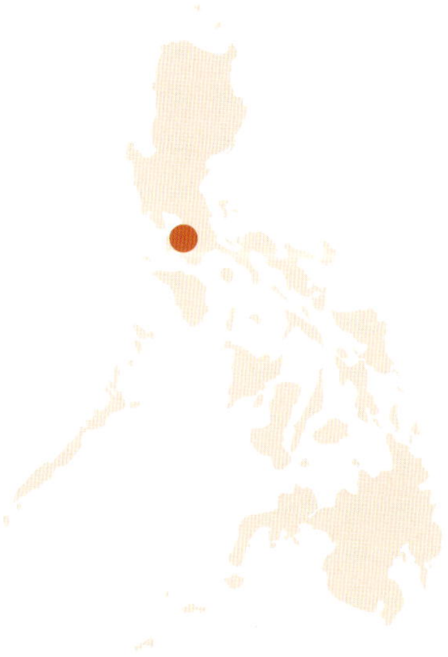

PHILIPPINES

Plongée, requins *et* récifs multicolores

Page de droite : l'Île de Busuanga, dans la province de Palawan, aux Philippines.
Ci-dessus : plongée sous-marine dans une explosion de couleurs.

VOUS NE RESTEREZ SANS DOUTE PAS AU SEC bien longtemps. Non seulement parce que les Philippines sont soumises à la mousson, mais surtout parce que dans cet archipel de 7641 îles, des paysages sous-marins magnifiques, jalonnés d'épaves et de récifs multicolores, vous tendent les bras. En arrivant dans les rues congestionnées de Manille, la première impression que vous aurez du pays ne sera probablement pas très flatteuse, mais l'énergie des Philippines ne tardera pas à vous conquérir. Il vous suffira de vous rendre sur les paisibles îles au sud pour trouver du sable fin, des palmiers, des fêtes dans les rues des villages aux influences hispaniques et des multitudes de poissons ajoutant à l'azur de la mer leur kaléidoscope de couleurs.

Pour un premier aperçu de ces paysages paradisiaques, prenez le bus pour Batangas et filez en *banka* (bateau philippin) vers Puerto Galera, sur l'île de Mindoro, le spot de plongée le plus proche de Manille. Sur terre vous attendent des chutes d'eau et une forêt tropicale. Sous l'eau, des thons, des carangues, des gaterins et d'autres prédateurs sillonnant les canyons submergés. Les amateurs de plongée ou de snorkeling ne sauraient manquer l'excursion à Apo Reef : ce récif situé au large de la côte ouest est

probablement le meilleur spot des Philippines. Vous y observerez peut-être des requins à pointes blanches ou noires, des raies mantas, des requins-baleines et des requins-marteaux.

Depuis la pointe sud de Mindoro, des ferrys mènent à Caticlan, sur l'île de Panay. De là, vous gagnerez l'idyllique île de Boracay, toute proche, où vous pourrez vous ressourcer sur des plages de sable fin et plonger parmi les labres et de (rares) poissons-lunes. Au sud-est, Cebu est réputée pour les gigantesques bancs de sardines qui peuplent les eaux des environs de Moalboal ; au

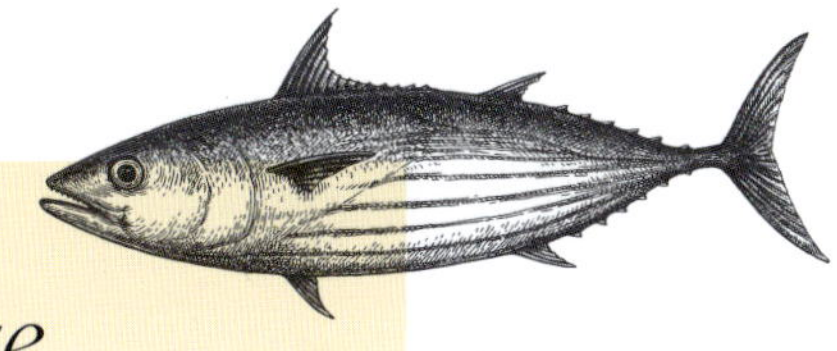

Souvenir de voyage

Je garde de ma séance de plongée à Coron un souvenir envoûtant. Après m'être laissé glisser dans la mer depuis le bateau, je me suis vu descendre dans une eau au bleu de plus en plus profond, pour me retrouver entouré par les mâts de puissants navires de guerre et des canons antiaériens incrustés de corail. Des bancs de carangues argentées s'élançaient dans les cales des navires de ravitaillement tandis que, plus loin, des rascasses menaçantes montaient la garde sur les proues des canonnières.

JOE BINDLOSS

EN BREF

À TABLE !
Des stands de fruits de mer spectaculaires vendent la pêche du jour au poids et proposent de la cuisiner devant vous.

UNE BOISSON ?
Au choix : bière San Miguel, rhum Tanduay ou *buko* (jus de jeune noix de coco).

SE LOGER
Essayez les huttes *nipa*, des cabanes rustiques au toit de palme, dans des stations balnéaires tranquilles.

UNE EXPÉRIENCE
Mêlez-vous aux Philippins dans les karaokés et lancez-vous au micro.

Ci-dessus : la plage paradisiaque de Malcapuya, à Palawan.

nord de Cebu, près de l'île de Malapascua, vous pourrez observer de près des requins-renards. L'île voisine de Bohol réserve, avec ses fameuses Chocolate Hills (des buttes majestueuses couvertes d'herbe), des paysages surréalistes, et ses forêts luxuriantes cachent de minuscules primates.

Depuis Cebu, envolez-vous pour El Nido, au nord-ouest de l'île de Palawan, où vous attendent sable étincelant, lagons coralliens et sites de plongée où l'on évolue parmi les tortues, les barracudas et les raies pastenagues. Enfin, depuis El Nido, rejoignez en ferry les îles Calamian, où des navires de guerre japonais de la Seconde Guerre mondiale gisent dans les eaux profondes de la baie de Coron.

INFORMATIONS PRATIQUES

COMMENT S'Y RENDRE ET CIRCULER

Avions, ferrys et bateaux traditionnels relient entre elles les différentes îles des Philippines, mais les perturbations sont fréquentes pendant la saison des pluies et des typhons, de juin à septembre. Vous pouvez aussi emprunter les bus ou des *jeepneys*, jeeps à la déco flamboyante aménagées pour le transport en commun.

QUAND PARTIR

La période qui s'étend de novembre à juin est celle de la migration des requins-baleines. Elle coïncide avec une visibilité maximale sous l'eau et un temps plus sec sur terre.
Un parapluie reste indispensable toute l'année.

À SAVOIR

Bars-karaoké, moteurs de bateaux tonitruants, bus aux sonos surpuissantes... les Philippines sont une destination bruyante. Prévoyez des bouchons d'oreilles si vous êtes sensible au bruit.
Pus d'informations sur philippines. travel

Itinéraire en 2 semaines

>

Manille compte de nombreux bars, restaurants et musées, mais vous aurez vite envie de rejoindre les sites de plongée. Prenez le bus puis le bateau jusqu'à Puerto Galera (3 heures) pour plonger parmi les poissons multicolores, puis embarquez vers Sablayan (1 heure 30) pour vous mêler aux gros poissons d'Apo Reef.

>>

Il vous faudra 3 heures pour aller de Roxas à Caticlan, puis 15 minutes en bateau pour rejoindre Boracay. Après quelques jours de voyage en bus et en bateau entre l'île de Panay et celle de Negros pour rejoindre Cebu, dirigez-vous vers le nord vers l'île de Malapascua pour observer les requins, puis vers le sud de Cebu pour plonger dans les eaux foisonnantes de Moalboal.

>>>

Les ferrys relient Cebu à Bohol, connue pour ses Chocolate Hills. De Cebu, prenez l'avion jusqu'à El Nido (2 heures), pour profiter des plages spectaculaires de Palawan et faire de la plongée et du kayak. Il faut, de là, 5 heures de bateau pour rejoindre Coron et ses épaves impressionnantes. Pour finir, prenez l'avion pour Manille (1 heure 30).

VOUS RESTEZ PLUS LONGTEMPS ?

Depuis Manille, rejoignez au sud-est Donsol, ville tranquille qui s'anime de novembre à juin lors de la migration des requins-baleines.

BORNÉO

Contempler *la* vie sauvage

BORNÉO EST UN PARADIS pour l'observation des animaux : ses forêts tropicales sont le refuge d'espèces telles que les éléphants, rhinocéros et orangs-outans. Le moyen le plus facile de se rendre sur cette île à la végétation luxuriante est de passer par l'État de Sarawak, qui appartient à la Malaisie et occupe le nord de l'île. Autour du kaléidoscope de cultures qu'est la ville de Kuching, sept réserves de forêt tropicale offrent une abondance de faune et de flore sauvages (dans le parc national de Bako, en particulier, vous êtes quasi certain de voir des nasiques). En séjournant dans les lodges des parcs nationaux, les campings ou les *longhouses* (des maisons communautaires typiques), vous pourrez randonner dans la forêt tropicale à la recherche de calaos rhinocéros, de panthères nébuleuses et de minuscules tarsiers, ou simplement vous installer dans le sanctuaire des orangs-outans de Semenggoh, près de Kuching, pour les laisser venir à vous. Dormir au milieu des sons intrigants de la forêt est une expérience unique. Vous verrez parfois des insectes surdimensionnés déambuler sur votre moustiquaire. Secouez bien vos chaussures avant de les enfiler !

EN BREF

À TABLE !
Essayez le *linut*, préparation à base de sagou (fécule extraite d'un type de palmier), que l'on trempe dans une pâte de piment *(sambal belacan)*.

UNE BOISSON ?
Le tuak est un vin de riz fermenté.

À SAVOIR
On n'échappe pas à la pluie à Bornéo ! La saison la plus sèche s'étend d'avril à septembre, mais ayez toujours un parapluie ou un imperméable.

INDONÉSIE

Voyage écoresponsable *à* Bali

EN BREF

À TABLE !
Goûtez le *nasi campur*, riz accompagné de mets variés (viande, légumes, œufs, arachides…).

UNE BOISSON ?
Élixir très ancien, le *jamu* est préparé à partir de curcuma et de gingembre. Un vrai boost pour l'organisme !

À SAVOIR
Évitez de perdre votre temps dans les embouteillages notoires de Bali. Mieux vaut choisir un nombre restreint de destinations pour en profiter pleinement.

DES COCOTIERS INCLINÉS sur des plages dorées, des paysans aux chapeaux coniques dans les rizières en terrasses, le parfum de l'encens embaumant l'air… Cette représentation de carte postale attire chaque année des millions de visiteurs à Bali, en Indonésie. En tant que touriste, vous pouvez toutefois œuvrer à la préservation de cette île en veillant à l'explorer d'une façon qui ne nuise ni à son cadre unique ni à ses habitants. Empruntez par exemple l'Astungkara Way, itinéraire de randonnée qui relie les côtes nord et sud de l'île. Prenez part à la vie d'une communauté villageoise de manière responsable lors d'une excursion organisée par Jaringan Ekowisata Desa, un projet d'écotourisme conçu et géré par les habitants de quatre villages. Vous pouvez aussi plonger avec un prestataire membre de Green Fins : cette initiative lancée conjointement par la Reef World Foundation et le Programme des Nations Unies pour l'environnement identifie les centres de plongée et de snorkeling (ainsi que les bateaux de croisière) qui s'engagent à préserver les récifs coralliens. Vous quitterez ainsi Bali aussi belle que vous l'avez trouvée.

VIETNAM

Hanoi *et le* nord du Vietnam

CAPITALE MILLÉNAIRE AUX PAGODES ANCESTRALES et aux rues labyrinthiques, Hanoi est en train de se métamorphoser en une métropole asiatique du XXIe siècle. Mais Hanoi est aussi une porte d'entrée vers le nord du Vietnam. Vous pourrez vous éloigner de la frénésie urbaine en bus ou en train, et, en quelques heures, vous retrouver sur un bateau glissant parmi les formations karstiques de la baie d'Along, ou en train de gravir des terrasses de rizières émeraude dans les environs de Sapa. Un voyage de la capitale à l'arrière-pays permet de voir le Vietnam dans tous ses splendides contrastes : bruyant et authentique, exaltant et éternel.

Commencez votre exploration par la vieille ville d'Hanoi, où les temples jouxtent les karaokés, et où les artisans côtoient des vendeurs de peluches plus grandes que nature. Ses rues en perpétuel mouvement débordent de foule et de vie. Aux heures de pointe, lorsqu'un raz-de-marée de scooters envahit les avenues, traverser la rue relève davantage du défi personnel que de la promesse d'un passage en toute sécurité. On trouve néanmoins quelques coins tranquilles. Des ruelles où l'on

© MATT MUNRO / LONELY PLANET

Page de gauche : rickshaws et vendeurs de fruits et légumes à Hanoi. *Ci-contre :* déjeuner dans la province de Lao Cai. *Ci-dessous :* la baie d'Along et ses milliers d'îlots.

EN BREF

À TABLE !
Hanoi a donné au Vietnam son plat national, le *pho*, une soupe de nouilles parfumée, souvent à base de bœuf. Son nom viendrait du français *"pot-au-feu"*.

UNE BOISSON ?
La bia hoi est une bière légère et rafraîchissante appréciée dans le nord du Vietnam. On en trouve à chaque coin de rue.

SE LOGER
Le Sofitel Legend Metropole Hotel de Hanoi est un hôtel historique (1901) affichant splendeur coloniale et élégance intemporelle. Les hôtes peuvent y visiter un abri souterrain redécouvert en 2011, où le personnel et les résidents s'abritèrent pendant le bombardement de Hanoi en 1972.

UNE EXPÉRIENCE
Traversez le pont Long Bien. Bombardé puis remis en état à maintes reprises durant la guerre du Vietnam, il est devenu un symbole de ténacité et de résilience.

ACHATS
Le Vietnam est réputé pour ses soieries. Juste au sud de la capitale, le village de Van Phúc est reconnu pour la qualité de sa soie. Ses étals débordent d'écharpes et de robes colorées.

Souvenir de voyage

Lors de mon voyage au Vietnam, j'ai rencontré l'artiste Do Hien, qui a beaucoup peint les rues de Hanoi. Il m'a reçu dans son atelier pour me montrer des croquis. L'un d'entre eux représentait des couples valsant au bord du lac Hoan Kiem.

"Hanoi est un lieu qui vous colle à la peau", m'a-t-il dit. "Si je n'y avais pas vécu, je ne serais pas capable de peindre comme ça."

Sa collection racontait aussi des heures plus sombres. Hien a commencé sa carrière comme artiste de propagande viêt-cong, avec des représentations de canons antiaériens tirant dans le ciel. Aujourd'hui, il ne peut plus peindre avec la rage de sa jeunesse.

"J'essaie de me souvenir de ce que je ressentais, mais je n'ai plus cette colère en moi."

OLIVER SMITH

“Un voyage de la capitale à l’arrière-pays permet de voir le Vietnam dans tous ses splendides contrastes : bruyant et authentique, exaltant et éternel.”

Ci-contre : rizières au pied des montagnes de Lao Cai.
Page de droite : la tour de la Tortue sur le lac Hoan Kiem à Hanoi.

entend les oiseaux en cage chanter et où des effluves épicés flottent dans l'air. Parmi ces oasis de calme figure le lac Hoan Kiem, au milieu duquel se trouve une petite île surmontée d'un temple du XIXe siècle.

Dans les montagnes du nord-ouest de Hanoi, il existe un endroit plus paisible encore. Un train de nuit partant de la capitale s'arrête juste avant la frontière chinoise, à Lao Cai. De là, une route sinueuse mène, dans la montagne, à la station climatique de Sapa, fondée par les colons français. Sapa profite d'un panorama alpin spectaculaire, englobant les montagnes coiffées de nuages de la chaîne de Hoang Lien Son, les rizières en terrasses magnifiquement agencées en contrebas, quelques buffles d'eau piétinant entre les plants de riz… Les randonneurs peuvent se promener jusqu'aux jolis villages des environs où ont trouvé refuge des tribus ethniques minoritaires.

Pour beaucoup, la baie d'Along est le visage le plus emblématique du nord du Vietnam, avec ses milliers d'îlots dressés à pic dans les eaux peu profondes du golfe du Tonkin. D'après la légende, sa topographie serait due à un dragon des montagnes qui serait descendu dans la mer pour ériger une barrière protégeant la frontière vietnamienne. Aujourd'hui, des milliers de personnes parcourent chaque année en bateau ses détroits et baies cachées. Véritable icône nationale, la baie est une gardienne des paysages marins, des sommets et des villes de la région.

Page de droite : un village au pied des monts Hoang Lien.

Itinéraire en 10 jours

>

Commencez votre aventure à Hanoi. Consacrez au moins 2 jours à la capitale pour visiter ses temples et ses musées. Arrêtez-vous au mausolée de Hô Chi Minh, où repose le père de la nation moderne.

>>

Levez-vous tôt le 3e jour pour prendre un bus jusqu'à Bai Chay, à 3 heures vers l'est. C'est le port d'embarquement de la plupart des bateaux pour la baie d'Along. Ceux-ci proposent des prestations standard de durées diverses, mais 2 jours suffisent. Vous pourrez accoster sur l'île de Titop et gravir les marches en pierre pour admirer la superbe vue sur l'archipel.

>>>

Regagnez ensuite Hanoi et prenez un train de nuit pour Lao Cai. Profitez de la fraîcheur de Sapa pendant 2 jours ou faites l'ascension du Fansipan, sommet de 3 143 m, autrefois appelé le "toit de l'Indochine".

>>>>

Pour vos 3 derniers jours, explorez des régions plus reculées autour de Ha Giang ou montez à bord du légendaire train Express de la Réunification jusqu'à la ville impériale de Hué puis promenez-vous dans la vieille ville de Hoi An parmi ses emblématiques maisons colorées.

VOUS RESTEZ PLUS LONGTEMPS?

Continuez vers le sud jusqu'à Hô Chi Minh-Ville, la rivale méridionale de Hanoi.

INFORMATIONS PRATIQUES

COMMENT S'Y RENDRE ET CIRCULER

Hô Chi Minh-Ville est le principal point d'entrée du pays mais un nombre croissant de vols internationaux (de Paris notamment) arrivent à l'aéroport international de Hanoi. Le réseau ferroviaire est fiable. Outre Sapa, il rallie Hué, Danang, Nha Trang et Hô Chi Minh-Ville ; couchettes disponibles. Vous devrez prendre un bus pour vous rendre aux ports de la baie d'Along.

QUAND PARTIR

La période d'octobre à mars est idéale pour se rendre dans le nord du Vietnam : l'air plus frais et moins humide rend plus agréables les promenades dans les rues de Hanoi et les randonnées dans les environs de Sapa (ne soyez pas surpris par d'éventuelles chutes de neige). La fête du Têt, le Nouvel An lunaire qui a lieu entre janvier et février, met le pays en ébullition et les billets de train et de bus se vendent très vite. Pensez à réserver.

À SAVOIR

La variété des climats dans le nord du Vietnam oblige à se préparer à toutes les éventualités. Emportez imperméable, vêtements chauds, chaussures de randonnée pour les régions les plus au nord, mais aussi lunettes de soleil, crème solaire et maillot de bain pour le littoral chaud et souvent humide.
Plus d'informations sur le site vietnam.travel

CAMBODGE

À la recherche *des* cités du passé

PLUSIEURS CITÉS ENVAHIES PAR LA JUNGLE ont été redécouvertes aux quatre coins de la planète, mais peu égalent la grandeur d'Angkor, qui fut la capitale de l'empire khmer du IXe au XVIe siècle avant d'être abandonnée, avec ses innombrables temples, aux religieux et à la nature. La visite de ce gigantesque ensemble peut justifier à elle seule un voyage au Cambodge. Vous observerez ainsi le lever du soleil sur le temple du Bayon et les chauves-souris qui s'ébattent autour des visages monumentaux de la divinité bouddhiste de la compassion ; vous pourrez parcourir, des heures durant, les nombreux autres vestiges ; et enfin contempler le coucher du soleil sur les *prangs* (tours) d'Angkor Wat, le plus grandiose des temples. Ce site archéologique si célèbre n'est cependant que le plus emblématique parmi une multitude de cités en ruine disséminées dans les épaisses forêts du nord du Cambodge. Les ruines de Banteay Srei et de Beng Mealea, au nord de Siem Reap, celles de Koh Ker et de Prasat Preah Vihear au nord-est, connaissent une affluence moindre. Optez pour un hébergement chez l'habitant, pour une réelle immersion !

EN BREF

À TABLE !

L'*amok trey* est un curry de poisson à la noix de coco et au curcuma.

UNE BOISSON ?

L'Angkor Beer est la bière la plus populaire du pays.

À SAVOIR

Plutôt que de prendre l'avion de Phnom Penh à Angkor, prenez le bateau ou le bus pour profiter des paysages.

INDONÉSIE

Plonger au cœur *du* Triangle de corail

EN BREF

À TABLE !
Dégustez un poisson fraîchement pêché, grillé et accompagné de pâte de piment *sambal.*

UNE BOISSON ?
Après la plongée, rien n'est plus désaltérant qu'une eau de coco bien fraîche.

À SAVOIR
Entre octobre et avril, l'eau est calme, le ciel généralement dégagé et la visibilité optimale pour la plongée.

"LA MER, UNE FOIS QU'ELLE A JETÉ SON SORT, tient pour toujours dans son filet d'émerveillement", a dit un jour Jacques-Yves Cousteau. Le légendaire plongeur sous-marin n'avait probablement pas spécifiquement les îles Raja Ampat en tête lorsqu'il a prononcé cette phrase. Mais ses mots viennent à l'esprit lorsque l'on découvre cet archipel de Papouasie occidentale, où les courants rapides créent un écosystème à la biodiversité stupéfiante. On y trouve notamment près de 600 espèces de coraux, relativement épargnés par le blanchissement. Les eaux tropicales de la région, largement protégées des pratiques de pêche destructrices, sont le paradis des plongeurs. Ceux-ci explorent généralement les Raja Ampat dans le cadre d'une croisière (certaines sont ouvertes également aux amateurs de snorkeling), mais pour les voyageurs qui préfèrent une base sur la terre ferme, avec des récifs coralliens à quelques pas de la porte de leur bungalow, l'archipel abrite également quelques centres de plongée.

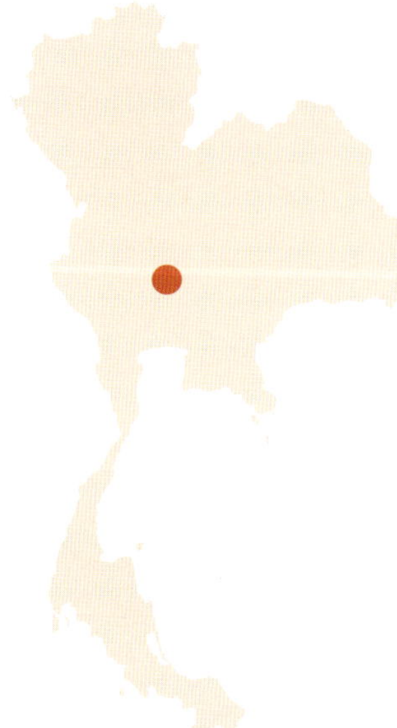

THAÏLANDE

Un voyage *dans le* temps

Page de droite : promenade matinale d'un moine bouddhiste. *Ci-dessus :* une partie du temple Wat Maha That à Ayutthaya.

EN THAÏLANDE, CERTAINS VOYAGEURS rêvent avant tout d'explorer les îles et les plages ; d'autres privilégient les expériences culinaires et les parcs nationaux. Mais les passionnés d'histoire auront tout intérêt à organiser leur voyage autour de la ligne de train qui serpente, dans le Nord, de Bangkok à Chiang Mai. Pratique et climatisée, elle permet de découvrir plusieurs des anciennes capitales du pays, témoins de son histoire dynastique.

C'est à Bangkok que se dévoile le mieux l'histoire royale de la Thaïlande, seul pays d'Asie du Sud-Est à n'avoir jamais été colonisé par les puissances européennes. La ville n'est devenue la capitale que relativement récemment dans l'histoire nationale (en 1782), lorsque le nouveau roi Rama Ier (r. 1782–1809) transféra le centre du pouvoir sur une petite île de la rive est du Chao Phraya, Rattanakosin, aujourd'hui le cœur historique de la ville. Dans les rues de Bangkok (qui porte en thaï le nom de Krung Thep Maha Nakhon, "la Cité des Anges"),

l'air est parfumé de durian, de jasmin et d'épices. Les stands ambulants de nourriture et les étals de fruits se disputent l'espace avec les bars pour touristes et les sanctuaires sacrés construits pendant l'âge d'or de Rattanakosin.

L'or est partout. Dans les magnifiques *wat* (monastères bouddhiques), sur les bouddhas... Les palais royaux brillent de mosaïques en miroir et de dorures. La Thaïlande utilise des

Souvenir de voyage

On n'oublie jamais sa première visite à Bangkok. C'est une ville qui surprend et bouscule, mais où l'on peut également trouver une grande sérénité. Lors de mon premier séjour dans les années 1990, je me levais avant l'aube pour me joindre aux moines novices au lever du soleil dans les salles de prière d'anciens monastères bouddhiques. Peu de villes sont aussi empreintes d'énergie et de spiritualité.

JOE BINDLOSS

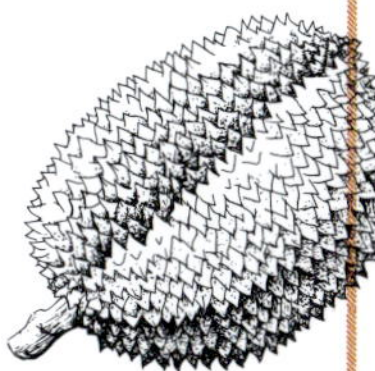

EN BREF

À TABLE !
Les marchés nocturnes animés de Chiang Mai sont les meilleurs lieux où goûter la délicieuse cuisine de rue thaïlandaise.

UNE BOISSON ?
Régalez-vous de délicieux smoothies aux fruits tropicaux.

SE LOGER
En séjournant dans des maisons d'hôtes traditionnelles, vous pourrez vous délecter de la cuisine locale.

UNE EXPÉRIENCE
Explorez les monastères, marchés et palais de Bangkok en empruntant la navette fluviale Chao Phraya Express.

tonnes de feuilles d'or chaque année, les appliquant en couches sur les stupas, les statues et les flèches des temples.

L'histoire des dynasties antérieures du Siam (le nom de la Thaïlande jusqu'en 1939) se dévoile au nord de Bangkok. Ayutthaya, qui fut la capitale du XIVe au XVIIIe siècle, abrite des vestiges de monastères, des bouddhas monumentaux et des *prangs* (tours reliquaires), dépouillés de leur or et de leurs stucs et en partie recouverts de végétation. Plus au nord, à Sukhothai, considérée comme la première capitale du Siam, des parcs paisibles sont ponctués de temples en ruine, d'immenses bouddhas et de *chedis* (stupas) en forme de lotus – un parfait antidote à la frénésie urbaine de Bangkok. Une autre histoire royale se dessine à Chiang Mai, qui fut à partir de 1296 la capitale du royaume indépendant de Lanna ; les ruines d'une capitale antérieure, Wiang Kum Kam, se visitent à l'extérieur de la ville. Dans la Chiang Mai d'aujourd'hui, vous pourrez apprendre les secrets du curry vert et du pad thaï auprès de l'une des célèbres écoles de cuisine, et vous promener dans des ruelles parsemées de vestiges de stupas, en vous imprégnant de sept siècles d'histoire.

Page de droite : le marché flottant d'Amphawa, à Bangkok.

Itinéraire en 8 jours

>

Commencez votre séjour par 3 jours à Bangkok pour visiter les temples et les palais, et faire un tour en bateau autour de l'île de Rattanakosin. Prévoyez un après-midi pour vous rendre au marché du week-end de Chatuchak, le plus impressionnant du pays.

>>

Un trajet en train de 1 heure 30 vous mènera aux temples en ruine d'Ayutthaya, une ville à l'ambiance animée. Faites le tour de ses musées, du musée national Chao Sam Phraya à l'étonnant musée du Million de jouets.

>>>

Continuez en train jusqu'à Phitsanulok (3 heures 30) et prenez un bus jusqu'à Sukhothai, où vous pourrez passer 2 jours à visiter des temples à vélo et à contempler avec émerveillement des immenses statues de Bouddha.

>>>>

De retour à Phitsanulok, prenez le train en direction de Chiang Mai (7 heures). Participez à un cours de cuisine, explorez les marchés nocturnes et leurs stands savoureux, visitez les salles de prière et promenez-vous autour des ruines de Wiang Kum Kam.

VOUS RESTEZ PLUS LONGTEMPS ?

Rendez-vous à Phetchaburi, au sud-ouest de Bangkok, où le roi Rama IV séjournait l'été. Visitez les nombreux palais et admirez les *wat* dorés.

INFORMATIONS PRATIQUES

COMMENT S'Y RENDRE ET CIRCULER

L'aéroport Suvarnabhumi de Bangkok est relié au monde entier. Explorez la capitale en taxi, en empruntant les trains BTS et MRT, ou les navettes fluviales Chao Phraya Express. Prenez le train pour vous rendre à Ayutthaya, Sukhothai et Chiang Mai – réservez dans les gares ou via 12go.asia.

QUAND PARTIR

Dans le nord du pays, la saison sèche s'étend de novembre à avril, mais il fait chaud et humide toute l'année. Équipez-vous en conséquence. Un chapeau et un ventilateur à piles vous seront utiles.

À SAVOIR

Tous les plats thaïlandais ne sont pas épicés, mais ceux qui le sont peuvent être redoutables. N'ayez pas peur de sortir de votre zone de confort mais commandez, en ce cas, un jus de fruit sucré pour atténuer le piquant.

Plus d'informations sur le site tourismethai.fr

SRI LANKA

Découvrir *des* cités anciennes

LE SRI LANKA RENFERME UNE VARIÉTÉ ÉTONNANTE de merveilles sur un territoire relativement restreint : des plages dorées, des spots de surf, des parcs nationaux, des plantations de thé vert émeraude, des cités en ruine surgissant de la jungle… Sur cette île (anciennement connue sous le nom de Ceylan) ne mesurant que 435 km sur 240 km, on ne se trouve jamais très loin de plages étincelantes : on pourrait même être tenté de passer tout son séjour à profiter des beautés de l'océan Indien. Mais ceux qui se décident à mettre leur serviette de plage de côté sont largement récompensés : à l'intérieur des terres les attendent quantité de cités anciennes abandonnées à la forêt avant que les premiers Européens ne découvrent l'île de la cannelle.

L'aventure commence à Colombo, dans le train qui grimpe à travers une végétation luxuriante jusqu'à Kandy, où le sanctuaire le plus sacré du pays abriterait une véritable dent de Bouddha. Remontez encore plus loin dans le temps à Dambulla,

Souvenir de voyage

Marcher parmi les stupas d'Anuradhapura est un peu comme feuilleter un livre d'histoire. Il se trouve que j'avais justement sur moi un tel livre : une brochure que mon grand-père avait achetée dans les années 1920 alors qu'il visitait le pays, et qui portait sur les légendes sri lankaises. La continuité avec le passé était palpable – les pèlerins continuent d'orner les *dagobas* avec des morceaux de tissu, comme ils le faisaient il y a 2 000 ans lorsque ces grands stupas venaient d'être bâtis.

JOE BINDLOSS

EN BREF

À TABLE !
Le curry et le riz se déclinent d'innombrables manières dans la cuisine du Sri Lanka.

UNE BOISSON ?
Goûtez au *toddy*, préparé à partir de fleurs de palmier fermentées et servi frais ou distillé sous forme d'*arrack*.

SE LOGER
Séjournez dans une guesthouse familiale et régalez-vous des plats faits maison aux saveurs épicées.

UNE EXPÉRIENCE
Partez à la recherche des éléphants, des crocodiles et des oiseaux tropicaux au parc national Minneriya, à 1 heure de Sigiriya.

Page de gauche : curry de crabe de Jaffna fumant. *Ci-dessus :* la façade richement décorée de la mosquée Jami Ul-Alfar à Colombo.

au nord, où les temples troglodytiques sont fréquentés par les pèlerins depuis le Ier siècle avant notre ère. Chassé de sa capitale par un rival, le roi Valagamba trouva refuge dans ces abris rocheux. De retour sur le trône, en remerciement, il mit ses artisans au travail pour créer en ces lieux certaines des sculptures et des peintures murales les plus remarquables du Sri Lanka.

Juste au nord de Dambulla se trouve l'un des sites les plus spectaculaires de tous : Sigiriya. Une ascension haletante sur un affleurement à pic révèle, au sommet, les vestiges du rocher du Lion, l'ancien siège du roi Kashyapa Ier, classé sur la liste du Patrimoine mondial de l'Unesco. Poursuivez ensuite vers l'est jusqu'à Polonnaruwa, qui fut la capitale du Sri Lanka pendant trois siècles à partir de 1070 et abrite aujourd'hui un parc archéologique immense et remarquable : les bouddhas monumentaux de Gal Vihara comptent parmi ses plus beaux vestiges. À Anuradhapura, première capitale du pays, les stupas vieux de 2 000 ans sont toujours des lieux de culte vivants et animés. Pour ressentir l'âme et la ferveur du Sri Lanka, faites coïncider votre séjour avec une période de *poya* – pleine lune – et observez les pèlerins vêtus de blanc se recueillant devant l'arbre Bodhi, issu d'une bouture de l'arbre originel sous lequel Bouddha a atteint l'illumination.

Ci-dessus : la forteresse du rocher du Lion à Sigiriya s'élève majestueusement au-dessus du paysage.

INFORMATIONS PRATIQUES

COMMENT S'Y RENDRE ET CIRCULER

L'aéroport international Bandaranaike qui dessert Colombo est plus proche, en réalité, de la ville côtière de Negombo que de la capitale, et permet donc de se rendre facilement sur les plages. Pour rejoindre les vestiges des cités anciennes, réservez un trajet en train de Colombo à Kandy, puis rejoignez les différents sites en bus. Vous pouvez également louer une voiture avec chauffeur.

QUAND PARTIR

La saison sèche s'étend de janvier à mars et de mai à septembre. C'est le moment idéal pour visiter les cités anciennes. Les températures et le taux d'humidité sont cependant élevés toute l'année.

À SAVOIR

Emportez vos jumelles si vous aimez les oiseaux tropicaux, car ils sont nombreux dans les forêts entourant les cités anciennes : notamment des calaos, des pies bleues du Sri Lanka et des martins-pêcheurs d'un bleu éclatant.

Plus d'informations sur le site srilanka.travel

Itinéraire en 10 jours

\>

Depuis l'aéroport international Bandaranaike, commencez par une journée de plage à Negombo, puis rejoignez Colombo pour dîner dans un bon restaurant. Découvrez l'histoire de l'époque coloniale et visitez le National Museum. Partez pour Kandy en train et rendez-vous au temple de la Dent.

\>>

Profitez de la culture et de la gastronomie locales pendant 1 ou 2 jours et assistez à un spectacle de danse traditionnelle avant de prendre un bus pour Dambulla (2 heures). Admirez les sculptures aux couleurs vives dans les temples troglodytiques puis prenez le bus jusqu'à Sigiriya (45 minutes), pour une visite des ruines du rocher aux premières lueurs du jour.

\>>>

Partez pour Polonnaruwa, à 2 heures en bus. Consacrez 2 jours à la découverte des temples en ruine et des bouddhas géants, et profitez d'une excursion d'une journée pour observer les éléphants au Minneriya National Park.

\>>>>

Terminez par un trajet de 3 heures jusqu'à la cité ancienne la plus impressionnante de toutes, Anuradhapura. Prévoyez 2 jours au minimum parmi les *dagobas* (stupas) imposants et les temples en ruine.

OUZBÉKISTAN

Sur les traces *de la* route de la soie

DERRIÈRE LE NOM MYTHIQUE de “route de la soie” se cache en fait un réseau de routes commerciales, s’étendant sur des milliers de kilomètres, de la Chine à la mer Méditerranée. Ces routes connurent une activité intense du IIe siècle avant J.-C. jusqu’au XVe siècle de notre ère. Au cœur des déserts du Kyzylkoum et du Karakoum, les cités-États de l’Ouzbékistan ont servi de carrefours sur ces itinéraires, et se sont enrichies grâce à la circulation des marchandises, des personnes et de la culture. Aujourd’hui, des monuments remarquables et des bazars témoignent de cette grande époque du commerce international.

Alors que la brise du soir diffuse l’appel à la prière, les rayons du soleil déclinant scintillent sur les carreaux de céramique bleus des mausolées de Chah-i-Zinda à Samarcande. De toute beauté, ceux-ci sont pourtant presque éclipsés par les impressionnantes *médersas* (écoles coraniques) bordant la place du Registan, non loin. Les étudiants s’y pressaient autrefois ; aujourd’hui, les artisans y élaborent peintures miniatures, faïence et tapis.

Page de droite : dans un salon de thé traditionnel de la ville ouzbèke de Kokand.
Ci-dessus : tissus dans un bazar.

Ces édifices de Samarcande s'inscrivent aujourd'hui au cœur d'une cité moderne, et beaucoup trouvent à Boukhara, à l'ouest de Samarcande, encore plus de charme. Boukhara est une ville au rythme plus tranquille, où l'âge d'or de la route de la soie ne semble pas si lointain. La tradition du troc se perpétue dans les bazars à coupoles, et sous les murs de la forteresse, à l'ombre du minaret de Kalon, la file sans fin des vendeurs de plats en céramique perdure également. Sur les plateformes de bois surélevées des *chaikanas* (salons de thé), les rencontres se font autour d'un thé fumant ou d'un plat de *plov* (spécialité à base de riz et de viande).

Souvenir de voyage

Je n'imaginais pas qu'une conversation improvisée dans une chaikana de Boukhara déboucherait sur une semaine de danses, de chants et de discours. L'Ouzbékistan est un pays hospitalier, et lorsque Sadriddin m'invita à un mariage qui avait lieu le lendemain, mon séjour prit une tournure inattendue. Trois autres invitations du même type suivirent dans la semaine.

STEPHEN LIOY

EN BREF

À TABLE !
Le *plov* est le plat incontournable, à base de riz et de viande, parfumé d'un mélange d'épices.

UNE BOISSON ?
Le thé vert est la boisson la plus populaire en Ouzbékistan. On en trouve partout et à toute heure.

SE LOGER
Les hôtels de charme de Boukhara établis dans des *médersas* restaurées sont les plus mémorables d'Asie centrale.

UNE EXPÉRIENCE
Les forteresses en ruine d'Elliq Kala, dans le désert du Kyzylkoum, impressionnent par la grandeur passée qu'elles suggèrent.

Ci-dessus : Itchan Kala, la vieille ville fortifiée de Khiva, inscrite sur la liste du Patrimoine mondial de l'Unesco.

Jadis, la position de Khiva en bordure du désert du Kyzylkoum contribua à faire de cette ville une plaque tournante du commerce des esclaves, capturés lors de raids sur les caravanes. Ce sinistre trafic fit la richesse de la région. Plus d'un siècle avant l'indépendance de 1991, Khiva fut la dernière des trois grandes cités du pays à être rattachée à l'Empire russe. Son centre fortifié est remarquablement préservé. Contemplée depuis le sommet du minaret Islom Hoja, auquel mène un long escalier en colimaçon, la vieille ville se fond comme un mirage dans le sable doré environnant.

INFORMATIONS PRATIQUES

COMMENT S'Y RENDRE ET CIRCULER

L'aéroport de Tachkent est le plus important de la région, et les trains rapides relient la ville aux principales destinations de la route de la soie. Essayez de réserver au moins 1 semaine à l'avance. Si les trains sont complets, vous pourrez emprunter les vols intérieurs et les taxis collectifs.

QUAND PARTIR

La période de septembre à novembre est idéale. Les températures caniculaires de l'été ont disparu et le froid ne s'est pas encore installé. La saison est synonyme d'abondance de fruits et vous trouverez des produits frais et sucrés à déguster dans les bazars.

À SAVOIR

Les citoyens de 90 pays, dont la France, peuvent entrer sans visa en Ouzbékistan pour 30 jours à condition d'avoir un passeport valide au moins 6 mois après la date de retour prévue.
Plus d'informations sur le site uzbekistan.travel/fr

Itinéraire en 1 semaine

>

À Tachkent, consacrez une journée à la visite du bazar Chorsu et au complexe religieux de Khast Imam, puis prenez le train vers les célèbres villes de la route de la soie.

>>

Samarcande se trouve à 2 ou 3 heures de Tachkent et Boukhara à 4 à 6 heures. Ces deux villes méritent qu'on leur consacre 2 ou 3 jours chacune. La place du Registan à Samarcande est la carte postale typique de la route de la soie (mais on ne saurait négliger les mausolées de Chah-i-Zinda et leurs magnifiques mosaïques) et les rues tranquilles de la vieille ville de Boukhara méritent autant d'attention que ses monuments.

>>>

Gardez quelques jours pour visiter Khiva, à 6 heures de train de Samarcande (2 heures avec la nouvelle ligne à grande vitesse). Sa ville fortifiée, Itchan Kala, est la ville médiévale la mieux préservée du pays. Elle est encore plus belle lorsque la lumière du soleil de fin de journée fait briller les tuiles des minarets.

VOUS RESTEZ PLUS LONGTEMPS ?

Entre Samarcande et Boukhara, vous pouvez traverser les monts Nouratau, où des initiatives touristiques communautaires proposent des séjours chez l'habitant et des randonnées guidées vers des villages abandonnés et de hauts pâturages parsemés de lacs.

THAÏLANDE

Les îles paradisiaques *de la* mer d'Andaman

SI LE PARADIS ÉTAIT UNE PLAGE, il se trouverait probablement sur les îles de la mer d'Andaman, en Thaïlande. Des formations karstiques abruptes recouvertes de jungle jaillissent des eaux d'un cyan étincelant, sentinelles de baies cachées bordées de plages dorées. Rendue célèbre par le film *The Beach*, la plage de Maya Bay a rouvert aux visiteurs après un projet de réhabilitation de plusieurs années, destiné à protéger durablement sa beauté naturelle. Les îles Phi Phi ne sont pas les seules où l'on peut profiter de ces paysages exceptionnels. Facilement accessibles depuis Phuket et Krabi, les grandes îles de la baie de Phang Nga proposent des séjours dans des stations balnéaires de luxe et des logements chez l'habitant dans des villages traditionnels, où l'on peut se régaler de fruits de mer. Plus au sud, Ko Lanta présente de superbes plages mais offre également la possibilité de rencontres avec les éléphants (organisées de façon écoresponsable), tandis que les îles de Trang, plus éloignées, permettent aux visiteurs de profiter – sans les foules – de plages bordées de forêt luxuriante.

EN BREF

À TABLE !
Le curry jaune au crabe est un plat typique de la région.

UNE BOISSON ?
Après un repas épicé, rafraîchissez-vous avec un smoothie à la mangue.

À SAVOIR
La saison sèche, de novembre à avril, est le meilleur moment pour se rendre sur les îles de la mer d'Andaman. *Plus d'informations sur le site tourismethai.fr*

NÉPAL

Un trek *dans la* vallée du Langtang

EN BREF

À TABLE !
Simple et nourrissant, le *dal bhaat* (plat traditionnel à base de riz et lentilles) est le carburant du randonneur.

UNE BOISSON ?
Le *chang* est une boisson fermentée brassée à partir de céréales.

À SAVOIR
Pour faire un trek au Langtang, vous aurez besoin d'un guide local, d'une carte Trekkers Information Management System (TIMS) et d'un permis du parc national du Langtang.

EN MATIÈRE DE TREK, le Népal est sans équivalent. Des sentiers à couper le souffle parcourent les plus hautes montagnes du monde. Une dure journée de marche est récompensée par une part de tarte aux pommes et une bière fraîche près d'un feu de bouse de yak. Un permis est nécessaire pour les itinéraires les plus fréquentés, mais l'expérience mérite la dépense. Si l'Everest (Sagarmatha pour les Népalais) et le massif de l'Annapurna offrent de quoi occuper des semaines de randonnée, pour un aperçu plus bref de la magie des montagnes népalaises, nous vous conseillons d'opter pour le trek de la pittoresque vallée du Langtang. Cette boucle de 7 jours (que vous pourrez rejoindre en bus au départ de Katmandou) vous plongera dans la majesté des montagnes, entre cols vertigineux, anciens monastères bouddhiques et pâturages de yaks protégés par des pics enneigés. Mieux encore, vous serez immergé dans la culture de l'Himalaya. Prévoyez beaucoup d'espace de mémoire pour votre appareil photo – vous en aurez besoin !

© PETE SEAWARD / LONELY PLANET

Océanie

AUSTRALIE

Road trip *sur la* côte est *de* l'Australie

Page de droite : le littoral dans les environs de Newcastle, Nouvelle-Galles du Sud. *Ci-dessus :* une tourte à la viande, grand classique australien. *Double page précédente :* port et Opéra de Sydney.

CINQ ANS AVANT SON CULTISSIME *Été sans fin*, le réalisateur américain Bruce Brown avait posé, en 1961, ses caméras devant les vagues de Byron Bay – devenues célèbres depuis –, au centre de la côte est de l'Australie. L'engouement provoqué par ce film intitulé *Surfing Hollow Days* fut tel que les fans de surf furent nombreux à attacher leur planche sur le toit de leur van, embarquer leur sac de couchage et prendre la route : le *surf trip*, grand classique des road trips australiens, était né. Il faut dire que le littoral qui s'étend du nord de Sydney jusqu'à Byron Bay est superbe. Aujourd'hui, une autoroute de 760 km évite presque toutes les villes situées entre les deux nœuds urbains, mais les voyageurs continuent de suivre la route sinueuse qu'empruntaient les premiers chasseurs de vagues.

Au nord de Sydney, des falaises de grès doré entourent les plages aux eaux marine et les parcs nationaux littoraux de la côte centrale. Les reliefs s'estompent rapidement et la route traverse de jolies criques et longe des lacs scintillants jusqu'au cœur de Newcastle, ville côtière qui a trouvé un second souffle. Non loin, la Hunter Valley, la plus ancienne région viticole

Souvenir de voyage

Lorsque mon réveil sonne, il fait encore nuit et je suis tentée de rester couchée. Mais je n'ai encore jamais fait la randonnée du Tomaree Head à Port Stephens, et je suis sûre que le lever du soleil doit être le moment idéal. Ainsi, 15 minutes plus tard, me voilà donc sur le sentier le plus abrupt du Tomaree National Park, qui suit la côte en direction des Worimi Conservation Lands. Cette réserve située au nord de Newcastle abrite les dunes mouvantes les plus longues de l'hémisphère Sud. Les senteurs apaisantes du bush australien m'emplissent les narines tandis que je grimpe entre les rochers de granit et les forêts d'angophoras, transpirant dans ma course contre le soleil. Il finit par me coiffer au poteau, mais qu'importe : j'atteins le sommet juste à temps pour voir les premiers rayons éclairer d'un halo d'argent une baleine faisant surface !

SARAH REID

EN BREF

À TABLE !

Déguster une tourte à la viande ou un feuilleté à la saucisse dans une petite ville constitue un incontournable sur cet itinéraire, de même que se régaler d'un *fish and chips* en bord de mer.

UNE BOISSON ?

Goûtez les vins de la Hunter Valley. Dans les villes qui jalonnent la côte, recherchez le café de qualité vendu par les enseignes indépendantes.

SE LOGER

Les parcs nationaux littoraux de la région proposent d'excellents campings. On trouve aussi un nombre croissant d'hôtels de charme d'inspiration rétro.

UNE EXPÉRIENCE

Faites un arrêt à Coffs Harbour pour l'incontournable selfie kitsch devant la célèbre Big Banana, une structure géante dans un parc d'attractions.

ACHATS

Dans les grandes villes de la côte, des marchés de producteurs hebdomadaires permettent de goûter aux produits régionaux tout en se mêlant à la communauté locale.

© ANDREY BAYDA / SHUTTERSTOCK

“Sydney semble bien loin alors que les petites routes serpentent à travers les forêts de gommiers roses, un chapelet de lacs et un paysage forgé par des volcans endormis.”

Ci-contre : kangourous dans la Hunter Valley, la plus ancienne région viticole d'Australie.

d'Australie, s'étend à l'intérieur des terres. L'immense baie que forme l'embouchure de la Karuah River forme un décor pittoresque pour un séjour à Port Stephens, avec ses sentiers de randonnée, ses plages sublimes, ses koalas et son histoire à découvrir dans le Tomaree National Park.

Sydney semble bien loin alors que les petites routes serpentent à travers les forêts de gommiers roses, un chapelet de lacs et un paysage forgé par des volcans endormis et une collision survenue il a 300 millions d'années, qui a donné naissance à la Cordillère australienne à l'ouest. À l'est, il n'est pas rare d'apercevoir une baleine à bosse ou une baleine franche australe entre mai et novembre, pendant leur migration annuelle. Kangourous et wallabys broutent dans les parcs côtiers, survolés par des pygargues blagres, pendant que les talégalles de Latham, de grands oiseaux à la queue en éventail, grattent le sol de la forêt tropicale humide. Les villes du littoral résonnent encore de l'écho des colonies pénitentiaires, de la Seconde Guerre mondiale et des industries abandonnées, tandis que l'arrière-pays compte de nombreux sites culturels aborigènes. Quelques panneaux donnent des informations, mais ce sont les gardiens traditionnels de ces terres qui vous conteront le mieux l'histoire de cette région, à travers les différents circuits qu'ils organisent.

Vers le nord, un écheveau infini de routes secondaires invite le voyageur à découvrir spots de surf, sentiers sauvages et charmantes bourgades dans les terres, notamment la bohème Bellingen et la jolie Bangalow. Enfin, vous arrivez à Byron Bay, belle ville balnéaire qui propose désormais, outre ses célèbres vagues, une scène gastronomique intéressante, et bien plus encore.

Page de droite : paddle sur les eaux cristallines, non loin de Byron Bay.

Itinéraire en 10 jours

>

Commencez votre circuit à Sydney, capitale de la Nouvelle-Galles du Sud. Visitez ses célèbres curiosités, arpentez ses plages et profitez des bars, boutiques et restaurants.

>>

À 2 heures au nord de Sydney, l'ancienne ville sidérurgique de Newcastle possède aujourd'hui une scène gastronomique florissante. Faites un détour dans les terres jusqu'aux vignobles de la Hunter Valley pour une dégustation et un bon repas avant de revenir sur la côte et d'explorer Port Stephens. Suivez ensuite le Lakes Way (chemin des Lacs) le long de la côte et rejoignez la Pacific Motorway jusqu'à Port Macquarie, pour visiter un refuge pour koalas et vous promener en bord de mer.

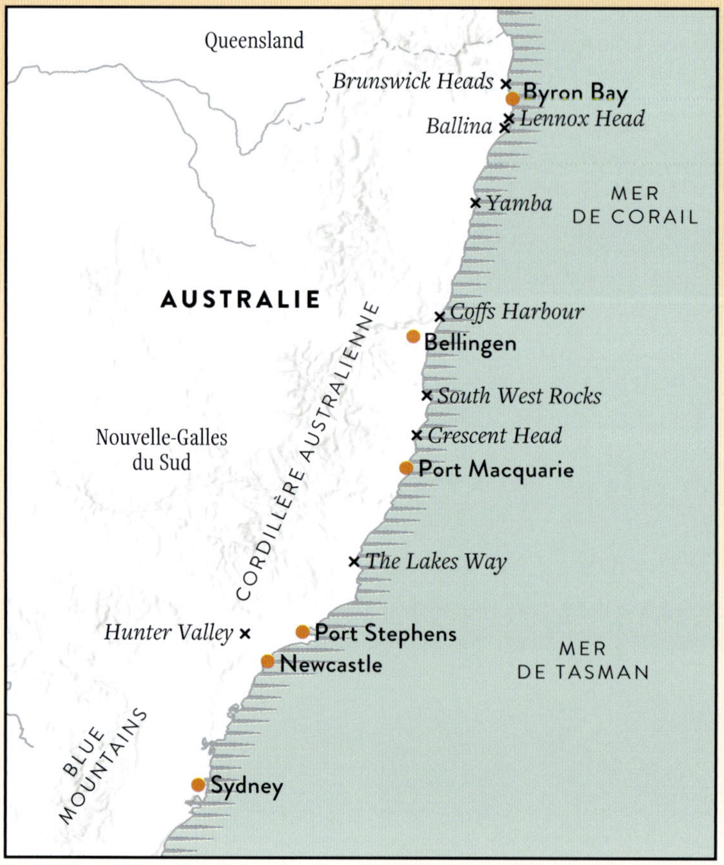

>>>

Envisagez un crochet par la ville de surf de Crescent Head et par South West Rocks pour visiter son pénitencier colonial (ou plonger) avant de rentrer dans les terres vers la ville fluviale de Bellingen, qui conserve de nombreux bâtiments historiques.

>>>>

Terminez votre circuit en traversant Coffs Harbour, Yamba, Ballina et Lennox Head sur la route de Byron Bay, où vous attendent le soleil, les vagues, des randonnées et des restaurants parmi les meilleurs de la région.

VOUS RESTEZ PLUS LONGTEMPS ?

De Byron Bay, empruntez l'autoroute jusqu'à la bucolique station balnéaire de Brunswick Heads (20 minutes), en bord de fleuve.

INFORMATIONS PRATIQUES

COMMENT S'Y RENDRE ET CIRCULER

La plupart des voyageurs débarquent à l'aéroport de Sydney, d'où des trains desservent régulièrement le centre-ville (13 minutes). Si vous louez une voiture à l'aéroport, commencez votre périple ici : vous pourrez rendre votre voiture à l'aéroport de Gold Coast, à 45 minutes au nord de Byron.

QUAND PARTIR

La côte nord de la Nouvelle-Galles du Sud se visite toute l'année, mais la météo est plus propice aux activités de plage au printemps et à l'automne (septembre-novembre et mars-mai) et il y a moins de monde en dehors des vacances scolaires de Pâques et de fin septembre/octobre. L'hiver, les vagues sont plus grosses ; en été, le vent onshore (soufflant de l'océan vers les terres) est plus fréquent.

À SAVOIR

Prévoyez des chaussures de marche confortables et une veste imperméable. Si le temps est plus sec en hiver, il peut changer à tout moment et les soirées sont parfois fraîches, même en été. Des couverts à pique-nique sont aussi pratiques : la plupart des parcs côtiers mettent à disposition des barbecues gratuits. *Plus d'informations sur le site visitnsw.com*

AUSTRALIE

Uluru, lieu *de* spiritualité

ULURU EST UN SITE À NUL AUTRE PAREIL. Comment parvenir à détacher les yeux de cet immense monolithe en grès surgissant du sable rouge du désert, crevassé et animé des histoires ancestrales de ses propriétaires traditionnels, les Anangu ? Au lever et au coucher du soleil, Uluru rayonne presque. Après les rares orages, de l'argent en fusion semble ruisseler le long de ses flancs. Pendant les longues heures du jour, le rocher toise, majestueux, les alentours désertiques qu'il domine. Uluru fait partie d'un parc national qui renferme aussi les Kata Tjuta (monts Olgas), un ensemble de près de 40 dômes de granit aux formes étranges et fantastiques, qui s'impose à l'horizon sur des kilomètres. Uluru et les Kata Tjuta revêtent une grande importance spirituelle pour les aborigènes ; renseignez-vous sur les promenades proposées par les guides Anangu ou auprès du centre culturel Uluru-Kata Tjuta. Ces deux merveilles géologiques constituent la pièce maîtresse du célèbre Red Center (Centre rouge) de l'Australie.

EN BREF

À TABLE !
Essayez le dîner Sounds of Silence, sous les étoiles en plein désert.

UNE BOISSON ?
Au coucher du soleil, dégustez un verre de vin australien à la Sunset Viewing Area d'Uluru.

À SAVOIR
La plupart des sentiers de randonnées ferment à 11h si la météo annonce plus de 36°C. Si possible, venez entre mai et septembre, quand ces pics de chaleur sont rares.

AUSTRALIE

Marcher *avec* *les* gardiens traditionnels de la Tasmanie

EN BREF

À TABLE !
Goûtez le puffin fuligineux, mets traditionnel des Palawa.

UNE BOISSON ?
Accompagnez la nourriture de bush d'un bon vin de Tasmanie.

À SAVOIR
Jusqu'à 5 départs de la Wukalina Walk (wukalinawalk.com.au) sont organisés chaque mois depuis Launceston de septembre à avril/mai.

LES SUPERBES PAYSAGES SAUVAGES et accidentés d'Australie sont aussi pétris d'histoires ancestrales. Leur récit est au cœur de la Wukalina Walk, une randonnée de 4 jours et 3 nuits dans la région de Larapuna (Bay of Fires), dans le nord-est de la grande île montagneuse de la Tasmanie (Lutruwita). Accompagnés par un guide aborigène de la communauté Palawa, les marcheurs sont immergés dans le paysage de Wukalina (Mount William National Park), dorment dans les huttes d'architectes d'un camp permanent traditionnel entouré de lande côtière, goûtent la nourriture ancestrale des aborigènes, découvrent les liens séculaires qui unissent ces derniers à la terre et à la mer et écoutent les histoires du bush autour d'un feu de camp. La marche (qui occupe 2 jours entiers seulement) se fait en petits groupes (10 personnes maximum) pour plus d'intimité. Bon nombre de visiteurs vivent une expérience quasiment spirituelle. Quoi qu'il en soit, cette randonnée constitue pour la nouvelle génération de Palawa l'occasion de partager son approche des terres traditionnelles.

AUSTRALIE

L'île Kangourou, habitat d'animaux rares

APERCEVOIR UN KOALA EN AUSTRALIE est toujours un grand moment. Sur l'île Kangourou (au large d'Adélaïde, au sud de l'Australie), il n'est pas rare d'en voir cinq ou six agglutinés sur un seul arbre. L'île, facilement accessible en ferry ou en avion, est prisée des amateurs d'observation des animaux, koalas comme kangourous. La plupart des espèces locales (qui incluent les emblématiques varans de Rosenberg) ont évolué de manière isolée et sont devenues des sous-espèces de leurs cousines du continent. Outre ces créatures, l'île compte d'autres attraits : les parcs nationaux recouvrent plus de 40% de ses 4 405 km², qui se remettent bien des feux de brousse dévastateurs de 2019-2020. On y trouve aussi d'excellents produits tels que du vin ou du miel, mais aussi des sentiers de randonnée et des plages parsemées de lions de mer et léchées par les eaux translucides de l'océan Austral.

EN BREF

À TABLE !
Poisson (sériole fondante) et fruits de mer (huîtres fraîches) abondent.

UNE BOISSON ?
Dégustez des gins artisanaux primés et d'excellents vins locaux aux portes des caves.

À SAVOIR
Visitez l'île Kangourou en voiture, par vos propres moyens ou dans le cadre d'un circuit organisé.
Plus d'informations sur le site tourkangarooisland.com.au

AUSTRALIE

Voyage gourmand *dans la* King Valley

EN BREF

À TABLE !
Le restaurant de Chrismont bénéficie de la plus belle vue sur la vallée.

UNE BOISSON ?
King River Brewing propose une alternative houblonnée au vin.

À SAVOIR
Des circuits privés visitent la King Valley au départ de Whitfield, mais vous aurez plus de liberté avec votre propre véhicule. Des trains directs relient Melbourne à Wangaratta (2 heures).

LES PREMIERS IMMIGRANTS ITALIENS en Australie furent nombreux à rejoindre la King Valley, une région située au nord de Melbourne dans le High Country de l'État de Victoria. Important leurs traditions, les familles y ont planté des cépages italiens (le sangiovese, le nebbiolo et le glera, utilisé pour le prosecco) et des noyers, et ont continué à produire des saucisses et fromages italiens. Aujourd'hui, la King Valley forme un décor splendide pour un week-end de dégustation dans des caves qui appartiennent toujours à ces familles, telles les Pizzini et les Corsini (propriétaires du vignoble La Cantina). Parmi les nouveaux venus sur cette scène, citons l'accueillante cave Red Feet Wines, tenue par la famille Star. À l'extrémité nord de la Prosecco Road, découvrez des producteurs de calibre mondial ou savourez un menu dégustation au Brown Brothers. Beechworth, avec ses excellents restaurants, domaines et pubs, est toute proche. Des sentiers de randonnée et de VTT sillonnent les montagnes. Réservez votre hébergement bien à l'avance pour La Dolce Vita, le festival gastronomique de la King Valley en novembre.

AUSTRALIE

Plonger *dans le* sud *de la* Grande Barrière de corail

LA GRANDE BARRIÈRE DE CORAIL, qui s'étire sur plus de 2 000 km au nord-est de l'Australie, est une merveille naturelle. Le plus vaste récif de la planète, entièrement composé d'organismes vivants, est d'ailleurs inscrit au Patrimoine mondial. Sous la surface, c'est un kaléidoscope de couleurs et de textures, animé d'une intense activité. Si la plupart des visiteurs s'en tiennent aux grands sites de Cairns et des îles Whitsunday, le sud de la Grande Barrière propose pourtant des expériences féeriques avec un impact moindre sur l'environnement. Autrefois peuplée de chèvres sauvages, l'île Lady Elliot est aujourd'hui l'un des principaux sites d'écotourisme d'Australie. Non loin au nord, l'île Lady Musgrave, inhabitée, possède un lagon idyllique, idéal pour une excursion à la journée et une nuit en camping, ou en glamping écologique sur un ponton flottant. La plupart des tour-opérateurs sont installés sur le continent à Bundaberg, dans une région agricole où se trouve aussi Mon Repos, un centre ultra-moderne d'informations sur les tortues organisant des circuits pour observer ces animaux pendant la période de la ponte (novembre à mars).

EN BREF

À TABLE !
Délectez-vous de glaces maison et autres productions des fermes de Bundaberg.

UNE BOISSON ?
Ne quittez pas Bundaberg sans avoir goûté son célèbre rhum.

À SAVOIR
Bundaberg se trouve à 4 heures 30 de route (ou 1 heure de vol) au nord de Brisbane. Bargara, banlieue en bord de mer, est un point de chute agréable.

AUSTRALIE

Nager *avec les* requins-baleines *à* Ningaloo

EN BREF

À TABLE !
Goûtez les crevettes tigrées et les vivaneaux pêchés à Exmouth.

UNE EXPÉRIENCE
Depuis Exmouth ou Coral Bay, nagez avec les requins-baleines via des prestataires d'écotourisme.

À SAVOIR
Logez à Coral Bay, à Exmouth ou dans le Cape Range National Park. Les vols Qantas desservent Perth et Learmonth, aéroports les plus proches du récif. *Plus d'informations sur le site westernaustralia.com*

ENFILEZ MASQUE ET PALMES pour nager aux côtés d'un requin-baleine. Une plongée avec l'un de ces paisibles géants grands comme un minibus et pesant jusqu'à 20 tonnes est une expérience que vous n'êtes pas près d'oublier : vous pourrez observer de près les dessins de sa peau, ses ouïes délicates et sa bouche béante qui engloutit plancton et krill… Le récif de Ningaloo, qui s'étire sur quelque 6 000 km^2 le long des côtes de l'Australie-Occidentale, est l'un des plus grands récifs coralliens proches du rivage au monde. Bien que sa beauté n'ait rien à envier à celle de la Grande Barrière de corail, il est peu visité. Le jour, filez sur les eaux turquoise de l'océan désert à bord d'un catamaran, qui vous emmènera nager parmi les majestueuses raies mantas ou les tortues, dugongs, requins et poissons tropicaux dignes du *Monde de Nemo*. La nuit, contemplez la voûte étoilée exceptionnelle.

NOUVELLE-ZÉLANDE (AOTEAROA)

Découvrir *la* culture maorie *dans le* Northland

Page de droite : la maison de réunion maorie des Waitangi Treaty Grounds.
Ci-dessus : le phare du cap Reinga, à l'extrémité septentrionale de la Nouvelle-Zélande.

BIENVENUE DANS LE BERCEAU DE LA NOUVELLE-ZÉLANDE MODERNE ! Waitangi constitue un point de départ idéal pour ce road trip au cœur du Northland, région la plus septentrionale du pays. C'est ici en effet que les chefs des tribus maories signèrent en 1840 un accord avec la Couronne britannique, qui fut l'acte fondateur de la nation néo-zélandaise. Sur le site des Waitangi Treaty Grounds, des visites guidées présentent les sculptures sur bois finement ouvragées et les *tukutuku* (panneaux en bois), dans la semi-obscurité de la Te Whare Runanga, une maison de réunion traditionnelle érigée en 1940 pour le centenaire du traité. La visite est l'occasion également de découvrir le *tikanga* (les coutumes maories). Au cours de performances pleines d'énergie et d'humour, vous assisterez à un *powhiri* (accueil maori traditionnel) et au haka, danse rituelle popularisée par les All Blacks, l'équipe de rugby néo-zélandaise.

Dans la culture maorie, le cap Reinga (Te Rerenga Wairua), à l'extrémité nord de la Nouvelle-Zélande (Aotearoa), est l'endroit

d'où partent les âmes des défunts pour leur dernier voyage vers Hawaiki, l'île mythique polynésienne. Du parking, un sentier mène jusqu'au phare à 1 km, sur le cap souvent balayé par les vents contraires venant de la mer de Tasman et de l'océan Pacifique. À leur point de rencontre, au large du croissant de sable de Spirits Bay (Piwhane), la houle venue de l'ouest et de l'est grossit, produisant des vagues atteignant 10 m de hauteur.

Souvenir de voyage

Quarante ans après m'être rendu pour la première fois dans la Waipoua Forest avec mes parents, c'est aujourd'hui moi qui négocie prudemment les virages bordés de bush. Avec mon père, nous empruntons la verdoyante promenade en planches jusqu'au Tane Mahuta (Seigneur de la Forêt), le plus grand des arbres alentour – sa taille (18 m) et sa circonférence (16 m) en disent long sur sa longévité. Ce souvenir est aussi désormais pour moi celui du dernier road trip que j'ai entrepris avec mes parents.

BRETT ATKINSON

EN BREF

À TABLE !
Dégustez des huîtres d'Orongo Bay sur la véranda en bord de mer du Duke of Marlborough Hotel, à Russell.

UNE BOISSON ?
Au Hone's Garden de Russell, essayez les bières artisanales locales de la brasserie McLeods installée à Waipū.

SE LOGER
Détendez-vous dans un appartement indépendant du GEMS Seaside Lodge, tout près des vagues propices au surf, à Ahipara.

UNE EXPÉRIENCE
Dévalez les sentiers de VTT boisés du Waitangi Mountain Bike Park.

C'est à Hokianga Harbour, dans une zone abritée de la fureur marine de la côte ouest, que Kupe, explorateur polynésien mythique, aurait pour la première fois débarqué à Aotearoa il y a plus de 1 000 ans. Son arrivée et son retour en Polynésie à travers le Pacifique sont contés à Opononi, aux Manea Footprints of Kupe, une expérience multimédia et multisensorielle intégrant des spectacles et des performances vocales réalisés par des descendants de l'explorateur. Au sud, dans la Waipoua Forest, l'*iwi* (tribu) locale Te Roroa propose des expériences nocturnes spirituelles au milieu d'imposants *kauri* (des conifères) dans la plus grande étendue de bush originel du Northland. La visite, pétrie de légendes maories et du *matauranga* (connaissances maories traditionnelles), donne à voir le Te Matua Ngahere (Père de la Forêt), un *kauri* vieux d'environ 3 000 ans.

Page de droite : Tane Mahuta, un *kauri* géant dans la Waipoua Forest.

Itinéraire en 1 semaine

\>

D'Auckland, partez vers le nord et arrêtez-vous à Whangarei pour visiter la galerie d'art Wairau Maori au Hundertwasser Art Centre. Poursuivez encore 1 heure jusqu'à Paihia dans la Bay of Islands (environ 3 heures en tout). Restez trois nuits à Paihia pour explorer Waitangi. Prenez le ferry jusqu'à Russell (Kororareka), ville alanguie qui fut la première capitale néo-zélandaise de 1840 à 1841.

\>>

Depuis la Bay of Islands, poursuivez vers le nord durant 3 heures jusqu'au cap Reinga (Te Rerenga), point le plus septentrional du pays, avant de rouler 1 heure 30 vers le sud pour passer la nuit à Ahipara, ville de surf.

\>>>

Sur la route d'Ahipara à Opononi (2 heures), empruntez le ferry qui traverse Hokianga Harbour de Kohukohu à Rawene. Prévoyez 2 nuits sur place pour voir les Manea Footprints of Kupe et explorer la Waipoua Forest avec Footprints Waipoua. D'Opononi, comptez environ 4 heures de route pour rentrer à Auckland.

VOUS RESTEZ PLUS LONGTEMPS ?

Dormez sur Aroha Island, près de Kerikeri, et faites une promenade nocturne en forêt pour entendre (et peut-être apercevoir) un kiwi, l'oiseau emblématique du pays.

INFORMATIONS PRATIQUES

COMMENT S'Y RENDRE ET CIRCULER

Principal nœud de transports internationaux de Nouvelle-Zélande, Auckland est à 3 heures au sud de Waitangi et de la Bay of Islands. Depuis l'Europe, une voire deux escales sont nécessaires pour rejoindre le pays. Sur place, des bus InterCity relient Auckland à Paihia, mais il vous faudra une voiture pour aller plus loin ; le plus simple est d'en louer une à Auckland.

QUAND PARTIR

Le temps est chaud et stable de décembre à avril. Évitez les périodes de Noël/Nouvel An et Pâques, car la Bay of Islands est une destination de vacances prisée par les familles. Le 6 février, la foule se presse à Waitangi à l'occasion du Waitangi Day, qui célèbre la signature du traité.

À SAVOIR

Ahipara et Opononi comptent peu d'adresses où dîner. Faites des provisions à Kaitaia et préférez un hébergement avec cuisine. *Plus d'informations sur le site northlandnz.com*

NOUVELLE-ZÉLANDE (AOTEAROA)

Paysages légendaires *de* l'Île du Sud

AVEC SON CARACTÈRE SAUVAGE, la Nouvelle-Zélande semble hors du temps. Les forêts, drapées de mousses et tapissées de fougères, assourdissent tous les sons à l'exception du chant des oiseaux. Les fjords, où les falaises de granit rencontrent des eaux saphir, dégagent une sérénité absolue. Au milieu de tant de splendeurs naturelles, on en oublierait presque la civilisation, surtout sur l'Île du Sud (Te Waipounamu), peu peuplée.

Les Alpes du Sud constituent l'épine dorsale de l'île. À l'est du massif se trouve la ville de Queenstown, où transitent les voyageurs ; à l'ouest, une côte réputée pour ses fjords et ses glaciers. Explorer ces deux régions donne un aperçu de la variété des paysages du "pays du long nuage blanc" (Aotearoa, en maori).

Après Queenstown, où les mordus d'adrénaline pratiquent VTT, ski et saut à l'élastique, Te Anau, au sud-ouest, paraît plutôt paisible. Installée au bord d'un lac, cette ville est le point de départ de la Milford Road, une route de 120 km affichant une palette variée de la géologie du Fiordland. Les paysages sont ahurissants de symétrie et de démesure : les Earl Mountains se

Page de gauche : sur le Pororari River Track. *Ci-contre :* le glacier Fox, dans les Alpes du Sud. *Ci-dessous :* à VTT près de Queenstown.

EN BREF

À TABLE !

De septembre à octobre, une frénésie de friture s'empare de la côte ouest. Dégustez les poissons frits, panés ou en garniture de pizza.

UNE BOISSON ?

Goûtez les vins d'Otago, région viticole au climat frais réputée pour son pinot noir doux et parfumé, dans les vignobles longeant la rivière Kawarau près de Queenstown, ou dans des sites de dégustation près du lac de Wanaka.

SE LOGER

Les parcs nationaux proposent des cabanes où passer la nuit ; l'occasion de faire connaissance avec d'autres randonneurs et de profiter de la brume matinale dans les forêts de Nouvelle-Zélande.

UNE EXPÉRIENCE

Prenez de la hauteur ! Les merveilles de l'Île du Sud sont encore plus spectaculaires vues d'en haut, que ce soit en saut à l'élastique à Queenstown ou en hélicoptère au-dessus du glacier Fox.

ACHATS

Le *pounamu* (jade) est ramassé dans le lit des rivières de toute l'Île du Sud pour réaliser bijoux et ornements. Les hameçons et les fougères symbolisent la sécurité et le renouveau.

Souvenir de voyage

Ce sont les sept plus longues minutes de ma vie. Voler dans des engins de petite taille me donne des sueurs froides, et le survol en hélicoptère du glacier Fox ne déroge pas à la règle. Heureusement, le rugissement des pales contribue à distraire mon attention. Par le hublot, j'aperçois des prairies, des arbres et les dents acérées des Alpes du Sud droit devant.

Lorsque l'hélicoptère descend lentement en spirale pour atterrir sur le glacier, nous voilà transportés dans un autre monde. Nous prenons pied sur une rivière de neige compacte prise en étau entre deux falaises surgissant tels des rideaux gris foncé. La surface du glacier ressemble aux alvéoles d'une ruche. Des crevasses fendent la glace, telles des veines partant du cœur bleu sombre du glacier. Les sept minutes d'hélicoptère sont vite oubliées. Ici, le temps se mesure en siècles, au gré de la lente progression de la glace.

ANITA ISALSKA

“Les paysages du Fiordland sont ahurissants de symétrie et de démesure.”

Ci-contre : les Darran Mountains au-dessus du Lake Marian, Fiordland National Park.

reflètent dans les Mirror Lakes avec une perfection saisissante, tandis que le Homer Tunnel traverse les entrailles de granit des Darran Mountains.

Au bout de la route, Milford Sound (Piopiotahi), l'une des plus célèbres destinations du pays, déploie ses hautes falaises et ses montagnes coniques encadrant un fjord immaculé. Un circuit en bateau vous permettra peut-être d'apercevoir des gorfous du Fiordland, des baleines à bosse et des grands dauphins. Dans ces contrées paisibles, le genre humain semble importun, comme s'il s'était immiscé là sans invitation.

Les glaciers Fox et Franz Josef semblent encore plus éloignés de la civilisation, bien que les répercussions des activités humaines soient vite évidentes. La légende maorie raconte que ces glaciers sont les larmes gelées d'une jeune fille dont l'amant fut emporté par une avalanche. La formation de ces larmes mythiques a pris des milliers d'années, mais leur fonte ne prendra que quelques décennies en raison du changement climatique.

Plus au nord, rejoignez la route de la côte ouest, battue par les vents, jusqu'à Punakaiki et ses Pancake Rocks. Ces empilements de calcaire se sont formés il y a plus de 30 millions d'années à partir d'organismes marins, puis ont été progressivement sculptés par le vent et les vagues.

Pour finir en beauté, garez-vous à Smoke-ho, près de Blackball, et préparez-vous à un moment de communion avec la nature. Le Paparoa Track est un sentier de grande randonnée qui chemine à travers les palmiers nikau et les fougères de la forêt tropicale humide jusqu'à une gorge abrupte. Après une nuit à Pororari Hut, vous vous éveillerez avec le chant des oiseaux et rebrousserez chemin en portant un regard neuf sur la beauté immense et fragile de l'Île du Sud.

Ci-dessus, gauche à droite : les Pancake Rocks à Punakaiki ; embarquement pour un circuit touristique à Milford Sound.

INFORMATIONS PRATIQUES

COMMENT S'Y RENDRE ET CIRCULER

Des vols internationaux desservent les aéroports de Queenstown et Christchurch (prévoir une ou deux escales depuis l'Europe). De l'Île du Nord, un ferry relie Wellington à Picton. Se déplacer en voiture ou camping-car est pratique, surtout sur la côte ouest, mais des bus InterCity font la liaison entre Queenstown et Te Anau ; en saison, ils vont jusqu'aux glaciers Franz Josef et Fox et à Punakaiki (Paparoa National Park). Réservez la navette de Greymouth ou Punakaiki jusqu'au départ du sentier Paparoa Track à Blackball.

QUAND PARTIR

L'été austral (décembre à février) est idéal pour les circuits en voiture et la randonnée. Réservez vos hébergements longtemps à l'avance ; les refuges sont souvent pleins et Milford Sound attire une foule de touristes. Les saisons intermédiaires (octobre-novembre et mars-avril) sont moins prisées mais la météo est plus capricieuse.

À SAVOIR

Comme on peut s'y attendre face à des paysages si verts, il est nécessaire d'être équipé pour affronter la pluie et la fraîcheur (en particulier pour le soir en randonnée). Véritable poison, les *sandflies* sont de petites mouches voraces dont la morsure démange fortement. Emportez du répulsif et couvrez-vous, surtout en été. *Plus d'informations sur le site newzealand.com*

Itinéraire en 8 jours

\>

Démarrez à Queenstown, où la chaîne des Remarkables séduira randonneurs, cyclistes et skieurs. Le 2e jour, roulez 2 heures jusqu'à Te Anau, avec un arrêt au Devil's Staircase pour admirer la vue sur le Wakatipu Lake et la ville de Mossburn adossée aux montagnes. À Te Anau, promenez-vous au bord du lac et prenez un bateau jusqu'aux grottes aux vers luisants.

\>>

Le lendemain, empruntez la sinueuse Milford Road (2 heures 30) jusqu'à Milford Sound pour un circuit touristique en bateau. De retour à Te Anau, embarquez le 4e jour pour la longue route (6 heures) menant au glacier Fox, en prévoyant une pause-café près du lac de Wanaka et un en-cas sur la plage de Haast, loin de tout.

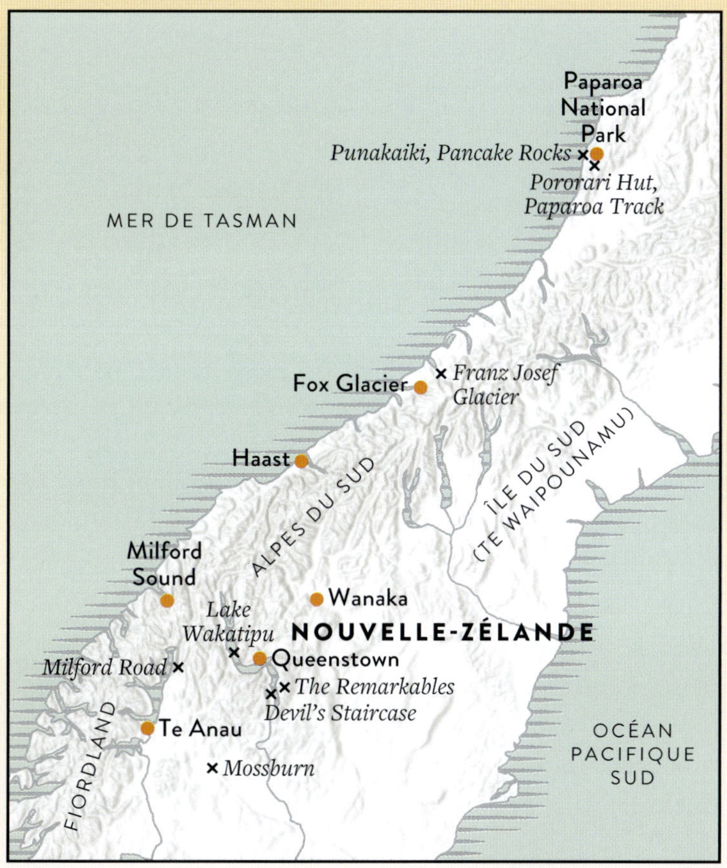

\>>>

Si la météo le permet, commencez le 5e jour par un tour en hélicoptère au-dessus du glacier Fox avant un après-midi à vélo. Le lendemain, vous aurez une autre possibilité de prendre l'hélicoptère au Franz Josef Glacier (à 30 minutes de route).

\>>>>

Arrivez au Paparoa National Park (2 heures 45) avant la nuit, en passant par les Pancake Rocks à Punakaiki. Le 7e jour, levez-vous tôt pour effectuer une partie du Paparoa Track : marchez jusqu'au refuge de Pororari et rentrez le lendemain (16 km dans chaque sens).

VOUS RESTEZ PLUS LONGTEMPS ?

Effectuez l'intégralité du Paparoa Track (3 jours).

NOUVELLE-ZÉLANDE (AOTEAROA)

Escapade gourmande *sur* Waiheke Island

"SLOW DOWN. YOU'RE HERE." Ralentissez. Vous êtes arrivés. Le panneau le plus célèbre de Waiheke Island met les choses au clair pour les visiteurs fraîchement arrivés de d'Auckland. Bienvenue sur l'autoproclamée «île du vin», où plus de 20 vignobles profitent de la douceur d'un microclimat de style méditerranéen. Aujourd'hui, les amateurs d'œnologie partagent l'endroit avec des fans de bière, de whisky et de bonne chère. Des food trucks proposent des spécialités du monde entier (Sri Lanka, Mexique, Argentine…), des bistrots décontractés servent des huîtres locales le long de la baie d'Onetangi Beach et The Heke concocte un déjeuner composé de plateaux de produits bio à partager, de bière brassée sur l'île et de whisky primé. Passez une journée d'été au rythme alangui de l'île : flânez dans le vignoble Man O' War, occupant un site isolé de la côte est que l'on atteint par une route de terre sinueuse donnant sur le golfe de Hauraki près d'Auckland, jouez au cricket sur la plage, plongez depuis le quai ou filez entre les rangs de vignes à vélo électrique.

EN BREF

À TABLE !
Commandez une pizza du *food truck* Dragonfired sur Little Oneroa Beach.

UNE BOISSON ?
Savourez un gin préparé aux herbes locales, chez Waiheke Distilling Co.

À SAVOIR
Le Hop-On Hop-Off Explorer Bus de Fullers, avec montée et descente à volonté, dessert les vignobles et les plages. C'est le moyen de transport le plus pratique pour faire le tour de Waiheke Island.

ÎLES COOK

Un paradis préservé

EN BREF

À TABLE !
Régalez-vous d'*ika mata*, poisson cru au citron vert et lait de coco.

UNE BOISSON ?
Buvez une bière de brousse, fabriquée à partir d'oranges, de sucre, de malt et de houblon.

À SAVOIR
Hawaiian Airlines, Air New Zealand, Air Rarotonga et Jetstar Airways desservent les Îles Cook.

LES ÎLES COOK, DANS L'OCÉAN PACIFIQUE SUD, évoquent Hawaii il y a 90 ans : des plages jamais bondées, un trafic quasi inexistant et aucun bâtiment dépassant la taille d'un cocotier. Il faut environ 45 minutes sans s'arrêter pour parcourir la route de 32 km qui ceinture l'île principale, Rarotonga. Elle croise des vergers et des chèvres errant au milieu des bananiers, et la forêt luxuriante s'étend à perte de vue. Dans la brise fraîche, l'air iodé se mêle à l'odeur du jasmin et des gardénias. Black Rock constitue une halte prisée où il est possible de sauter du haut de la falaise et de faire du snorkeling. Le paysage idyllique aux tons turquoise qui entoure les îles forme Marae Moana, l'un des plus grands parcs marins au monde. Cette zone protégée fourmille de vie : labres géants pouvant atteindre 181 kg, baleines à bosse de juillet à octobre, ou encore jardins de coraux au déferlement de couleurs pastel.

SAMOA, FIDJI ET VANUATU

Aventure *et* culture *dans le* sud du Pacifique

Page de droite : la fosse océanique de To Sua dans la forêt tropicale humide, Samoa. *Ci-dessus :* cérémonie de l'allumage des torches sur la plage de Nadi, Fidji.

DANS LES ÎLES DU PACIFIQUE, le temps paraît s'étirer. Sur la route côtière de l'île principale des Samoa, entre montagnes recouvertes de forêt tropicale et plages de sable blanc aux eaux turquoise, rares sont les automobilistes qui atteignent la vitesse maximale (55 km/h). Pourquoi se presser ? Ne vaut-il pas mieux s'arrêter près des cascades tonitruantes, se baigner dans des sites uniques formés par d'anciens tunnels de lave, avant de s'endormir, bercé par le bruit de l'océan, dans une simple *fale* (hutte) sur la plage ?

Les liaisons aériennes sont assez bonnes entre les grands États insulaires du Pacifique, ce qui permet d'en visiter plusieurs en un voyage. Mondialement réputée pour son hospitalité, Fidji se situe au cœur de la région. Délaissez les complexes touristiques pour randonner entre les villages reculés des verdoyantes montagnes de Viti Levu, l'île principale. Partez en croisière de plongée pour admirer les splendeurs du Great White Wall dans le détroit de Somosomo, ou fuyez la foule dans un complexe écologique sur une petite île pour faire du snorkeling, plonger ou surfer jusqu'à ce que le soleil disparaisse dans un embrasement de couleurs. Partout, vous serez reçu par un joyeux *bula* (bienvenue/bonjour).

L'atmosphère est tout aussi détendue à Vanuatu, classée deuxième nation la plus heureuse au monde par le Happy Planet Index. Ici, les aventures ne manquent pas : plonger parmi des débris militaires engloutis au large d'Espiritu Santo ou assister au fameux «saut du Nagol» (ancêtre du saut à l'élastique) sur l'île de Pentecôte. Mais rien n'est plus saisissant qu'une visite sur l'île de Tanna. Ici, les tribus présentent la *kastom*, le mode de vie traditionnel qu'elles préservent tandis que le monde change autour d'eux, et le mont Yasur crache régulièrement de la lave. Ce volcan, l'un des plus actifs au

Souvenir de voyage

Un grondement sourd, guttural retentit d'abord. Puis, boum ! Avant même que mon cerveau n'enregistre le son (ou que je brandisse mon appareil photo), un jet phosphorescent de lave jaillit dans le ciel, tel un geyser de roche fondue. Pour le prochain, je serai prête, me dis-je en m'installant au bord du cratère du mont Yasur, sur l'île de Tanna, pour profiter du spectacle.

SARAH REID

EN BREF

À TABLE !

Ne repartez pas des Fidji sans avoir dégusté un *lovo* (festin cuit dans la terre).

UNE BOISSON ?

Dans la région, les visiteurs sont souvent accueillis par un *kava*, infusion traditionnelle aux vertus relaxantes.

SE LOGER

Le White Grass Ocean Resort, tout proche de sites de plongée sublimes, constitue le meilleur hébergement sur l'Île de Tanna, à Vanuatu.

UNE EXPÉRIENCE

Découvrez la coutume ancestrale des dessins sur le sable au musée national d'Efate, à Vanuatu.

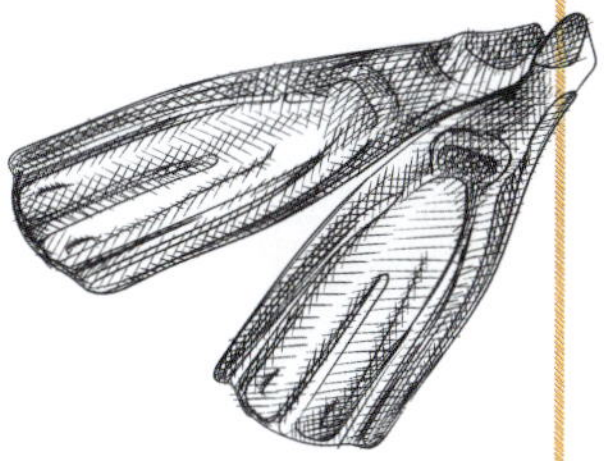

Ci-dessus : plongée parmi les débris militaires américains engloutis de Million Dollar Point, à Vanuatu.

monde, est aussi l'un des plus accessibles : après un trajet cahoteux en 4x4 dans un décor lunaire couvert de cendres, une courte montée mène au bord du cratère. Lorsque la lave est projetée dans les airs, vous vous sentez minuscule face à la puissance de la nature. Et profondément revigoré par vos aventures insulaires.

INFORMATIONS PRATIQUES

COMMENT S'Y RENDRE ET CIRCULER

Les Samoa sont desservies par les airs depuis l'Australie, la Nouvelle-Zélande, Fidji et Honolulu ; Vanuatu depuis l'Australie, la Nouvelle-Zélande, les îles Salomon et la Nouvelle-Calédonie. Fidji est plus accessible, avec plus de 100 liaisons possibles (États-Unis, Asie et Océanie). Des taxis et navettes prennent en charge les voyageurs à l'aéroport.

QUAND PARTIR

La saison sèche (mai à septembre) est généralement la meilleure période : la visibilité est bonne pour plonger et le risque de cyclones est faible.

À SAVOIR

Réservez les hôtels pour toutes les destinations (ainsi que les vols intérieurs aux Fidji et à Vanuatu) ; toutefois, on trouve généralement facilement une *fale* sur la plage aux Samoa.

Plus d'informations sur les sites samoa.travel, fiji.travel et vanuatu.travel

Itinéraire en 3 semaines

>

Atterrissez à Samoa, louez une voiture à Apia, la capitale, et passez une semaine à sillonner l'île principale en prenant votre temps. Privilégiez la côte sud, absolument sublime.

>>

Envolez-vous ensuite pour Fidji. Là, partez à l'aventure en randonnée avec Talanoa Treks, réservez une croisière de plongée ou rejoignez (en avion ou en ferry) un complexe insulaire pour une semaine de surf, de plongée ou de découverte des coutumes fidjiennes.

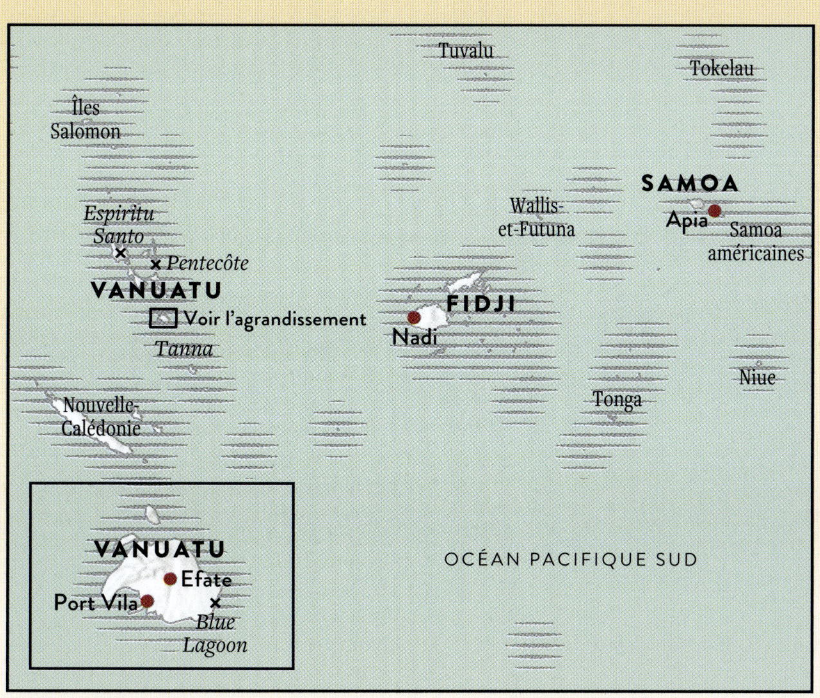

>>>

Terminez votre périple à Vanuatu. Depuis l'aéroport de la capitale, Port-Vila, prenez une correspondance pour Espiritu Santo (plongée), Pentecôte (immersion culturelle) ou Tanna (plongée, culture et éruption volcanique). Avant votre départ, consacrez 1 jour ou 2 au Blue Lagoon et aux cascades cristallines dans la forêt d'Efate, l'île principale.

VOUS RESTEZ PLUS LONGTEMPS ?

Choisissez une autre île fidjienne à explorer si vous faites escale dans l'archipel au retour, ou profitez des liaisons entre Vanuatu et d'autres destinations du Pacifique (îles Salomon ou Nouvelle-Calédonie par exemple).

Index

100 Voyages de rêve
Traduit et adapté de l'ouvrage
Dream Trips of the World

Dépôt légal Octobre 2025
ISBN 978-2-38492-793-7
Code ouvrage J92793
Imprimé en Malaisie
1re impression, mai 2025

Édition anglaise
Directeur de la publication Piers Pickard
Éditrice livres illustrés Becca Hunt
Éditeur associé Robin Barton
Maquette Emily Dubin
Composition Howie Severson
Édition Dora Ball, Cliff Wilkinson, Polly Thomas et Nick Mee
Responsable prépresse Nigel Longuet

Édition française
Traduction Sophie Dubus, Violette Marcelin, Marie Springinsfeld, Laurence Stewart et Christelle Taureau
Direction éditoriale Dominique Bovet
Responsable éditorial Nicolas Guérin
Responsable prépresse Jean-Noël Doan
Coordination éditoriale Clara Mackenzie
Maquette Gudrun Fricke
Cartographie adaptée en français par Cyrille Suss
Couverture adaptée en français par Laure Wilmot
Merci à Olivier Cirendini, Alexandra Guyot et Michel MacLeod pour leur contribution au texte, ainsi qu'à Laurence Romieu pour sa relecture attentive. Enfin merci à Luan Angel, Emma Davies, Kim Else et Nigel Longuet à Londres et à Jean-Pierre Masclef à Melbourne.

Nous contacter : lonelyplanet@edi8.fr
92 avenue de France, 75013 Paris

Auteurs : Amy Balfour, Anita Isalska, Anthony Ham, Brendan Sainsbury, Brett Atkinson, Emily Matchar, Isabella Noble, James Bainbridge, Jesse Scott, Joe Bindloss, Kerry Walker, Megan Eaves, Mike MacEacheran, Nicola Williams, Oliver Smith, Paul Bloomfield, Regis St Louis, Rudolf Abraham, Sarah Reid, Sarah Sekula, Stephen Lioy, Sue Watt.

Couverture : Arches National Park, États-Unis. © Eric Bournot & Joana Boukhabza - @DesFenetresSurLeMonde
Quatrième de couverture : © Eric Lafforgue, Pete Seaward, Justin Foulkes, Jonathan Gregson / Lonely Planet ; Fabio Lamanna, Peter Zelei Images, Igor Tichonow/EyeEm / Getty Images ; Nikada / iStock ; Sean Pavone / Shutterstock

© EMS-FORSTER-PRODUCTIONS / GETTY IMAGES